U0113457

民营企业"一带一路" 实用投资指南

南亚八国和中亚五国

李志鹏/主编　　杜奇睿/著

 中华工商联合出版社

图书在版编目(CIP)数据

民营企业"一带一路"实用投资指南 南亚八国和中亚五国 / 李志鹏主编；杜奇睿著. -- 北京：中华工商联合出版社，2020.2

ISBN 978-7-5158-2734-6

Ⅰ.①民… Ⅱ.①李… ②杜… Ⅲ.①民营企业—对外投资—中国—指南 Ⅳ.①F279.245-62

中国版本图书馆CIP数据核字(2020)第 017396 号

民营企业"一带一路"实用投资指南 南亚八国和中亚五国

主　　编：李志鹏

作　　者：杜奇睿

出 品 人：李　梁

责任编辑：李　瑛　袁一鸣

装帧设计：周　源

责任审读：李　征

责任印制：迈致红

出版发行：中华工商联合出版社有限责任公司

印　　刷：北京毅峰迅捷印务有限公司

版　　次：2020 年 11 月第 1 版

印　　次：2020 年 11 月第 1 次印刷

开　　本：16 开

字　　数：190 千字

印　　张：15.75

书　　号：ISBN 978－7－5158－2734－6

定　　价：68.00 元

服务热线：010－58301130－0（前台）

销售热线：010－58302977（网店部）

　　　　　010－58302166（门店部）

　　　　　010－58302837（馆配部、新媒体部）

　　　　　010－58302813（团购部）

地址邮编：北京市西城区西环广场 A 座

　　　　　19－20 层，100044

http://www.chgslcbs.cn

投稿热线：010－58302907（总编室）

投稿邮箱：1621239583@qq.com

工商联版图书

凡本社图书出现印装质量问题，请与印务部联系。

联系电话：010－58302915

编委会名单

主　　任：邢厚媛

编　　委：

邢厚媛　商务部中国服务外包研究中心主任

崔明谟　中国国际经济合作学会会长

王淑敏　中国国际工程咨询协会会长

李文锋　中国轻工进出口商会副会长兼秘书长

须同凯　南南合作促进会副会长

迟建新　全国工商联国际合作委员会秘书长

王燕国　中国民营国际合作商会常务副会长

王晓勇　中非民间商会专职副会长

李明光　中建集团海外部执行总经理

夏友富　对外经济贸易大学教授、博士生导师

齐国强　商务部《国际经济合作》杂志社社长

李志鹏　商务部研究院中国海外投资咨询中心主任

梁桂宁　商务部研究院对外投资所所长

主　　编：李志鹏　梁桂宁

总　序

　　2020年是中国提出共建"一带一路"倡议的第七个年头。中国推动共建"一带一路"坚持对话协商、共建共享、合作共赢、交流互鉴，同沿线国家谋求合作的最大公约数，推动各国加强政治互信、经济互融、人文互通，一步一个脚印推进实施，一点一滴抓出成果，推动共建"一带一路"走深走实，造福沿线国家人民。高质量共建"一带一路"正在成为我国参与全球开放合作、改善全球经济治理体系、促进全球共同发展繁荣、推动构建人类命运共同体的中国方案。

　　2016年4月，习近平总书记在中央政治局就历史上的丝绸之路和海上丝绸之路进行第三十一次集体学习时提出，广泛调动各类企业参与，引导更多社会力量投入"一带一路"建设，努力形成政府、市场、社会有机结合的合作模式，打造政府主导、企业参与、民间促进的立体格局。民营经济是我国经济制度的内在要素，是推进社会主义市场经济发展的重要力量，也是推动高质量发展的重要主体。当前，我国经济正处在转变发展方式、优化经济结构、转换增长动力的攻关期，通过统筹协调使用好两个市场、两种资源，拓展国际市场空间不仅成为我国民营经济高质量发展的重要途径，也是民营企业提升自身创新能力和国际竞争力的有效方式。

改革开放四十多年来，中国民间投资和民营经济由小到大、由弱变强，已日渐成为推动中国经济发展、优化产业结构、繁荣城乡市场、扩大社会就业的重要力量。同时，随着中国民营企业的不断发展，一些中国民营企业家突破"小富即安、小成即满"的思想，在推进企业发展布局时，更具世界眼光。特别是近年来，随着共建"一带一路"倡议的深入实施，中国民营企业积极"走出去"在沿线地区构建新型国际分工网络，对外交往取得新进展，不仅成为参与"一带一路"倡议建设的生力军，也成为推动和践行"一带一路"沿线地区可持续发展目标的重要力量，矗立在中国参与国际经济分工的前沿和潮头。

2019年4月，习近平总书记在第二届"一带一路"国际合作高峰论坛上指出，面向未来，我们要聚焦重点、深耕细作，共同绘制精谨细腻的"工笔画"，推动共建"一带一路"沿着高质量发展方向不断前进。实施"走出去"和共建"一带一路"倡议合作前景广阔、风景无限。但同时也应该看到，相关国家在经济发展、国家治理、社会发展、人文环境等方面存在较大差异，加之中国民营企业自身国际化经验尚在积累成长之中，走出去难免会遇到一些风险和挑战。为破解民营中小企业国际化发展难题，渡过所谓全球化进程中"艰难的中间地带"做好一些思想和行动上的准备，本套《民营企业"一带一路"实用投资指南》丛书紧紧围绕中国民营企业国际化进程中主要关心的议题，对"一带一路"沿线地区的投资环境和政策法规进行了较为系统的分析，旨在为包括中国民营企业在内的广大中国企业提供高效使用的工具指南，引导服务民营企业百尺竿头更进一步，高质量走出去参与"一带一路"建设。本套丛书在撰写过程中部分参考了商务部国际贸易经济合作研究院和我国驻相关国家使馆经商参处共同编写的《中国对外投资合作国别（地区）指南》，并得到了全国工商联联络部的支持，谨此致谢！

编委会

2020年4月

前　言

本书中南亚八国是指印度、巴基斯坦、阿富汗、孟加拉国、斯里兰卡、尼泊尔、不丹和马尔代夫。南亚八国区位优势突出，是重要的能源和贸易通道，也是我国共建"一带一路"倡议的重要合作方。南亚八国人口众多，经济发展较快，消费市场增长迅速，是近年来全球经济增长很有潜力的地区之一。长期以来，南亚八国是我国重要的贸易伙伴，随着经济和社会发展步伐的加快，南亚八国的市场需求不断扩大，已经成为我国企业对外投资的重要市场，我国企业对南亚八国的投资持续增长。

中亚五国是指哈萨克斯坦、吉尔吉斯斯坦、塔吉克斯坦、乌兹别克斯坦、土库曼斯坦。中亚五国是贯通亚欧大陆的交通枢纽，土地广阔，人口稀少，有丰富的油气、矿产和农业资源，是我国重要的传统贸易伙伴，也是最早参与"一带一路"建设的国家。这一地区工业基础相对薄弱，经济发展对能源、矿产和农产品出口的依赖度较高。近年来，我国与中亚五国在能源、交通、化工等重点领域的经贸合作已经取得了一系列重大成果，在农业、金融、通讯、高科技等领域的合作也具有广阔的前景。

在看到南亚八国和中亚五国经济增长前景和市场机遇的同时，也应该看到，这些地区基础设施建设相对落后，产业链尚未形成，社会管理制度不够完善，工人技术水平不高，营商环境也有待改善。我国企业赴南亚八国和中亚五国投资，前期要认真做好调研工作，与东道国政府管理部门、利益相关方及社会各界充分沟通，客观公正地评估项目风险。对投资过程中可能出现的土地权益、劳工保护、环境保护、经营透明度、负面舆论等各类风险，要尽早做好应对预案。在投资过程中要谨慎选择东道国合作伙伴，严格遵守东道国各项法律制度，认真履行企业社会责任，妥善处理与媒体的关系，积极回应东道国政府和社会各界的关切和发展诉求，把"互利共赢"落到实处，确保投资合作项目顺利经营，行稳致远。

本书中部分国家由于在某些领域的相关资料、数据暂缺失，因而未对其作具体介绍，特此说明。

CONTENTS

目　录

南亚地区包括印度、巴基斯坦、孟加拉国、尼泊尔、斯里兰卡、不丹、马尔代夫、阿富汗八个国家，是世界上人口最多和最密集的区域，人口总数超过17亿，占世界人口的25%，亚洲人口的39%。该地区市场潜力大，是全球最受瞩目的新兴市场和经济增长最快的地区之一。在货币和财政政策的支持下，该地区内部需求强劲、投资增加、出口增长，经济呈现高速增长态势。据世界银行最新报告预测，该地区2020年的经济增长预期为7%，2021年为7.1%，作为该地区最重要的经济体，印度2019-2020财年的经济增长预期为7.5%。从政治局势来看，南亚国家民主化水平差异明显，政治发展呈不平衡态势，近年来该地区社会安全形势总体有所好转，但恐怖主义和暴力事件仍然时有发生，对该地区的经济发展和政治稳定造成一定威胁。目前中国与南亚国家的合作已遍及贸易、投资、基础设施、服务等多个领域，双边及多边经贸合作基础得到了巩固和加强。

中亚地区包括哈萨克斯坦、吉尔吉斯斯坦、塔吉克斯坦、乌兹别克斯坦、土库曼斯坦五个国家，总人口约6865.6万人（2015年）。该地区地理位置得天独厚，自然资源丰富，哈萨克斯坦、土库曼斯坦、乌兹别克斯坦石油、天然气以及煤炭资源极为丰富，吉尔吉斯斯坦、塔吉克斯坦则在水力发电方面发展潜力巨大。中亚五国积极推进市场化改革，依据本国国情推进基础设施建设，力求释放本国经济潜力，但仍面临过于依赖能源产业，受市场价格波动影响较大，自身造血能力不足，金融体系薄弱，债务水平上升等风险。据世界银行最新报告预测，2020年该地区经济增长预期为4%左右。当前该地区政治局势稳定、安全形势可控、对华合作意愿较强，与中国双边贸易快速增长，投资合作继续深化，基础设施互联互通加快推进，双边经贸合作基础牢固。

第一章

自然资源与政治局势

南亚地区是我国维护西部安全的战略屏障、推进"一带一路"的交集地带，陆海统筹经略周边的重要节点，加强对该地区经贸合作意义重大。总体来看，南亚国家市场潜力巨大，经济增速较快，但地区内自然资源分布不均，民主化水平差异较大，政治发展不平衡，恐怖主义和暴力事件时有发生，对双边投资合作造成一定影响。一直以来，中国与南亚诸国的双边关系发展也呈现不同的特点。中亚五国是我国周边外交的战略重点，西部安全稳定的战略屏障和共建"一带一路"的示范区。该地区地理位置得天独厚，自然资源丰富，经济增长平稳，政治局势基本稳定，为中国与五国在共建"一带一路"框架下深化双边经贸合作创造了良好的外部环境。

一　自然地理

南亚处于亚洲南部地区，大体在喜马拉雅山脉和印度洋以及东南亚与西南亚之间，人口超过17亿，使用200余种语言。北部是喜马拉雅山地，平均海拔超出6000米，海拔8000米以上的高峰14座。尼泊尔与中国间的珠穆朗玛峰海拔8844.43米，是世界最高峰。气候、土壤和植被的垂直变化显著；中部为大平原，河网密布，灌溉渠众多，农业发达；南部为德干高原和东西两侧的海岸平原。高原与海岸平原之间为东高止山脉和西高止山脉。戈达瓦里、克里希纳等河自西而东流，注入孟加拉湾。盛产水稻、小麦、甘蔗、黄麻、油菜籽、棉花、茶叶等。煤、铁、锰、云母、金等矿藏丰富。中亚地处亚欧大陆的结合部，位于俄罗斯、中国、印度、伊朗、巴基斯坦等大国或地区性大国中间的地理位置，是贯通亚欧大陆的交通枢纽，历来是东进西出和南下北上的必经之地，古代的丝绸之路途经此地，地缘政治意义非常重要。

印度

印度是南亚次大陆最大的国家，面积居世界第七位。印度东北部同中国、尼泊尔、不丹、孟加拉国接壤，东部与缅甸为邻，东南部与斯里兰卡隔海相望，西北部与巴基斯坦交界。东临孟加拉湾，西濒阿拉伯海。印度跨越2个时区，即东5区、东6区。首都新德里时间比北京时间晚2.5小时，没有夏令时。

巴基斯坦

巴基斯坦位于南亚次大陆西北部，南濒阿拉伯海，北枕喀喇昆仑山和喜马拉雅山。东、北、西三面分别与印度、中国、阿富汗和伊朗接壤。全境五分之三为山区和丘陵地形，发源于中国的印度河从北流入巴境后，向南蜿蜒2300公里，注入阿拉伯海。东接印度，东北与中国毗邻，西北与阿富汗交界，西邻伊朗，南濒阿拉伯海。除南部属热带气候外，其余属亚热带气候。南部湿热，受季风影响，雨季较长；北部地区干燥寒冷，有的地方终年积雪。巴基斯坦位于东5时区，首都伊斯兰堡当地时间比北京时间晚3个小时。

阿富汗

阿富汗由于常年战争，全国人口增长缓慢。阿富汗人口中的青少年人口占比是全世界最高的。阿富汗位于西亚、南亚和中亚交汇处，属亚洲中西部内陆国家。阿富汗属于大陆性气候，四季分明，昼夜温差较大。全年干燥少雨，夏季酷热，冬季严寒。

孟加拉国

孟加拉国位于南亚次大陆东北部。孟加拉国拥有丰富的天然气、石灰石、硬石、煤、硅石、高岭土等自然资源。东、西、北三面与印度毗邻，东南与缅甸接壤，南濒临孟加拉湾。孟加拉国大部分地区属亚热带季风型气候，湿热多雨。

斯里兰卡

斯里兰卡是印度洋上的岛国，位于南亚次大陆南端，西北隔保克海峡与印度半岛相望，南部靠近赤道。斯里兰卡岛呈梨形，中南部是高原，北部和沿海地区为平原。斯里兰卡属热带季风气候，终年如夏，西南部沿海地区湿度大，有"印度洋上的明珠"美称。

尼泊尔

尼泊尔属于内陆山国，位于喜马拉雅山中段南麓，北与中国西藏接壤，东、西、南三面被印度包围。尼泊尔南北地理变化巨大，地区气候差异明显。分北部高山、中部温带和南部亚热带三个气候区。北部为高寒山区，终年积雪；中部河谷地区气候温和，四季如春；南部平原常年炎热。

马尔代夫

马尔代夫是地处印度洋上的一个群岛国家，海洋资源相当丰富，有各种热带鱼类及海龟、玳瑁、珊瑚、贝壳等海产品，其中珊瑚鱼是马尔代夫最具代表的海产品。马尔代夫位于赤道附近，大部分地区属热带季风气候，南部为热带雨林气候，终年炎热、潮湿、多雨，四季交替不分明。

哈萨克斯坦

哈萨克斯坦东南连接中国，北邻俄罗斯，南与乌兹别克斯坦、土库曼斯坦和吉尔吉斯斯坦接壤。哈萨克斯坦的油气资源等非常丰富。哈萨克斯坦横跨亚欧两洲，以乌拉尔河为洲界。

吉尔吉斯斯坦

吉尔吉斯斯坦位于欧亚大陆的腹心地带，不仅是连接欧亚大陆和中东的要冲，还是大国势力东进西出、南下北上的必经之地。吉尔吉斯斯坦水力资源、矿产资源丰富。

塔吉克斯坦

塔吉克斯坦是位于中亚东南部的内陆国家，水力资源、矿产资源丰富。西部和北部分别同乌兹别克斯坦、吉尔吉斯斯坦接壤，东邻中国，南邻阿富汗。

乌兹别克斯坦

乌兹别克斯坦是位于中亚中部的内陆国，西北濒咸海，与哈萨克斯坦、吉尔吉斯斯坦、塔吉克斯坦、土库曼斯坦、阿富汗毗邻。属强烈大陆性气候，是世界上最干旱的地区之一。乌兹别克斯坦矿产资源丰富，以细羊毛编织的地毯闻名于世。全境地势东高西低，平原低地占全部面积的80%，大部分位于西北部的克孜勒库姆沙漠。

土库曼斯坦

土库曼斯坦是仅次于哈萨克斯坦的第二大中亚国家。土库曼斯坦靠近里海，海岸线较长，货物经水路出口须经过俄罗斯的伏尔加河和顿河。

南亚八国及中亚五国主要自然资源情况见表1-1。

表1-1 南亚八国和中亚五国主要自然资源

国别	主要自然资源情况
印度	资源丰富，有矿藏近100种。云母产量世界第一，煤和重晶石产量居世界第三。截至2010年年底，主要资源总储量（探明储量）为：云母39.4万吨（6.9万吨）、煤2672亿吨（1058亿吨）、重晶石7420万吨（3431万吨）、铁矿石146亿吨（70亿吨）、铝土32.9亿吨（9亿吨）、铜13.9亿吨（3.7亿吨）、锰矿石3.78亿吨（1.38亿吨）、铬铁矿2.1亿吨（6612万吨）、锌970万吨、黄金498万吨（85万吨）、银矿2.24亿吨（1.16亿吨）、石油12亿吨、天然气14370亿立方米。此外，还有石膏、钻石及钛、钍、铀等矿藏。森林面积67.8万平方公里，覆盖率为20.64%。根据联合国粮农组织2005年统计数据，印度拥有可耕地面积159.6万平方公里，约合1.6亿公顷；印度农业部统计的数据约为1.8亿公顷。印度矿产资源丰富，矿藏近100种
巴基斯坦	地质构造比较复杂，其矿产资源比较丰富，已探明的矿产地有1000处以上。主要矿藏储备有：天然气4920亿立方米、石油1.84亿桶、煤1850亿吨、铁4.3亿吨、铝土7400万吨，还有大量的铬矿、大理石和宝石。其中天然气、铬和大理石的开采最多，品质也比较高，铜也开始进入开采阶段。近几年，由于巴基斯坦加大了对矿物的勘探力度，还相继发现了金、银、铅、锌等品种。森林覆盖率4.8%
阿富汗	阿富汗矿藏资源丰富，但基本未开发。已开发的矿藏包括铁、铬铁、铜、铅、锌、镍、锂、金、银、白金、滑石、大理石、重晶石、宝石和半宝石、盐、煤、铀、石油和天然气等。其中，天然气储量约为1500亿立方米，煤矿储量约1亿吨、盐储量3亿吨、青金石储量1300吨、铁矿储量17亿吨，铜矿石储量5亿吨。但由于运输困难和资金缺乏，仅天然气、煤、盐、铬得到少量开采，阿富汗也因此被称为"躺在金矿上的穷人"
孟加拉国	有较为丰富的自然资源，主要包括天然气、石灰石、硬石、煤、硅石、高岭土等。2014年天然气储量为3113.9亿立方米，主要分布在东北几小块地区，煤储量7.5亿吨。森林面积约200万公顷，覆盖率约13.4%，还有大量石油未被发现
斯里兰卡	矿产资源匮乏，主要的矿产有宝石和石墨，除此之外还有钛铁和磷灰石等。斯里兰卡的森林资源十分丰富。目前森林面积约200万公顷，森林覆盖率高达30%。主要生产红木、黑檀、柚木等珍贵木材，同时盛产热带水果
尼泊尔	尼泊尔自然资源相当丰富，主要有矿产资源、生物资源和水能资源。其中铁矿储藏约2305万吨，铜矿储量约1618万吨，铅矿储量约300万吨，锌矿储量约266万吨，菱镁矿储量约2亿吨，石灰石储量9.85亿吨，云母储量32万吨。尼泊尔生物资源繁多，境内共有6500多种植物，1000多种野生动物和鸟类。同时，尼泊尔水能蕴藏量达8300万千瓦，约占世界水电蕴藏量2.3%
马尔代夫	马尔代夫海洋资源相当丰富，有各种热带鱼类及海龟、玳瑁和珊瑚、贝壳之类的海产品，其中珊瑚鱼是马尔代夫最具代表的海产品

国别	主要自然资源情况
哈萨克斯坦	哈萨克斯坦的自然资源非常丰富，截至2014年已探明的矿藏有90多种。煤、铁、铜、铅、锌产量丰富，被称为"铀库"，此外里海地区的油气资源也十分丰富。已探明的石油储量达100亿吨，煤储量为39.4亿吨，天然气储量为11700万亿立方米。森林和营造林2170万公顷。地表水资源530亿立方米。耕地大部分种植以春小麦为主的粮食作物，还产棉花、甜菜、烟草等
吉尔吉斯斯坦	吉尔吉斯斯坦水力资源丰富，境内间流湖泊众多，水资源丰富，潜在的水力发电能力为1450亿千瓦时，仅开发利用了10%左右。境内共发现各类矿产地2000多处，拥有化学元素周期表大多数元素，得到工业开发的仅是部分矿产资源，许多资源的储量和分布情况有待进一步勘探研究，以确定开发前景。境内生长着3786种植物，其中草本植物3175种，约1600种具有经济价值，并拥有世界上最大的野生核桃林和野苹果林
塔吉克斯坦	塔吉克斯坦以有色金属、稀有金属、煤、岩盐为主，此外还有石油、天然气、丰富的铀矿和多种建筑材料。铀储量居独联体首位，铅、锌矿占中亚第一位。境内还蕴藏多种建筑材料，水力资源丰富，但开发率有待提高
乌兹别克斯坦	乌兹别克斯坦资源丰富，矿产资源储量总价值约为3.5万亿美元。其中，黄金探明储量3350吨，石油探明储量为5.84亿吨，凝析油已探明储量为1.9亿吨，已探明的天然气储量为2.055万亿立方米，煤储量为18.3亿吨，铀储量为18.58万吨，铜、钨等矿藏也较为丰富。非金属矿产资源有钾盐、岩盐、硫酸盐、矿物颜料、硫、萤石、滑石、高岭土、明矾石、磷钙土以及建筑用石料等。动物资源包括有97种哺乳动物，379种鸟类；植物资源有3700种野生植物，森林总面积为860多万公顷，森林覆盖率为12%
土库曼斯坦	土库曼斯坦矿产资源丰富，主要有石油、天然气、芒硝、碘、有色及稀有金属等。据官方公布的资料，土库曼斯坦石油和天然气的远景储量为208亿吨和24.6万亿立方米。石油和天然气是土库曼斯坦的支柱产业，主要农作物包括棉花、小麦和稻米等

注：不丹相关资料暂缺。

资料来源：商务部《对外投资国别（地区）指南》。

二 人口分布

南亚八国2015年总人口约17.43亿人，超过了世界总人口的五分之一，成为世界上人口最密集的地域之一。中亚地区地广人稀，人口密度较小，平均每平方公里仅12人，且人口分布极不均匀。山区每平方公里只有1~2人，在卡拉库姆沙漠、克孜勒库姆沙漠及哈萨克斯坦中部的荒漠几乎是渺无人烟，而绿洲及大城市周围汇集了大量人口，如富庶的费尔干纳盆地每平方公里高达300~400人。

印度

印度是世界上仅次于中国的第二人口大国。据联合国2016年7月发布数据显示，截至2016年6月底，印度全国有人口13.26亿。但从增长速度来看，近十年的人口增长速度有下降的趋势。世界银行公布的数据显示，目前印度人口仍是男多女少，且趋于年轻化，这说明印度劳动力供给处于旺盛期。

巴基斯坦

巴基斯坦是世界第六人口大国，其人口呈增长趋势。巴基斯坦的人口增幅呈现波动上升趋势。根据巴基斯坦国家统计局2017年公布的第六次全国人口普查初步报告显示，巴基斯坦总人口约为2.08亿，其中农村人口约为1.32亿，城镇人口约0.76亿，分别约占全国总人口的64%和36%。在巴基斯坦华人华侨近8000人，主要集中在经济较为发达的旁遮普省和信德省。

阿富汗

阿富汗由于常年战争，全国范围内人口增长缓慢。根据阿富汗中央统计局统计，2018年阿富汗人口为2970万，其中，男性占51%，女性占49%。城市人口710万，农村人口2110万，另有150万人为游牧民。人口年增长率约2.03%。由于常年战争，阿富汗人口中青少年占比非常高，其中15岁以下人口1410万，占47.5%，居全球最高之列。65岁以上人口仅占2.6%。

孟加拉国

孟加拉国是世界人口大国中人口密度最高的国家。孟加拉国人口数量居全世界第八位，据孟加拉国政府最新公布的数据，2016/17财年孟人口总数为1.62亿，人口密度超过1100人/平方公里，平均寿命71岁，15~50岁劳动力人口占比超过60%。

斯里兰卡

斯里兰卡人口规模呈现匀速上升趋势。根据2017年斯里兰卡央行统计，斯里兰卡现有人口总数为2144.4万人。2017年，人口增长率为1.14%。斯里兰卡西部省人口数量占全国人口的28.4%，北部地区人口仅占全国人口的5.2%。在各大行政区中，科伦坡大区人口最多，达241.9万人，北部穆莱蒂武大区人口最少，仅有95万人。

尼泊尔

尼泊尔全国人口增长相对缓慢。2016/17财年末，尼泊尔总人口2871万人，预测2017/18财年末人口将达到2910万人。数据显示，尼泊尔城市人口约占总人口的17%。首都加德满都地区人口约500万，是全国人口最多的地区。南部特莱平原地区人口密集，北部山区人口分布分散，人口数量稀少。

马尔代夫

根据马尔代夫国家统计局统计，马尔代夫总人口约为40.8万人，其中常住人口40.2万，本地人33.8万，外国人6.4万。据官方估计，首都马累的人口占全部人口1/3以上。

哈萨克斯坦

根据最新的人口普查统计，截至2018年1月1日，哈萨克斯坦人口为1815.73万，同比增长1.3%。女性占51.6%，男性占48.4%。城市人口1042.36万人，农村人口773.38万人。人口数量在独联体国家中居第四位。

吉尔吉斯斯坦

根据吉尔吉斯斯坦国家统计委员会数据，截至2017年底，吉尔吉斯斯坦常住人口登记数量624.7万人。根据吉尔吉斯斯坦国家统计委数据，截至2017年底，吉尔吉斯斯坦人口主要集中在奥什州（131.2万）、贾拉拉巴德州（118.9万）、比什凯克市（100万）和楚河州（92万）。

塔吉克斯坦

截至2018年1月1日，塔吉克斯坦全国总人口约893.1万人，人口较为密集的城市主要包括杜尚别、胡占德、布赫塔尔（原名库尔干秋别）、库利亚布等。在塔华人总数约1万人，主要集中在杜尚别、胡占德、哈特隆州等地区。

乌兹别克斯坦

截至2018年4月1日，乌兹别克斯坦人口3308万，城市人口占总人口的50.6%，首都塔什干常住人口247.59万。乌兹别克斯坦的人口主要集中在中部、东部和南部，西部和北部沙漠地区人烟稀少。乌兹别克斯坦华人数量约5000人，主要集中在塔什干市及塔什干州、锡尔河州、布哈拉州、费尔干纳州等地，开展石油天然气管道、隧道、煤矿、电站等项目合作。

土库曼斯坦

土库曼斯坦人口总量约684万，人口密度约13.93人/平方公里。除首都阿什哈巴德（约100万人）外，土库曼纳巴特、马雷、达绍古兹等城市人口也较为集中。截至2017年底，在土库曼斯坦华人约1200人，主要集中在首都阿什哈巴德和中土天然气项目所在地的列巴普州、马雷州。

近年来，南亚八国和中亚五国人口增速及分布情况见表1-2。

表1-2 2013~2017年南亚八国和中亚五国人口增速及分布情况

国名	指标（%）	2013年	2014年	2015年	2016年	2017年
印度	人口增速	1.22	1.19	1.17	1.15	1.13
	农村人口占比	68.00	67.62	67.22	66.82	66.40
	城镇人口占比	32.00	32.38	32.78	33.18	33.60
巴基斯坦	人口增速	2.11	2.09	2.05	2.00	1.95
	农村人口占比	64.39	64.18	63.97	63.77	63.56
	城镇人口占比	35.61	35.82	36.03	36.23	36.44
阿富汗	人口增速	3.32	3.18	2.94	2.69	2.49
	农村人口占比	75.63	75.41	75.20	74.98	74.75
	城镇人口占比	24.37	24.59	24.80	25.02	25.25
孟加拉国	人口增速	1.18	1.16	1.12	1.08	1.05
	农村人口占比	67.24	66.47	65.69	64.92	64.14
	城镇人口占比	32.76	33.54	34.31	35.08	35.86
斯里兰卡	人口增速	0.78	0.93	0.90	1.12	1.13
	农村人口占比	81.80	81.78	81.74	81.69	81.62
	城镇人口占比	18.20	18.22	18.26	18.31	18.38
尼泊尔	人口增速	1.21	1.20	1.17	1.13	1.11
	农村人口占比	82.19	81.82	81.44	81.06	80.66
	城镇人口占比	17.82	18.18	18.56	18.94	19.34
马尔代夫	人口增速	2.86	2.69	2.46	2.21	1.98
	农村人口占比	62.32	61.89	61.47	61.05	60.62
	城镇人口占比	37.69	38.11	38.53	38.95	39.38
哈萨克斯坦	人口增速	1.44	1.47	1.46	1.42	1.36
	农村人口占比	42.95	42.88	42.81	42.74	42.66
	城镇人口占比	57.05	57.12	57.19	57.26	57.34
吉尔吉斯斯坦	人口增速	1.98	2.01	2.06	2.04	1.93
	农村人口占比	64.48	64.37	64.22	64.06	63.87
	城镇人口占比	35.52	35.64	35.78	35.94	36.14

国名	指标（%）	2013年	2014年	2015年	2016年	2017年
塔吉克斯坦	人口增速	2.26	2.24	2.20	2.16	2.11
	农村人口占比	73.41	73.35	73.26	73.15	73.02
	城镇人口占比	26.59	26.66	26.74	26.85	26.98
乌兹别克斯坦	人口增速	1.56	1.69	1.74	1.74	1.68
	农村人口占比	49.05	49.15	49.25	49.35	49.45
	城镇人口占比	50.95	50.85	50.75	50.65	50.55
土库曼斯坦	人口增速	1.85	1.85	1.80	1.73	1.67
	农村人口占比	50.46	50.08	49.68	49.27	48.85
	城镇人口占比	49.54	49.92	50.32	50.73	51.15

注：不丹相关资料暂缺。

资料来源：世界银行。

三　社会文化

宗教方面，南亚既是世界四大文明发源地之一，又是佛教、印度教等宗教的发源地。南亚国家中，阿富汗、巴基斯坦、马尔代夫和孟加拉国的主要宗教为伊斯兰教，信奉人数达到了90%以上。印度和尼泊尔主要信奉印度教，斯里兰卡居民中70.2%信奉佛教，12.6%信奉印度教。中亚国家是以伊斯兰教为主的多宗教地区，中亚五国的居民绝大部分信奉伊斯兰教，此外，在中亚的俄罗斯人、斯拉夫语族居民中有相当数量的东正教教徒，还有部分人信仰天主教、新教和犹太教，但数量不多。

语言方面，中亚五国中除吉尔吉斯坦在2001年修改法令确定俄语为国家官方语言外，其余四国均使用当地语言（哈萨克语、塔吉克语、土库曼语和乌兹别克语）为官方语言，同时俄语作为通用语言。南亚和中亚不同，没有统一的通用语言，且有的国家官方语言不只一种，表1–3为南亚各国家的语言分类情况。

表1-3　南亚八国语言种类

国家	语言种类
印度	印地语为全国使用人数最多的语言，英语是全国性通用语言
巴基斯坦	乌尔都语为国语，英语为官方语言
阿富汗	普什图语和达里语是官方语言，大多数政府高级官员能使用英语
孟加拉国	孟加拉语是孟加拉国的官方语言，在教育界和商界广泛使用的则是英语
斯里兰卡	僧伽罗语、泰米尔语同为斯里兰卡官方语言和全国语言，商务活动通用英语
尼泊尔	尼泊尔语为国语，上层社会通用英语
马尔代夫	迪维希语是马尔代夫的官方语言，官方和上层社会通用英语

注：不丹相关资料暂缺。

民族构成方面，南亚裔族群是一个由两千多个不同种族构成的多元族群。南亚裔人口的组成主要有来自以下地区的人口：巴基斯坦、印度、阿富汗、马尔代夫、尼泊尔、不丹、孟加拉国、斯里兰卡。这2000多个种族包括有小至数十人的部落，多至上亿人的庞大族裔。南亚每个国家的民族都具有独特性。中亚各共和国也都是多民族国家，据苏联1989年人口统计资料，在中亚地区生活的有130多个大小民族。

四　政治局势

在南亚八国当中，尼泊尔、巴基斯坦、马尔代夫、不丹等4个国家先后在2018年举行了大选，并且全都实现了执政党的"改朝换代"。印度执政党地位较为稳固且力量有所增强。孟加拉国和斯里兰卡执政党与反对党之间的矛盾有所恶化，政局动荡的风险在加剧，斯里兰卡在2019年遭受的恐怖袭击事件震惊世界。阿富汗重建面临较多难题，民主化进程依然任重道远。

自独立以来，中亚国家稳固政权发展经济，取得很大进展，当前中亚五国政治形势总体稳定，但也有新的不确定情况出现。哈、乌两国政权平稳交接，吉尔吉斯斯坦政坛出现内斗情况，局势尚不明朗，塔吉克斯坦、土库曼斯坦政治长期高度集权化，国家经济发展受到体制因素和其他非市场因素制约。

2018年2月，尼泊尔大选中，前总理卡德加·普拉萨德·夏尔马·奥利的尼泊尔共产党（联合马列）与前总理普拉昌达的尼泊尔共产党（毛主义中心）组成的联盟在275名成员组成的众议院（下院）中赢得174个席位，成功组阁，此次选举完成了尼泊尔的和平进程，一年多来，在总理奥利的领导下，尼政局总体保持稳定。7月，巴基斯坦前板球明星伊姆兰·汗为首的正义运动党赢得大选，伊姆兰·汗成功当选为巴基斯坦总理，打破了数十年来穆斯林联盟和人民党轮流执政的局面。伊姆兰执政之初提出建设新巴基斯坦口号，谋求改革，打击腐败，扶贫减贫，改善民生，出台了一系列政治经济社会领域改革措施，受到社会各界好评。9月，马尔代夫举行2008年宪政改革后第四次总统大选，萨利赫击败在任的亚明当选为新一届总统。10月进行的不丹大选中，异军突起的外科医生策林成为新一届首相。

2019年3月20日晚间，阿富汗独立选举委员会宣布，鉴于此前国民议会选举时的糟糕表现，以及对于选举法的修改，原定于当年7月20日举行2019年总统大选将推迟至9月28日举行。2004年1月26日阿富汗制宪大支尔格会议（大国民会议）通过新宪法以来，阿富汗在2009年和2014年举行了第二、第三次总统大选，以及分别在2008年、2013年、2018年举行了国民议会选举，每次选举过程都历经波折，甚至伴随着暴力流血事件。

2019年5月，印度大选结果出炉，莫迪领导的印度人民党获得334个席位，超过人民院半数（共543个席位），遥遥领先其他党派，继续保持其绝对多数的地位，印度正式进入"莫迪2.0时代"。斯里兰卡现任政府为"民族团结政府"，系总统西里塞纳领导的自由党和总理维克拉玛辛哈领导的统一国民党联合执政。

哈萨克斯坦首任总统努尔苏丹·阿比舍维奇·纳扎尔巴耶夫于2019年3月突然辞职，引发全球关注，但其在离任前，已经有计划有步骤地完成了一系列政治和人事布局，制定了国家发展战略规划，提前发表国情咨文，改组政府等，且纳扎尔巴耶夫"退而不休"，继任者扎卡耶夫表示将全面继承前任的战略方针，并在2019年6月9日举行的非正式总统选举中赢得多数选民支持，哈政局基本稳固。

乌兹别克斯坦政局相对稳定，2016年9月2日，首任总统卡里莫夫突发脑溢血逝世后，米尔济约耶夫担任卡里莫夫治丧委员会主席、代总统，高票赢得当年12月4日举行的总统大选，成为乌独立以来的第二位总统。

2016年12月4日，吉尔吉斯斯坦经全民公投通过了对"4·7"事件后新宪法的修订案，并于2017年10月在相对平静的局面下举行了大选，社会民主党候选人索隆拜·热恩别科夫当选总统，但是政治派别斗争形势依然严峻，2018年4月吉议会通过对内阁的不信任案，总统热恩别科夫签署命令解散政府。

第二章

基础设施条件与规划

南亚地区近年来经济发展状况良好，工业化、城镇化加快推进，作为全球人口最密集的地区之一，该地区基础设施建设需求巨大，在各国大选期间，各政党更是纷纷推出大规模的基础设施建设项目作为吸引选票的政治筹码，巨大的需求令南亚各国同中国开展基础设施建设合作可期。但是南亚各国在推进基础设施建设的过程中，存在巨大的资金缺口，且基础设施建设的投融资法制环境不健全，很多项目面临诸多实施障碍。中亚各国政府致力于利用自身的地理位置和资源优势，推进经济多元化现代化，改善民生，同时城市化的发展、人口的增长和渐增的能源需求，也助推了对能源、交通、数字联通等基础设施的需求，中亚各国政府依据本国国情推行各自的基础设施建设计划。亚行预计，2016至2030年，该地区的基础设施建设每年的资金需求达到330亿美元。

一 交通运输

(一)交通运输发展情况

尽管相对于世界平均水平，南亚地区城市化水平不高，但是由于该地区人口密集，近几年工业化发展较快，基础设施建设需求规模巨大，因地质条件复杂，专业技术人员缺乏，建设和维护难度较大，加之资金投入不足，行政效率低下，各国基础设施建设存在较大困难，成为制约经济发展和生活水平提高的重要因素。中亚地区深居内陆，距离海洋遥远，连结亚洲和欧洲，地理位置重要，同时人口密度较小，不同地区城镇化发展程度不一，交通基础设施分布深受地形、水源和当地经济条件的影响。总体来看，中亚交通基础设施尚欠发达，对当地能源开发和经济发展不利。

1. 公路

公路建设被视为南亚各国经济发展的关键，印度与巴基斯坦、尼泊尔、不丹、孟加拉、缅甸之间均有公路互通。印度在中亚南亚十三国中具有最长的公路里程，达到了490万公里，以新德里、孟买、加尔各答、金奈四大城市为中心，把全国各地大中小型城市连为一体，形成了一个巨大的公路网，但公路交通秩序混乱，运输效率不高。巴基斯坦公路建设被视为经济社会发展的关键，与其周边国家均有公路连接，而且也都设有陆地口岸。公路运输在巴基斯坦所有的运输方式中占有统治地位，其公路客运占客运总量的90%，而公路货运占货运总量的96%。近年来随着巴基斯坦经济的快速发展，其交通系统的运行压力正日渐突出。

孟加拉国公路局公开的数据表明，孟加拉国的公路总里程为21302公里，其中国家级公路3812公里，地区级公路4247公里，乡村公路13242公里。孟加拉国交通基础设施非常落后，市内的通勤没有轨道交通，道路十分拥挤。

公路是哈萨克斯坦最主要的交通运输方式，其拥有的公路网仅次于俄罗斯，在独联体国家中居第二位，目前公路总里程为9.74万公里。其中国道2.35万公里，州（区）道7.39万公里。哈萨克斯坦境内有六条国际公路，总长8258公里，承担着欧亚大陆之间过境货物运输的重要任务，具有极其重要的意义。

吉尔吉斯斯坦是一个内陆国家，没有出海口，铁路也不发达，公路是其最重要的运输方式，公路总里程约3.4万公里，其中各地州的公路总长1.88万公里，其余1.52万公里为城镇、乡村及各类企业用路。

塔吉克斯坦国土面积的93%为山地，地形地貌复杂，筑路困难，交通条件较差，交通主要以公路为主。据统计，塔吉克斯坦现有公路总长1.42万公里，几乎全部建于苏联时期。

乌兹别克斯坦现有公路18.3万公里，国家高速公路2755公里。干线公路连通各州并与俄罗斯、哈萨克斯坦、塔吉克斯坦、吉尔吉斯斯坦、阿富汗等邻国公路网相连，路况欠佳，亟待改造。

土库曼斯坦政府加大了对基础设施的投入力度，不断改善交通运输网络和港口设施的运行能力，深挖本国过境运输潜力，打造跨境交通走廊。土库曼斯坦公路总长逾13000公里，约三分之二为最近十几年新建，无高速公路。

阿富汗无出海口，共有8条国际运输通道，分别连接塔吉克斯坦、乌兹别克斯坦、土库曼斯坦（2条）、伊朗（2条）和巴基斯坦（2条）等5个邻国，长约1153公里。主要国际运输线有3条，分别是连接巴基斯坦、伊朗和乌兹别克斯坦三国的通道。阿富汗在2001年战争爆发以前，大约有1.8万公里沥青公路，长年的战争导致1.5万公里公路被毁。尽管不断遭受武装袭击的影响，阿富汗政府一直艰难地进行公路建设，积极推进区域性"互联互通"建设计划，以求实现其成为连接东亚、南亚、西亚和中亚"交通枢纽"的长远目标（见表2-1）。

表2-1　阿富汗道路建设统计（单位：公里）

年份	共建公路	沥青路	沙石路
2012/13	5192	479	4708
2013/14	3915	1059	2856
2014/15	5619	930	4582
2015/16	3226	1300	979
2016/17	2765	400	2350
2017/18	5015	679	4215
现有合计	44870	11847	31690

2. 铁路及其他轨道交通

印度铁路相对老化而落后，铁道和车辆老旧。政府计划以公私合营的方式对全国22个主要火车站进行现代化改造，并计划到2020年新增铁路25000公里。印度与邻国巴基斯坦、尼泊尔、孟加拉国之间均有铁路互通，印度与不丹、印度与缅甸的跨国铁路线也在规划当中。近年来，印度城市轨道交通发展迅速。目前，德里、孟买、加尔各答、班加罗尔、金奈、海德拉巴、科钦等一线城市均有运营或在建的地铁/城铁，其中德里—阿格拉线的时速160公里的"半高速"列车已于2016年4月正式通车。艾哈迈达巴德、普纳、昌迪加尔、巴特那、勒克瑙等二线城市的城市轨道交通也已进入规划设计阶段。

尼泊尔仅在与印度接壤的比尔根杰有铁路相连，主要是印度铁路的延长线。作为远期规划，尼泊尔政府计划修建横跨尼泊尔东西全境的Mechimahakali电气化铁路，由首都加德满都通往博卡拉和蓝毗尼的铁路。

由于体制、资金和管理等原因，巴基斯坦铁路建设长期停滞不前，铁路设施和机车均较老旧，铁路布局失衡，以南北向线路为主且"东密西疏"。巴基斯坦分别有两条铁路与印度连接、一条与伊朗连接，但由于政治关系、运输量和年久失修等原因，利用率不高，基本处于停运状态。与中国、阿富汗尚无铁路连接。巴基斯坦政府在《2030年远景规划》中确立了"使铁路成为国家主要运输形式，运输系统逐渐盈利，有力促进国家经济发展"的目标。

斯里兰卡全国铁路总里程为1640公里。内战结束后，斯里兰卡加快北部三条铁路的改建、修复和南部铁路的新建工作。据斯里兰卡央行2017年年报数据，2017年在运行铁路里程为1568公里。

哈萨克斯坦作为世界上最大的内陆国家，铁路交通在全国交通运输中扮演着重要角色。据哈萨克斯坦国有铁路公司统计，哈萨克斯坦铁路技术指标、现代化程度以及运输能力在独联体地区居第三位，仅次于俄罗斯和乌克兰。目前哈萨克斯坦仅在阿拉木图市建有地铁。

乌兹别克斯坦铁路总长6500公里，电气化铁路1000多公里。目前乌兹别克斯坦逐步对铁路进行电气化改造。未来几年，计划使电气化里程达到2000公里。乌兹别克斯坦积极参与和支持国际运输通道的建立，其中，连通阿富汗、巴基斯坦和伊朗的铁路建设已获得进展。在乌兹别克斯坦只有塔什干有地铁。

塔吉克斯坦的铁路系统主要承担旅客和货物进出境运输，有北、中、南三条互不相连的铁路线，通过邻国乌兹别克斯坦与独联体及周边国家相连。塔吉克斯坦铁路总长950.7公里，使用长度616.7公里，其中114公里已超期服役。各种设施落后，缺乏车厢。塔吉克斯坦铁路运量连年下降，严重制约了塔吉克斯坦经济发展。塔吉克斯坦各城市没有地铁设施。

土库曼斯坦境内铁路总长超过5000公里，共有742座铁路桥。土库曼斯坦境内现已基本形成东西贯通、南北相连的铁路布局，路网呈不规则的"大"字形分布，但尚无电气化铁路。土库曼斯坦与周边邻国乌兹别克斯坦、阿富汗、伊朗和哈萨克斯坦之间均有铁路对接站点。土铁路建设沿用苏联技术标准，路轨为1520mm轨距的宽轨，与采用国际标准轨距的伊朗和阿富汗铁路对接时须进行路轨换装。

吉尔吉斯斯坦境内铁路交通不发达,自1991年苏联解体后,其铁路网被分割为互不相连的南北两部分,铁路总长度423.9公里。目前北部铁路长322.7公里,东起伊塞克湖西岸的巴雷克奇,向西经吉—哈边境与哈萨克斯坦铁路网相连,并可直达俄罗斯;南部铁路长101.2公里,自奥什至贾拉拉巴德。2017年吉尔吉斯斯坦铁路货运量为193.57万吨,同比增长13.9%,客运量为31.08万人次,同比增长9.6%。

阿富汗铁路建设刚刚起步,希望修建经阿富汗连接中亚、南亚的跨国铁路通道,包括连接塔吉克斯坦、乌兹别克斯坦、土库曼斯坦(2条)、伊朗(2条)和巴基斯坦(2条)等5个邻国的8条边界铁路。阿富汗大规模铁路建设面临三大问题。一是铁路轨距问题。中亚地区轨距是1524mm,伊朗是1435mm,巴基斯坦及其他南亚国家是1676mm。阿富汗铁路网采用哪种轨距,有待于阿富汗政府作出裁决。二是建设可行性问题。当前阿富汗国内市场运量和地区转运量还不足以支撑庞大的区域铁路网络的运行。三是资金来源问题。铁路投资巨大,需要与国际社会采取多途径、多方式联合修建。

3. 水运

印度海运能力位居世界第16位,拥有12个主要港口和187个非主要港口。水运是印度外贸运输的主要方式,全印度95%的外贸通过水运完成。近年来,印度港口吞吐量稳步增长,年增长率约为10%~12%。印度计划建设10个沿海经济特区,覆盖海岸线达300~500公里,以提振航运发展。

巴基斯坦目前共有3大海港,分别是卡拉奇港、卡西姆港和瓜达尔港。其中,卡拉奇港和卡西姆港承担了巴基斯坦99%的国际货物贸易量,其中58.4%的货物贸易在卡拉奇港进出。卡西姆港是巴基斯坦液化天然气进口港口。巴基斯坦本国海运能力较弱,全国仅有15艘远洋货轮,载重总量为63.6万吨,因此,进出口货物多依赖外轮。巴基斯坦国家航运公司(PNSC)是巴基斯坦唯一的国营航运公司,拥有各类货轮9艘。

阿富汗为内陆国家,除北方界河阿姆河的一段外,境内无可供水运的江河。海运主要依赖巴基斯坦卡拉奇港、伊朗阿巴斯港。另外,目前印度正在伊朗帮助修建恰巴哈尔港,建成后,将成为阿富汗另一个出海口。

马尔代夫船运业始建于1966年。马尔代夫船运有限公司是马尔代夫最大的船运公司,主要经营中东和远东地区的国际船运以及国内诸岛间的航运业务。马尔代夫90%的进口产品都靠其运入。中小型船舶是马尔代夫岛际交通的主要运输工具。全国有两个主要港口,马累港和甘岛港。近年来,马尔代夫对50多个岛的码头进行了建设和改造,疏浚了航道。马累港经过改造可停靠6000吨级货轮。但载重量更大的货船只能停靠在马累和南部甘岛附近海面,货物由驳船装卸。进口货物可在首都马累或南部甘岛海关办理清关手续。

斯里兰卡是印度洋岛国,沿海地区占国土面积25%,人口占三分之一,超过三分之二的工业设施和超过80%的旅游设施集中位于沿海地区。斯里兰卡紧邻亚欧国际主航线,在货物转运、船舶中转和补给等方面具有独特优势。近年来,斯里兰卡政府通过扩建科伦坡港、新建汉班托塔港,进一步增强了斯里兰卡国际航运能力,为发展海洋经济奠定坚实基础。2017年,斯里兰卡靠泊船只共计4879船次,其中科伦坡港4329船次,高尔港87船次,亭可马里233船次,汉班托塔230船次。斯里兰卡正在进行科伦坡港扩建工程,包括南、东、西三个深水集装箱码头。建成后,科伦坡港将增加720万标箱的吞吐量。2014年4月,招商局集团投资的科伦坡港南集装箱码头项目顺利竣工。2017年科伦坡南集装箱码头共停靠船舶1377艘,吞吐量超过238万标箱,占科伦坡港的31.8%。

哈萨克斯坦作为一个内陆国,相比其他运输方式,水运并不发达。哈萨克斯坦西部濒临世界上最大的内陆湖——里海。里海海上运输主要依靠3个港口:阿克套国际贸易港、包季诺港和库雷克港。三者均位于北里海东岸,2017年哈萨克斯坦海运货物210.3万吨,占全国货运总量的0.05%,比上年下降19.5%。

土库曼斯坦是内陆国家,无出海口,但濒临里海。水运系指经里海(内陆湖)和阿姆河(内河)的客、货运输。土库曼巴什港是里海东岸最大港口,土库曼斯坦西部的对外门户,可停靠7000吨货轮,是土库曼斯坦原油、成品油、聚丙烯等商品的主要出口通道。土库曼斯坦里海港口不仅是土通往其他沿岸国家的门户,还是中亚、伊朗等国家的贸易中转枢纽:货流可经土—俄之间的里海航线,从阿斯特拉罕港口(俄)进入伏尔加河内河航道,再经伏尔加—顿河航道出亚速海进而抵达黑海港口(暖季);也可在土库曼巴什港通过轮渡至里海对岸的巴库港后,直接进入外高加索铁路网,进而从陆路抵达黑海的波季港(格鲁吉亚)。此外,土库曼斯坦与其他沿里海国家的港口——阿克套(哈)、阿斯特拉罕(俄)、马哈奇卡拉(俄)、巴库(阿塞拜疆)和涅卡(伊朗)之间均辟有油轮航运通道。2018

年5月2日，土库曼巴什新国际港口正式投运，该项目造价约15亿美元，设计年货物吞吐量1700万～1800万吨。加上先期投运的港口，年吞吐量可达2500万～2600万吨。

4. 空运

印度国际及国内航班班次频繁，是当今世界上发展速度最快的民航市场之一，在全世界列第九位。2017年，印度拥有125个运营机场，其中德里、孟买、加尔各答、金奈等20多个主要城市建有国际机场，现代化的新德里英德拉·甘地国际机场T3航站楼于2010年7月底投入运营。印度国有航空公司Air India开通有境内120个目的地及39个国家（地区）的航线。多家民营航空公司提供民航客运和货运服务。

中国国航、东航、南航、山东航空分别开通了北京—德里、成都—班加罗尔、上海—成都—孟买、北京—上海—德里、昆明—加尔各答和广州—德里、济南—德里的直航航班。

巴基斯坦共有9个国际机场和27个国内机场，开辟了30多条国际航线。巴基斯坦各机场年旅客运输量约为1500万人次，货、邮运输量为31.8万吨。伊斯兰堡、拉合尔和卡拉奇分别为巴北部、中部和南部地区的航空枢纽。巴基斯坦国际航空公司（PIA）承担了80%的国内人员空运和几乎全部的货邮运输。其中与中国、印度、阿富汗等邻国及欧洲、北美、东南亚许多国家都有直航。目前，巴基斯坦已与94个国家和地区签署了双边航空协议，32家外国航空公司有定期往返巴基斯坦的航班。中巴之间可直航，也可经泰国、阿联酋等转机。两国之间的直航航班有：北京—伊斯兰堡—卡拉奇（国航）、乌鲁木齐—伊斯兰堡（南航）、乌鲁木齐—拉合尔（南航）、北京—伊斯兰堡—拉合尔（巴航）。

阿富汗国际航线方面，现有喀布尔、坎大哈和马扎里沙里夫三个国际机场。目前在阿富汗营运的航空公司共有13家，其中，外国公司10家，本国公司3家。阿富汗共有国际航线16条。中阿航线仅有由阿丽亚娜航空公司负责运营的乌鲁木齐至喀布尔一条直飞航线，中途曾停飞数年。2016年7月恢复通航，目前每周三一趟往返航班。喀布尔—迪拜之间每天有多个航班，进出阿富汗最方便。其次是经土耳其伊斯坦布尔、巴基斯坦伊斯兰堡或印度新德里航线。国内航线方面，阿富汗已开通喀布尔至坎大哈、赫拉特、马扎里沙里夫、昆都士等主要大城市的航班。2017/18财年，阿富汗国内航空公司共有飞机12架，运输乘客103.4万人次，运输货物2017吨。

随着旅游业的快速发展，马尔代夫民航业近年来取得较大发展，全国共有4个国际机场和6个国内机场，当地航空公司有四家。全球已有超过50家航空公司开通了多国至首都马累的客运或货运服务。

孟加拉国是国际民航组织成员，现有在使用中的机场共8个，其中3个国际机场（达卡、吉大港、锡莱特），2个国内机场。目前中国内地至孟加拉国首都达卡的航空线路有两条，一条是由中国东方航空公司运营的北京—昆明—达卡航线，另一条是中国南方航空公司运营的广州—达卡航线。

尼泊尔全国共有56个机场，包括1个国际机场（位于首都加德满都）、3个地区中心机场和52个其他小规模机场。其中仅32个机场处于正常营运状态，还有6个机场正在建设中。根据未来20年发展规划，尼泊尔政府计划对加德满都的特里布文国际机场进行扩建，新建第二个国际机场（Nijgadh）和改扩建3个地区国际机场（博克拉、贾拉克普尔、白热瓦）。29家国际航空公司开通了到尼泊尔的航线，从尼泊尔首都加德满都可飞往曼谷、新德里、新加坡、吉隆坡、达卡、伊斯坦布尔，以及中国的拉萨、广州、成都、昆明、西安、香港等地。目前，中国到尼泊尔的航线共5条，分别是成都、拉萨、广州、昆明、西安至加德满都的航线。

斯里兰卡主要有两大国际机场。班达拉奈克国际机场（也称为科伦坡国际机场）是斯里兰卡第一国际机场，以前总理班达拉奈克的名字命名，位于首都科伦坡北部35公里的尼甘布地区。2017年，该机场接待出入境旅客约980万人次，货运量为265786吨，飞机起降架次为64903次。拉贾帕克萨国际机场（也称为马特拉国际机场）是斯里兰卡第二国际机场，以前总统拉贾帕克萨的名字命名，利用中国政府优惠贷款建设，位于斯里兰卡南部汉班托塔地区，2013年3月投入使用。2017年，拉贾帕克萨国际机场飞机起降架次为978次，客流量为30051人次。目前，中国国际航空公司执行成都至科伦坡直达航班，中国东方航空公司执行上海、昆明至科伦坡直达航班，中国南方航空公司执行广州至科伦坡航班，旅客可以搭乘中国民航班机，通过成都、上海、昆明、广州等口岸转机到达科伦坡；同时，斯里兰卡航空公司执行北京、上海、广州和昆明至科伦坡直达航班；旅客也可通过中国的香港、泰国的曼谷、新加坡、马来西亚的吉隆坡等地转机来科伦坡。

哈萨克斯坦国土辽阔，航空运输在哈萨克斯坦占有重要地位。哈现有大型机场21个，其中12个提供国际空运服务。全国最主要的机场是阿拉木图机场和阿斯塔纳机场。

乌兹别克斯坦在苏联时期享有"航空港"之美称，也是中亚地区唯一能生产飞机的国家。除国内连接各州的航线外，与中国、日本、韩国、欧洲、美国及独联体大部分国家均有定期航班。乌兹别克斯坦国内有11个机场，塔什干机场最大，可以起降各类飞机。乌兹别克斯坦航空公司的班机可以直飞美国、日本、俄罗斯、德国、中国、韩国等40多个国家和地区。目前中国与乌兹别克斯坦的航线包括北京到塔什干、塔什干到乌鲁木齐。据乌兹别克斯坦国家统计委员会数据，2017年，乌兹别克斯坦航空货运量2.64万吨，货运周转量1.569亿吨公里，客运量220万人次，客运周转量75亿人公里。

吉尔吉斯斯坦现有14家航空公司从事民航经营。其中，吉尔吉斯斯坦本国民航企业7家，外航企业7家。2017年吉尔吉斯斯坦航空货运量为200吨，客运量为148.8万人次。中国飞往吉尔吉斯的主要航线有2条：乌鲁木齐—比什凯克、乌鲁木齐—奥什。

塔吉克斯坦的主要机场有杜尚别机场、胡占德机场、库利亚布机场。其中，杜尚别机场是塔吉克斯坦最大机场，机场级别B，飞行区等级为4D，2015年，法国公司负责建设的新航站楼已投入使用，并于2017年4月正式开通杜尚别至乌兹别克斯坦首都塔什干直航航班。2017年，塔吉克航空客运量超过85.8万人次，同比增长2.2%，货运量180.9万吨，同比减少6.4%。中国南方航空公司经营中塔之间两条国际航线：乌鲁木齐—杜尚别，以及乌鲁木齐—胡占德。

土库曼斯坦航空目前经营的国内国际客运航线50多条，其中国际航线占60%。2016年9月17日，投资逾20亿美元新建的阿什哈巴德国际机场投入使用。土库曼斯坦航空执行的定期国际航班有欧洲和亚洲12个国家的18个城市。土库曼斯坦境内主要机场有：阿什哈巴德市国际机场、元首市国际机场、巴尔坎纳巴特市机场、马雷市机场、达绍古兹市机场和土库曼纳巴特市机场。中国与土库曼斯坦之间的定期往返航班有：土库曼斯坦航空阿什哈巴德—北京（每周2班），中国南方航空乌鲁木齐—阿什哈巴德（每周1~2班）。

(二)交通基础设施互联互通状况

近年来，中国与南亚在交通运输基础设施建设中取得了丰硕成果，高速铁路、港口、桥梁等项目有序推进，极大地促进了双边经贸合作的进一步深化，也为南亚人民带来了实实在在的好处。中国与中亚五国交通基础设施联通加快发展。中哈陆海联运通道和中国西部—欧洲西部公路网更加畅通，霍尔果斯—努尔绕尔口岸开通，中吉乌公路实现常态化运营。2018年，开行过境哈萨克斯坦的中欧班列3523列，同比增长72%。中哈共建的连云港物流运输基地一期运营良好，二期启动实施。塔乌公路西段东起杜尚别，西至边境城市图尔松扎德，全长64公里，由亚洲开发银行设计，中国路桥公司承建，2011年10月正式开工，工期30个月，已于2014年11月完工。

1. 中巴经济走廊交通基础设施建设

目前，中巴经济走廊项下有价值44亿美元的公路建设项目由NHA主持实施，正在建设中。包括喀喇昆仑公路升级改造二期（哈维连至塔科特段）、卡拉奇至拉合尔高速公路（木尔坦至苏库尔段）及瓜达尔东湾快速路项目。在中巴经济走廊项下，两国政府和企业正在协商推进巴一号铁路干线（ML-1）、卡拉奇环线城市轨道交通等项目。

2. 巴基斯坦瓜达尔港

中国援建的瓜达尔港是一个温水、深海港。2013年，中国港控、瓜达尔港务局、新加坡港务局三方签署《特许经营权协议》，中国港控接管了923公顷自由区的开发、经营权。目前，瓜达尔港重建工作已基本完成，港区恢复作业能力，2018年3月开通"巴基斯坦瓜达尔中东快航"集装箱班轮航线。自由区起步区基础设施建设完毕，商务中心已投入使用，并于2018年1月29日举行了开园仪式。预计到2055年，瓜达尔港将成为巴基斯坦最大的港口。

3. 斯里兰卡汉班托塔港

汉班托塔港是由中国政府向斯里兰卡提供贷款，由中国港湾工程有限责任公司建设。该项目起源于2005年时任斯里兰卡总统拉贾帕克萨政府提出的"两翼一带"国家发展战略，目标是把汉班托塔地区打造成斯里兰卡的工业基地。当时科伦坡港是斯里兰卡最重要的港口，其主要是针对集装箱业务，没有大型综合性码头。2007年中国港湾与当时政府签署了关于开发汉班托塔港项目的协议。2017年12月8号，中国招商局港口股份有限公司与斯里兰卡政府就收购汉班托塔港达成一致意见，并签署合约。目前，汉班托塔港已经建成一期、二期，成为斯里兰卡第二大港，是一座集集装箱码头、干散货码头、滚装码头、油码头等业务于一体的综合性港口。

4. 尼泊尔边境铁路、公路、口岸建设

2018年6月21日，中国与尼泊尔签署合作协议，确定两国将兴建边境铁路，连接中国西藏拉萨/日喀则和尼泊尔首都加德满都。中国段是从拉萨到吉隆县，由青藏铁路网延伸而成，全长700多公里，占总长度的80%以上，预计2022年建成，其中拉萨—日喀则段已经建成。尼泊尔段2020年后开建，从中国吉隆县到尼泊尔加德满都。目前，中国西藏的樟木、吉隆、普兰和尼泊尔境内对应的科达里、拉苏瓦伽蒂、雅犁为国际性口岸，另外还有3个双边性口岸。尼泊尔科达里口岸与中国樟木口岸相对，为国际性常年开放公路口岸，2015年大地震后被迫关闭至今。由该口岸通往加德满都的公路（约110公里）就是中国援建的阿尼哥公路，该公路是大地震前唯一全年开通的中尼陆路通道。尼拉苏瓦伽蒂口岸与中国吉隆口岸相对，为国际性常年开放公路口岸，自2014年12月起扩大开放，2015年大地震后被迫关闭了近半年，2015年10月13日恢复开通。尼泊尔雅犁口岸和印度贡吉与中国普兰口岸相对，为国际性常年开放公路口岸，但尼泊尔和印度的公路未修通至口岸。

5. 阿富汗公路建设项目

2017年1月，中国路桥公司中标连接阿富汗中部亚阔郎地区和北部达拉苏夫地区的178公里长的公路建设项目。项目总投资2.05亿美元，亚洲开发银行（ADB）提供资金支持，工期预计3年半。该公路项目对于改善阿富汗交通运输条件，助力阿富汗经济发展将发挥至关重要的作用。

6. 中马友谊大桥

马尔代夫是群岛国家，陆地面积非常有限，大部分岛屿道路为珊瑚砂路面。马尔代夫是世界上机动车拥有量最少的国家之一。目前公路主要集中于首都马累及周边地区、南部阿杜环礁，中国在南部拉穆环礁援建的岛屿连接公路是马尔代夫全国最长的公路，约15公里。中马友谊大桥开通后，首都马累将与机场岛和葫芦马累地区实现公路联通。

7. "欧洲西部—中国西部"交通走廊（双西公路）

双西公路东起中国东部海滨城市连云港，西至俄罗斯第二大城市圣彼得堡，途经中国郑州、兰州、乌鲁木齐，出霍尔果斯口岸进入哈萨克斯坦，从北部边境出境进入俄罗斯，经奥伦堡、喀山、莫斯科抵达圣彼得堡，与欧洲公路网相连，全长8445公里。"双西公路"哈萨克斯坦境内线路全长2787公里，共穿越五个州，沿线总人口460万，占哈萨克斯坦人口总数的三分之一。

8. 塔吉克斯坦道路桥梁建设

塔吉克斯坦政府一直与中国政府紧密合作，中国企业在塔吉克斯坦投资建设道路道桥也比较频繁。另外，塔吉克斯坦在杜尚别—丹加拉的公路修建过程中使用了中国政府的优惠买方信贷，项目由中方企业承建。

二 能源电力

(一)各国能源电力基础设施建设情况

南亚各国大力投入电力和能源基础设施建设以满足当地经济生产和人们生活的需求，但总体来说，各国能源电力供应存在一定的不足。

印度是全球第三大电力生产国和第四大消费国。目前，印度已有16个省邦实现了100%的农村电气化，但印度总体供电状况仍不太稳定，电厂燃料供应不足，上网电价低，电网输送损耗大，电力供应仍然面临较大缺口，除部分经济发达地区如古吉拉特邦、马哈拉施特拉邦可以保障24小时供电外，其他各邦用电高峰期间断电的情况时常发生，制约印度经济发展。风能和太阳能前景光明，但成本较高。

巴基斯坦共有各类大中型电厂（站）66座，其中火电厂21座，燃气电站15座，水电站22座，核电站2座，风电站2座，太阳能电站1座，此外还有一批私营独立发电企业（IPP），总装机容量超过23吉瓦。巴基斯坦电网建设落后，与周边国家互联互通程度不高，输电损耗大，输电和窃电损失占总供电量的近25%。巴基斯坦电力供应紧张，夏季用电高峰期时，城市每日停电时间可达12小时，农村每日停电时间可达16小时。

目前，孟加拉国全国尚有20%的人口未实现电力覆盖，工农业生产对于电力需求十分强劲，电力是孟政府重点发展行业。根据孟加拉国财政部最新发布的数据，目前孟电力装机总容量为15755MW，2016/17财年发电量为57276百万千瓦时，比上一财年的52193百万千瓦时提高约10%。电力系统输变电损耗从2005/06财年的21.25%下降至9.98%。目前孟加拉国在建电力项目共36个，装机总量为11997MW。

尼泊尔主要依靠水力发电，但由于水电站建设不足，电力供应仍十分紧张，全国仅40%的人口能用上电。尤其进入冬季，尼泊尔缺电现象非常严重。2015年12月至2016年2月，首都加德满都每周停电的时间最多可达70～80小时。水电开发仍是尼泊尔重点发展的领域之一。目前，尼泊尔与印度之间有400千伏输变电线路连接，根据双方协议，每年旱季缺电时，尼泊尔从印度进口部分电力，而每年丰水期电力生产较充足的时候，尼泊尔向印度出口一部分电力。由于尼泊尔电力供应紧张，中资企业在尼泊尔投资建厂往往需要自备发电设备。

在过去20年里，斯里兰卡的电力需求年增长率约为5%～6%，2017年，斯里兰卡总发电量为14671GWh，同比增长3.7%，主要依赖于火力发电。锡兰电力局所属电厂发电量占全国总发电量的72.9%，其余均从独立发电商购买。

马尔代夫现有电力基本为柴油发电，能源供应主要依靠进口，电力供应较为紧张。根据马尔代夫2013年能源情况报告，全国居民岛共有191家发电厂，主要有三家电力公司运营（STELCO、FENAKA和MWSC），总装机容量141兆瓦，全年电力总消费量4.6亿度，其中约50%在首都马累。旅游岛发电总量情况尚无统计数据。目前，在世界银行、亚洲开发银行以及有关国家的资助下，马尔代夫政府正在积极发展太阳能等清洁能源。所有中资企业在马建厂都需要准备发电设备，现有供电设施只能支撑马累及呼鲁马累的居民使用，工业用电全部需要自行发电。目前中资企业正在帮助马修建发电站，项目建成后可基本解决大马累地区的用电紧张问题。

塔吉克斯坦每年发电量170亿度左右，而塔吉克斯坦的年需求量为230亿～250亿度，2015～2017年冬春季，塔吉克斯坦政府继续实施限电措施，冬季缺电成为塔吉克斯坦经济发展和人民生活的重要障碍。中资企业在塔吉克斯坦投资设厂需要自备发电设备。塔吉克斯坦水力资源非常丰富，居世界第八位。从苏联时期至今，先后在北部的泽拉夫尚河、中部的卡法尔尼冈河和瓦赫什河、南部的喷赤河等4大水系上共建近30座大、中、小型水电站，总装机容量为509万千瓦，其中绝大部分水电站集中在瓦赫什河上，呈梯级分布。最大的有努列克水电站（装机容量300万千瓦，理论年发电量112亿度）、桑格图德1号水电站（装机容量67万千瓦）、桑格图德2号水电站（22万千瓦）和拜巴津水电站（装机容量60万千瓦）等。罗贡水电站项目建设正在实施中，整体工程所需投资约40亿美元，共安装6台机组，每台机组功率为600兆瓦。罗贡水电站建成后，电站大坝将成为世界上最高的土石坝，每年发电量将达到170亿千瓦时。

近年来哈萨克斯坦电力自给能力极大提高，电力进口明显下降。截至2016年底，哈萨克斯坦全国共有大小各类型电站约102个，装机总容量20844.2兆瓦。其中，火电站（汽轮机）装机容量17363兆瓦，占83.3%；燃气涡轮发电站装机容量1000兆瓦，占4.8%；水电站装机容量2480.4兆瓦，占11.9%。哈萨克斯坦各地区电力资源分配不平衡，北部地区电力较为丰富，西部和南部为电力短缺地区，阿拉木图地区是典型的缺电地区，电力需求量每年增加10%左右，是哈全国电力年需求增量（5%~6%）的两倍。专家预计，2020年前阿拉木图地区的电力缺口预计将达到130万千瓦/时。除极偏远地区以外，企业赴哈投资不需要自备发电设备。

吉尔吉斯斯坦水电资源丰富，目前仅开发10%。电力消费每年增幅为3%~5%，南、北用电不均衡，北部用电比例占全国逾60%。加之天然气、煤炭和重油的价格上涨，普遍采用电力供暖和热水，冬季日用电量比夏季高出2倍多，新增发电能力不能满足与日俱增的用电需求，设备老化及超负荷运转严重。吉尔吉斯斯坦电力领域项目的资金来源主要依靠贷款和吸引投资。目前，吉尔吉斯斯坦国内电网与哈萨克斯坦、乌兹别克斯坦及中国相联通，吉尔吉斯斯坦每年从乌、哈进口部分电力，并向哈、中出口部分电力。目前，世界银行正探讨为CASA-1000项目（即中亚—南亚输变电线）提供资金支持，该项目拟将吉尔吉斯斯坦、塔吉克斯坦的电力输送到阿富汗和巴基斯坦。

土库曼斯坦电力资源充裕，不仅可以满足本国经济和社会发展需要，而且还向伊朗、土耳其、阿富汗等国出口。根据总统倡议制定的《2013~2020年土库曼斯坦电力领域发展方案》，土库曼斯坦计划建设14座天然气电站，装机总量为3854兆瓦。该方案分两步实施。第一步（2013~2016年）已顺利完成，建成8座发电站。第二步（2017~2020年）将再建6座发电站。

乌兹别克斯坦电力总装机容量1.41万兆瓦，以火电为主，可自给自足。根据乌兹别克斯坦国家统计委数据，乌兹别克斯坦2017年发电量约600.9亿千瓦时，比上年同期增长2.88%，其中，全国98%电能来自乌兹别克斯坦国家电力公司电站。中资企业来乌兹别克斯坦投资设厂不需自备发电设备。乌兹别克斯坦国家电网与土库曼斯坦、塔吉克斯坦、吉尔吉斯斯坦和哈萨克斯坦南部的电力系统联网。

(二)能源电力基础设施互联互通情况

城市化发展和人口的增长助长了南亚和中亚国家对能源电力基础设施的需求，但是在预算、技术方面的限制以及经济制度和体制的原因，这些国家仅靠自身无法满足对基础设施的需求，所以希望与别国、国际金融机构以及私营企业合作，实施该国基础设施建设规划。"一带一路"倡议的推进为这些国家获得除西方国家以外的资金和技术支持提供了可能。与这些国家在能源电力基础设施方面互联互通主要项目如下。

1. 中巴经济走廊

中巴经济走廊早期收获项目中能源项目占很大比重。目前，萨希瓦尔、卡西姆港两座大型燃煤电站和萨察风电、吉姆普尔风电、大沃风电等一批新能源项目投产发电，走廊能源项目全部完工后，将为巴基斯坦增加约11000MW电力供应，大大缓解巴能源紧张。依托走廊，到2020年前后巴电力供需有望初步平衡。

2. 普特拉姆燃煤电站

由中国提供贷款建设的普特拉姆燃煤电站是斯里兰卡目前唯一的燃煤电站项目。该电站一期一台300MW机组已于2011年2月建成发电，二期两台300MW机组于2014年11月建成发电。普特拉姆燃煤电站装机容量占斯全国装机容量约23%。年发电量占全国用电量约37%，最高单日发电量占全国用电量67.8%。截至2018年4月底，三台机组总发电量259.42亿度，净输出236.07亿度，三台机组平均发电可利用率超过90%。

3. 乌兹别克斯坦中小型水电站建设

2017年5月，中国商务部与乌兹别克斯坦国家投资委员会签署了《中华人民共和国商务部与乌兹别克斯坦共和国国家投资委员会关于加强基础设施建设合作的谅解备忘录》和《中华人民共和国商务部与乌兹别克斯坦共和国国家投资委员会关于在乌兹别克斯坦共和国建设中小型水电站的合作协议》等文件，推动两国企业在市场原则基础上开展基础设施和水电领域合作。

4. 中哈原油管道

中哈原油管道是"一带一路"倡议的一个主要能源项目。该管道长达2800公里，能将原油从哈萨克斯坦西部直接运输至阿拉山口终点站，接着送至新疆独山子炼油厂。据估算，修建该管道的总费用为30亿美元。这项工程分为四部分，其中一段是肯基亚克至库木库勒输油管道，最大输送能力为1000万吨/年，相当于20万桶/天。

三　网络通讯

近几年，随着数字通讯技术的快速发展和国民收入水平的不断提升，南亚和中亚国家对网络通讯基础设施建设需求大增。各国也高度重视通讯基础设施建设在提高国民经济发展水平中的地位和作用，不断加大投入。但总体来说，由于这些国家城镇化水平不高，经济发展不平衡，各国网络通讯基础设施的发展程度也不尽相同。经济规模较大的印度、哈萨克斯坦等国网络通讯设施发达，尼泊尔等国在网络通讯建设方面起步较晚，但是也迅速发展，广大农村地区和偏远地区发展则较差。

印度

印度拥有全球第二大的电信网络，截至2017年5月底，全国电话用户总数超过12亿，电话普及率达到93.6%。其中，无线网络用户总数为11.8亿，占全国电话用户的比例为94.4%。印度前几大运营商为：Bharti Airtel、Vodafone、Idea Cellular、BSNL、Reliance Jlo，他们向全国约80%的用户提供电信服务。印度互联网用户快速发展。截至2017年一季度，印度互联网用户总数为4.6亿，其中超过80%的上网行为都是通过手机产生。各国有、民营和外资运营商之间竞争激烈，资费相对低廉。手机银行和农业短信息等服务已经兴起。未来市场扩张空间仍然巨大，3G服务和农村地区移动服务领域大有可为，4G业务亦逐步普及，目前印度电信运营商在15个城市提供4G业务。国营的印度邮政公司在印度邮政体系中处于支配地位，在全国设有约15万个邮局，其中近90%位于农村地区。另有DHL等外资企业提供快递服务。

巴基斯坦

巴基斯坦2000年开始对外开放电信行业，大量外资涌入，推动行业高速增长。截至目前，巴基斯坦有5家大型移动通讯运营商，用户1.5亿，宽带用户达5700万，3G和4G用户达5500万，电话用户约达300万。但受经济发展水平、人口密度、地质状况等因素影响，北部高海拔地区、部落和偏远农村的通信网络建设相对落后。巴基斯坦邮政服务公司隶属于交通部，约有1.3万个邮局，主要经营邮件、储汇和保险三大业务，以及税收和代收水、电、气、电话费等附加业务。近年来，快递服务发展很快，主要有邮政快递、TCS、OCS和DHL等。

阿富汗

阿富汗移动通信较为便捷，互联网较为普及，但传真使用较少。手机使用十分普遍，阿富汗大约有60%的人口使用移动电话，许多人有2～3部手机。与中国等国联系便利，资费较便宜。在喀布尔等大城市已开通3G功能；固定电话数量相对较少，收费偏高，用户主要为政府机构、国际组织和外国使团。阿富汗共有463个国营邮局，可办理邮政业务。国际快递业务方面，包括TNT、DHL、FedEx在内的跨国公司均已在阿富汗开展业务。

孟加拉国

孟加拉国移动通讯发展迅猛，五大运营商竞争激烈。截至2017年6月，孟加拉国移动电话用户已达1.36亿户。移动话费价格低廉，国内电话一般为0.03元人民币/分钟到0.15元人民币/分钟不等，拨打中国大陆国际电话大约每分钟人民币0.5元。目前孟加拉国已逐步普及3G。2018年2月，孟加拉国通讯管理委员会正式向Grameenphone、Banglalink、Robi和Teletalk等4家公司颁发4G牌照，正式进入4G时代。

斯里兰卡

2017年，斯里兰卡电信行业的增长率为12%，较2016年的8.3%有显著提高，是信息技术产业发展的主要动力，随着视频业务和无线移动业务的发展，通信业将继续保持增长。目前，斯里兰卡有7家电信运营商、33家外部接口通讯业务商和8家互联网服务商。政府行业监管保持中性，政府不会过多干预运营商市场。2014年，斯里兰卡宣布参与东南亚—中东—西欧5号海缆系统（SEA-ME-WE5）建设，该海缆系统经过斯里兰卡，连接亚洲、非洲和欧洲17个国家和地区，全长近2万千米，为该地区用户提供更快速、可靠的国际互联网连接。截至2017年底，斯里兰卡全国邮局达4691家，每个邮局服务平均人数为4572人。自2007年起，斯里兰卡全国邮局开始开展保险、金融以及电话卡出售等多项服务。

尼泊尔

尼泊尔网络通讯建设起步较晚且几次遭遇波折，2018年1月12日，中国电信集团公司与尼泊尔电信公司在尼泊尔首都加德满都举行两国跨境光缆开通仪式，标志着尼泊尔正式通过中国的线路接入互联网，开通尼中跨境光缆是尼泊尔互联网基础设施发展的一个里程碑事件。目前，尼泊尔与印度的6个边境口岸之间均有通讯光缆连通，印方有3家电讯运营商与尼方运营商对接。截至2017年2月，尼泊尔全国有互联网用户1478.79万，占总人口的52%。互联网服务供应商主要有：NDCL，UTL，NCELL，ISPs。邮政业仍是尼泊尔最普及的通信方式。目前，尼泊尔共有3991个邮政局，除提供投递信件和包裹服务外，邮局还提供发行邮票、邮政储蓄、邮政汇兑和快件投递等服务。

马尔代夫

马尔代夫十分重视电信业发展，近年来电信业发展很快。主要居民岛和旅游岛一般均有网络覆盖。当地电信运营商主要有两家，Dhiraagu和Ooredoo公司。

哈萨克斯坦

哈萨克斯坦的电信行业发展在中亚地区属前列。截至2017年底，拥有固话用户368.66万，同比下降6.1%，其中居民用户283.99万，同比下降7.4%。移动用户2669.33万，同比增长4.5%。互联网用户258.02万，同比增长9.7%。哈萨克斯坦国内有2大固话运营商和4大移动运营商。固话运营商为哈萨克斯坦电信公司和哈萨克斯坦铁网公司。根据NetIndex公司对全球188个国家进行的网速评估，哈网速为16.7Mbps，居全球第58位。

吉尔吉斯斯坦

运营商主要包括吉尔吉斯国家电信公司（Kyrgyztelecom）、Saima-Telecom公司和Megaline公司。国家电信公司是吉尔吉斯斯坦国内最大的固网运营商，为国家控股企业（国有股份占公司的77.84%），拥有50万用户。Saima-Telecom公司和Megaline公司是吉尔吉斯斯坦通讯市场放开后首批进入吉尔吉斯斯坦固定运营市场的私人公司，其中Saima-Telecom公司拥有8000用户，业务覆盖范围仅限于比什凯克市及周边地区，Megaline公司为小运营商，网络小，以宽带为主。目前用户数约1万，业务覆盖吉尔吉斯斯坦北部地区、奥什市和贾拉拉巴德市。目前吉尔吉斯斯坦国内的互联网普及率超过70%，全国网民数量超过400万人。由于吉尔吉斯斯坦是山地国家，在山区铺设光缆的难度较大，因此逾70%的网络都是在比什凯克等大城市。

塔吉克斯坦

塔吉克斯坦陆续出台了一系列相关的法律法规，鼓励外资及本国私营企业发展通信信息技术，培育通讯服务市场。目前，在塔吉克斯坦共有10家移动电话运营商，其中较有实力的是塔吉克斯坦最大私营通信公司Babilon-Mobile、塔俄合资的MLT Mobile、塔美合资的Indigo，以及中塔合资的TK Mobile。塔吉克斯坦移动电话共采用5种技术标准：AMPS、GSM、CDMA450、CDMA2000 1X和3G-UMTS，移动电话网络基本形成，信号已能覆盖全国各大中城市、主要交通干线及其邻近地区和居民点，但广大农村地区和偏远山区仍是一片空白。随着塔吉克斯坦开通独联体第一家3G（第三代通讯）业务，多家公司开通4G服务业务，移动服务已不仅限于拨打国内国际电话，还可提供互联网、可视电话和远程教育等高端服务。塔吉克斯坦主要互联网接入提供商为MLT，Megafon，Tcell，Intercom，Babilon等。据互联网世界统计（Internet World Stats），塔吉克斯坦互联网普及率为33.1%，在亚洲的排名仅高于东帝汶、巴基斯坦、土库曼斯坦、阿富汗、朝鲜；互联网用户为301万人。塔吉克斯坦互联网速度较慢，且价格较高，2M带宽的上网费用每月需要1000美元左右。

乌兹别克斯坦

乌兹别克斯坦全国有固定电话用户300万户，数字自动交换网装机系数为100%，数字化率为100%；移动电话用户2280多万户，普及率为70%，90%用户为首都以外的地区。乌兹别克斯坦互联网用户2000多万人，普及率超过60%，公共互联网接入点（网吧等）963个；宽带用户达到98万户；以"uz"注册的域名超过3万个，其中政府网站120多个。

土库曼斯坦

土库曼斯坦全国现有程控交换设备总容量约100万线，其中数字交换机81万线，首都固网基本实现数字化，全国范围的数字化率则达到80%以上，固话网现可覆盖土库曼斯坦全国所有固定居民点。数字交换设备全部来自国外供应商。目前，土库曼斯坦全境移动通信覆盖率已达97%。土库曼斯坦首都市话局购进的GPON宽带接入设备，设备最大可容纳16000用户。设备全部来自中国华为公司，可以在1000米铜线距离内实现40~80Mbps高速上网。截至2017年底，土库曼斯坦全国国际出口总带宽50Gb左右，网络用户总计15万个左右，多为国家机关、企事业单位、外交机构等团体用户，以及首都家庭用户。土库曼斯坦于2009年底开放3G服务业务，2013年8月投入使用4G网络。根据土总统最新签署的《土库曼斯坦2018~2024年通信发展规划》，拟对土库曼斯坦通信领域进行全面现代化改造。土库曼斯坦境内邮局约有100余个，邮政总体发展较慢，快递业务通常无法按时准确送达。

四 发展规划

南亚国家是推进"一带一路"倡议的战略支点和重要方向，资源丰富、市场规模和发展潜力巨大。近年来，各国正大力推进结构性改革，改善投资环境，支持和鼓励创新发展，培育新兴产业，加快推进工业化进程，基础设施规划层出不穷。中亚地区处于中国和欧洲两个世界最大市场之间，希望充分利用这一地理优势，制定发展战略来加强区域和全球的互联互通，实现经济的多元化、现代化，同时改善国民福祉。这些国家的基础设施建设主要集中在能源领域，且存在一定的融资挑战。

印度

与中国类似，印度自1951年起也实行五年一轮的经济规划，目前正处于第十三个五年规划（2017~2022年）。印度的"十三五"电力规划草案明确了迅速发展可再生能源的战略。按照规划，印度在"十三五"末期（2022年）的煤电装机容量为248.5吉瓦左右。非化石能源将占总发电装机的近47%、煤电占比从现在的60%降至48%。到2027年，可再生能源的装机比例将进一步增至56.5%。公路建设领域，政府推出新的伞形项目，在5年内花费6.92万亿卢比修建83577千米公路。该项目的重点为保障港口地区、边境地区以及海岸地区的道路基础设施，此外还有那些即将建造特别经济走廊的区域。该计划甚至还计划将公路通向泰国，并进一步连接柬埔寨、老挝和越南，通过水上交通缩短湄公河流域国家货物通往印度的时间。铁路建设领域，五年内，印度将向铁路投资1500亿美元，并创造100万新的就业岗位。

巴基斯坦

巴基斯坦本国缺乏基础设施建设基金，国内建设资金主要来自公共领域发展项目（PSDP）资金，2017/18财年巴基斯坦PSDP资金为10010亿卢比。巴基斯坦基础设施建设对外国无偿援助和贷款的依赖度高，其中对世界银行、亚洲开发银行等国际机构及中国、美国、英国、日本等国的无偿援助和贷款依赖度较高，巴基斯坦同时积极鼓励外国投资者参与当地基础设施投资。2007年巴基斯坦发布《2030年远景规划》，为巴基斯坦经济社会发展做出远景规划，其中基础设施建设是重中之重。根据《2030年远景规划》，主要目标是：（1）采取PPP、BOT等方式，加快以印度河为主的河流大中型水电站建设，力争2030年将水电发电量由目前的646万千瓦提高到3266万千瓦；（2）开发预计储量达1800亿吨的塔尔煤田，大力发展火电站建设，争取在2030年达到2000万千瓦装机量；（3）加大油气资源勘探开发力度，预计可开发储量由现在的8.4亿桶和515亿立方英尺分别提高到270亿桶和2820亿立方英尺；（4）2030年核电装机目标880万千瓦，可再生能源装机容量970万千瓦；（5）通过私有化等措施提高水电和电网管理部门工作效率，升级更新输电网络。巴基斯坦政府在《2030年远景规划》中确立了"使铁路成为国家主要运输形式、运输系统逐渐盈利、有力促进国家经济发展"的目标，拟通过购置新机车，升级现有轨道和信号系统，新建部分货运专线路段，增加复线里程，修建连接瓜达尔地区的铁路，修建和改进连接邻国的铁路。公路领域，主管部门主要是巴基斯坦交通部和国家公路局（NHA）。NHA于2009年制订"十年投资规划"，拟于2010-2020年全面扩建公路网络，新修和改扩建8条高速公路、4条国道，将全国公路密度提高至0.64公里/平方公里，道路运行速度提高25%，车辆运行成本降低10%，道路故障减少50%。航空领域，主管部门主要是巴基斯坦民航局（CAA）。目前重点项目是在建的伊斯兰堡新机场。目前，巴基斯坦政府正酝酿巴航（PIA）私有化、租赁新客机等提升空运效能。

阿富汗

阿富汗国内负责基础设施建设的主要部门为公共工程部，此外，城市发展部以及农村恢复与发展部也分别负责城市和农村的一部分基础设施建设。阿富汗本地基础设施建设严重落后，政府财政支出和各类基础设施建设主要依靠国际社会援助和世界银行等国际金融机构融资。虽然规划了一系列基础设施建设项目，但都因为缺乏资金而无力实施，因此阿富汗目前积极欢迎国外投资者来阿投资基础设施建设项目。阿富汗目前大约有2560余公里公路正在修建之中，另外计划新修建1800余公里道路。2017年4月，阿富汗时任公共工程部长巴里格称，该部已制定2036年前阿富汗全国公路总体规划。据估计，规划耗资约260亿美元，由阿富汗公共工程部与亚洲开发银行合作制定。铁路方面，阿富汗目前规划了一系列铁路建设，计划到2030年前，共修建铁路约3500公里。为解决电力短缺问题，除了参与CASA-1000项目和推进TUTAP项目外，阿富汗目前制定了包括东北部、南部、东部和西部4个地区的电力发展计划。同时发展太阳能和风力发电。Kunar河水电项目是阿富汗正在推进的一个耗资约20亿美元的重要水电项目，其设计发电能力789兆瓦，预计2025年完成。该项目发电不仅用于满足阿富汗电力需求，同时还将向巴基斯坦提供电力。阿富汗正在大力推进TAPI项目（土库曼斯坦—阿富汗—巴基斯坦—印度天然气管道项目）。该项目是将土库曼斯坦的天然气通过阿富汗输送至巴基斯坦和印度。根据协议，该项目每年将输送330亿立方米的天然气，其中，阿富汗每年除获得4亿～5亿美元的过境费外，还将获得约50亿立方米的天然气份额。阿富汗西北部省份（利亚布省和朱兹詹省）的天然气储量前景可观，其所在区域将成为TAPI项目的供气来源地。位于该区域内阿富汗与土库曼斯坦边界的Galkynysh气田是世界最大的气田之一，其天然气储量约为925万亿立方英尺。

孟加拉国

孟加拉国铁路目前仅承担4%的交通运输量。2013年6月，孟加拉国计划委员会交通运输协调局与孟铁道部联合制定了《2010～2030铁路发展规划》，《规划》提及孟全境将逐步统一使用宽轨建设标准，并在首都达卡兴建城市轨道交通，以缓解中心城市交通拥堵现状。2018年，孟加拉国政府已开始建设多哈扎里—考克斯巴扎（129.58km）、卡鲁哈利—通济帕拉（132km）等多条铁路线。2018年2月，孟加拉国铁路局完成全国客货运铁路总体规划，将分五个阶段实施，预计到2045年未全国铁路系统总投资将达到5.1万亿塔卡。孟加拉国政府计划在机场建设、内河运输方面增加投入，拟对主要机场进行升级改造，以增加旅客和货物的吞吐能力。孟加拉国大型河流的疏浚清淤也一直是政府关注的重点项目。按照孟加拉国2010年工业政策法令规定，外国投资者参与孟加拉国基础设施建设须先行获得许可。基础设施建设主管部门包括孟电力发展委员会、铁道部、交通部、船运部、地方政府部等。2017年7月，孟加拉国保护石油天然气、矿产资源及能源电力委员会制定了2017～2041年电力能源系统总体规划，该规划分为短期（至2021年）、中期（至2031年）和长期（至2041年）规划，旨在优先发展可再生能源，以替代燃煤发电。同时，在核能利用方面，孟加拉国总理哈西娜提出在孟加拉国南部建设第2座核电站，目前项目负责单位孟加拉国原子能委员会已经选定8个备用选址开展论证。孟加拉国为保持年均不低于6%的经济增长速度，并且实现2021年全国民众都能获得电力供应的目标，正在努力增加电力供应和扩大电力输送网络。孟加拉国政府积极出台政策，通过PPP、RPP、IPP等方式推动电力行业发展，以实现到2021年装机总容量达24000MW，以及到2030年装机总容量达40000MW的目标。

斯里兰卡

目前，外国援助在斯里兰卡经济发展中发挥着重要作用，几乎所有大型基础设施项目都依靠外国资金兴建。提供资金支持的国家和国际组织有30多个，主要来自中国、日本、德国、美国及世界银行和亚洲开发银行等。斯里兰卡积极鼓励外资和私营资本通过BOT、PPP模式加强对基础设施建设投资。中国迄今对斯里兰卡最大投资项目即为中国交通建设集团与中国港湾工程有限责任公司投资开发的科伦坡港口城项目。加快高速公路网络建设，到2019年建成南部高速（科伦坡—汉班托塔港）、科伦坡外环高速、科伦坡机场高速的高速公路网络。中部高速（科伦坡—库鲁内格勒/康提）即将动工。在主要城市建设立交桥、外环路，缓解路网的拥堵程度，改善城市交通。大力发展公共交通，增加公交车数量，提高服务水平。对部分铁路进行电气化升级改造，新建南部铁路项目，提高列车运行速度，购进先进列车机组，完善售票系统，提高路网管理能力和运行效率。扩建科伦坡国际机场，建设马特拉拉贾帕克萨国际机场二期项目，引进支线飞机，增加两个国际机场间运力。促进巴蒂克拉、亭可马里、贾夫纳和拉特马拉那等国内机场建设，发展航空旅游服务。建设科伦坡港东、西集装箱码头和汉班托塔港二期工程，加快临港产业园和免税物流园区建设。争取到2020年，航运业实现10亿美元收入，年处理货物2亿吨。吸引外国投资参与港区建设，如修建酒店、购物中心等旅游设施，发展临港产业。斯里兰卡电力局制定了"最低成本长期电力扩张计划2018～2037"，旨在利用最可持续的技术确定最低成本的电站供应，以满足预期增长的电力需求，避免国家电力短缺。加大电站、输配电等基础设施建设。加快干旱地区水利项目建设。通过建设莫罗嘎哈坎达水坝项目，解决北中省、西北省、东部省和北部省水资源匮乏问题。实施引水工程，满足南部汉班托塔地区用水需求。加快清洁供水基础设施建设，包括科伦坡供水项目、科特水厂、库鲁内格勒水厂、阿塔纳水厂、阿努拉达哈普拉水厂、波隆纳鲁瓦水厂等。目前，斯里兰卡政府因债务负担沉重，积极鼓励外国投资者参与当地基础设施投资，但由于公路、铁路等基础设施经济效益不高，基础设施建设仍以承包工程类为主，外资真正投资当地基础设施建设尚无先例。

尼泊尔

一 尼泊尔政府于2016年4月公布了今后五个财年（2016/17财年～2020/21财年）的公路和铁路等交通设施发展战略规划，目标是建设相互连通的交通网络。该战略规划是在尼遭受印度软禁运和中尼陆路连通道路因大地震受到严重破坏的情况下制订的，尼政府计划在今后五年里投资8160亿尼泊尔卢比用于公路和铁路等交通设施建设，这基本相当于尼政府目前财年的全部预算额。根据该战略规划，改善加德满都谷地的道路设施，加强对城市公路网络和公共交通的管理。今后5年，尼政府将新建450座桥梁，并完成在建的200座桥梁。尼泊尔负责公路基础设施建设的主管部门是尼泊尔基础设施建设与运输部及其下属尼泊尔公路局，负责电力基础设施建设的主管部门是尼泊尔能源部及其下属尼泊尔电力局，负责机场等基础设施建设的主管部门是尼文化、旅游与民航部及其下属尼泊尔民航局，负责通信基础设施建设的主管部门是尼泊尔信息和通讯部。尼泊尔水力资源丰富，据估计，水电蕴藏量为8300万千瓦，其中，4300万千瓦可开发；但目前已开发比例不足2%。2010年，尼泊尔能源部发布了一份二十年水电规划，提出到2030年将尼泊尔的发电能力提高到2500万千瓦。目前，尼泊尔正在建设的大型水电项目10余个，装机容量超过1000MW。其中包括，中国水电建设集团国际工程有限公司承建的上塔马克西水电站项目，装机容量450MW。2012年2月29日，中国长江三峡集团与尼泊尔能源部签署了关于West-Seti水电站项目的投资开发谅解备忘录（MoU），West-Seti水电站项目位于尼泊尔西部的赛提河上，设计装机容量750MW，年平均发电量33.3亿千瓦时，它的建成将极大缓解尼泊尔冬季电力短缺的问题。目前，尼泊尔基础设施发展规划重点项目的资金来源主要是世界银行、亚洲开发银行、中国、印度、日本、韩国等国际援助机构和双边援助国的援款或贷款。尼泊尔政府也鼓励外国投资者以BOT等方式参与尼泊尔基础设施项目投资。

马尔代夫

马尔代夫政府发布已获得资金支持的行业规划为马尔代夫可再生能源发展计划（MALDIVES SREP INVESTMENT PLAN 2013～2017），总投资1.38亿美元，其中9550万美元已获得战略气候基金、世界银行、亚洲开发银行、印度开发银行、日本协力银行等机构支持，其余4250万美元拟引入私人资本投资，采用BOT方式运营，目前正在分阶段招标实施。领域涉及太阳能、风能、垃圾处理、生物能源等。马尔代夫住房与基础设施部、经济发展部主管公路、桥梁、港口、码头等基础设施类项目，环境与能源部主管电力、供水、能源、环境保护类项目，旅游部主管国内机场、旅游岛开发类项目，农业渔业部负责农业及渔业发展及合作项目。马尔代夫允许外国投资者参与基础设施投资，其中包括住房、电力、垃圾处理、太阳能等节能环保、有利于民生的项目。

哈萨克斯坦

2018年4月，哈萨克斯坦通过了《2025年前哈萨克斯坦国家发展战略规划》，涉及国家社会经济生活各个方面，提出了推进第三次现代化、实现2050年长期发展战略目标的具体举措，为推动经济增长转型提出了一系列系统性改革和优先政策，为确定未来中哈重点合作领域提供了有益的参考。

吉尔吉斯斯坦

由于自身经济困难，吉尔吉斯斯坦主要依靠外国或国际组织的援、贷款和各类投资对此进行整改。吉尔吉斯斯坦欢迎外国投资者参与当地基础设施建设。拟在"中亚国家经济合作计划"框架下实施修复5条具有国际走廊意义的公路项目，养护吉境内现有公路，修复超过300公里路面的耐磨层，并对总长150公里的公路实施大修，加铺沥青混凝土路面。

塔吉克斯坦

塔吉克斯坦基础设施发展的重点为水电领域及交通领域。塔吉克斯坦负责水电领域基础设施发展的部门是能源水利部，主要职责是水电开发、输变电建设、水利设施建设和维护等。塔吉克斯坦负责交通基础设施建设的主要政府部门为交通部，其主要职责是制定塔吉克斯坦交通领域发展规划和实施交通基础设施项目等。"水电兴国"是塔吉克斯坦基本国策，依托丰富的水力资源，塔吉克斯坦政府把大力建设水电站作为国民经济发展的优先领域，力争将塔吉克斯坦打造成为地区电力出口大国。塔吉克斯坦将阿富汗、巴基斯坦、伊朗作为主要目标市场，视哈萨克斯坦、印度、俄罗斯、中国等国为潜在市场，在苏联综合开发设计的基础上，制订了水电开发中长期发展规划。第一阶段：至2010年，达到年发电量264亿千瓦时，实现出口60亿千瓦时；第二阶段：至2020年，年发电量570亿～600亿千瓦时，出口300亿千瓦时；第三阶段，至2025年，年发电量800亿千瓦时，出口475亿千瓦时。2011年，塔吉克斯坦制定《至2025年塔吉克斯坦共和国交通领域发展国家专项规划》。该《规划》涵盖了公路、铁路、航空等多个领域，对各领域的发展现状和存在的问题进行了客观描述和充分分析，内容详尽，并制定了各领域短期（至2015年）、中期（至2020年）和长期（至2025年）发展和投资规划，预计总投资额99.2亿美元。其中，公路运输领域拟投资3.46亿美元，铁路领域拟投资58.92亿美元，航空领域拟投资2.43亿美元，公路建设和改造领域拟投资23.34亿美元，交通环保领域拟投资3186万美元。塔吉克斯坦水电和交通基础设施重点项目的资金落实主要有两个渠道：（1）政府预算资金，这部分资金一般有限；（2）依靠国际融资，即国际金融机构贷款或国别贷款等。塔吉克斯坦允许并欢迎外国投资者参与当地交通基础设施建设，目前外资参与项目主要为EPC模式。

乌兹别克斯坦

乌兹别克斯坦政府允许外国投资者参与当地基础设施投资。负责基础设施建设的主要政府部门是乌兹别克斯坦公共事业署。主要职责是参与国家关于公共服务领域政策的制定和落实，对有关社会公共事业的总统令、内阁令、政府令的执行情况进行监督，培训并提高公共服务领域企业干部的职业水准。根据乌兹别克斯坦总统于2015年3月批准的"2015～2019年道路运输基础设施发展纲要"，乌兹别克斯坦计划使用共和国道路基金新建和改造国家级公路干线和桥梁总计1227.8公里；使用国际金融机构资金新建和改造国家级公路干线和桥梁总计1172.5公里；使用共和国道路基金和世界银行资金新建和改造公共道路和桥梁总计299.5公里。此外，未来5年计划进口用于道路保养和维修的最先进的机械设备993台，在2016～2019年间为"乌兹别克斯坦公路"国家股份公司购买38套混凝土搅拌站、粉碎筛选生产线及其他机械设备。2017年2月，乌总统米尔济约耶夫批准《2017～2021年乌兹别克斯坦五大优先发展领域行动战略》，其中涉及基础设施建设的内容包括：通过建设供水管线解决农村居民饮水问题；进一步建设并修复道路基础设施，特别是连接各地州的公路和乡村道路；建设新电站、低压电网和变电站，并对已有设施进行改造。由于涉及国家整体规划，"战略"并未提及基础设施建设具体项目。

第三章

市场规模与进口需求

南亚是与中国毗邻的一个重要地区。总体来说，南亚是一个世界新兴市场，人口众多，人均消费水平低，经济发展较快，市场规模和进口需求潜力巨大。中国是南亚外资的主要来源国，也是南亚一些国家的第一大外资来源国。根据商务部统计数据，目前中国在南亚国家累计投资达到122.9亿美元，而南亚国家累计在华投资为8.9亿美元。中国在南亚国家的投资领域多为基础设施，如通讯、水利电力、公路建设等，投资的领域相对集中。在"一带一路"倡议引领下，中巴经济走廊、孟中印缅经济走廊等一批重大项目正在积极推进，中国与南亚各国的经济合作不断加强，不仅有力促进了有关国家经济增长，也为深化南亚区域合作提供了新的强大动力。

一　宏观经济

南亚地区经济发展前景广阔，各国在经济发展上呈现不同特点。服务行业在南亚诸国的经济中占的份额较高。除阿富汗外，其他南亚国家的服务业在国民经济中的比重都超过50%。究其原因，这些国家以旅游为支柱产业的较多，再有就是工业不发达而导致上述情况。

印度

印度近十年经济发展较为迅速，人民收入水平逐渐提高。印度也从最初的低收入国家上升到中等收入偏下的国家。从增长速度看，近十年印度人均GDP增长率呈现波动状态，2005～2007年经济增长速度呈现平稳的上升趋势，2008年受美国次贷危机的影响，经济增长速度急速下降，从2007年8.3%下降到2.51%。随着全球经济的回暖，2009年以来国内经济增速有所回升，当经济增速达到一定高度后，由于国内人口因素、地缘因素、军事因素的二元结构明显，经济发展受到严重阻碍。20世纪90年代后，印度服务业发展迅速，占国内生产总值的份额逐年上升。高科技发展迅速，成为全球软件、金融等服务的重要出口国。表3-1是印度近5年GDP的发展情况：

表3-1　近5年印度GDP统计

年份	GDP（万亿卢比）	GDP增长率（%）	人均GDP（卢比）
2012/13	92.80	5.1	74658
2013/14	99.21	6.9	79051
2014/15	106.57	7.4	83052
2015/16	113.51	7.6	88523
2016/17	121.65	7.1	93653

注：数据来源于印度统计部，按2004/05财年不变价格计算（从2011/12财年开始按照新统计方法计算，按2011/12财年不变价格计算），可按照1：64汇率折合为美元。

巴基斯坦

巴基斯坦近十年经济发展较为迅速，人民收入水平也逐步提高。巴基斯坦也从最初的低收入国家上升到中等收入偏下国家。从增长速度来看，近十年巴基斯坦人均GDP增长率呈现出"W"型。表3-2反映了巴基斯坦近几年的经济增长情况：

表3-2　2012/13～2016/17财年巴基斯坦经济增长情况

财政年度	GDP（万亿卢比）	增长率（%）	人均GDP（万卢比）
2012/13	21.50	3.68	11.78
2013/14	24.03	4.05	12.91
2014/15	26.09	4.06	13.74
2015/16	27.40	4.51	14.17
2016/17	31.86	5.28	15.16

数据来源：巴基斯坦统计局。

阿富汗

阿富汗经济属于"输血型"经济。阿富汗政府重视并渴望进行经济重建，积极争取外援，重塑国家经济架构，期待将矿产业和石油天然气打造成国民经济支柱产业，培养自身"造血"功能，逐步实现财政自立的目标。2001年以来，得益于国际社会提供的大量援助，阿富汗战后和平重建取得一定成果，国民经济缓慢恢复发展（见表3-3）。

表3-3 阿富汗近几年宏观经济指标

财政年度	2013/14	2014/15	2015/16	2016/17	2017/18
GDP增长率（%）	6.5	2.2	-2.4	2.1	2.9
GDP（亿美元）	212.2	210.2	193.7	197	202
人均GDP（美元）	772	748	677	675	679
通货膨胀率（%）	5.6	-0.7	3.8	7.2	0.2
外汇储备（亿美元）	–	–	–	4	–
外债（亿美元）	–	–	–	25	–
汇率（美元：阿尼）	56.4	57.6	64	67.6	68.5

注：因汇率变动及统计口径不同等缘故，部分数据可能存在偏差。

资料来源：阿富汗中央统计局。

孟加拉国

孟加拉国是世界上最不发达国家之一，经济基础薄弱。但近十年来经济发展程度有所上升，人民收入水平也逐渐提高。孟加拉国也从最初的低收入国家上升到中等收入偏下的国家。从增长速度看，近十年孟加拉国人均GDP呈现波动上升趋势（见表3-4）。

表3-4 近年来孟加拉国宏观经济情况

财政年度	实际GDP总量（万亿塔卡）	经济增长率（%）	名义GDP总量（万亿塔卡）	人均GDP（万塔卡）	人均收入（万塔卡）
2012/13	7.30	6.18	11.99	7.80	8.43
2013/14	7.74	6.1	13.44	8.63	9.20
2014/15	8.25	6.55	15.16	9.60	10.22
2015/16	8.84	7.1	17.33	10.84	11.46
2016/17	9.48	7.28	19.76	12.22	12.74

注：上述GDP增速按实际GDP计算，人均GDP及人均收入按名义GDP和GNI计算。
资料来源：孟加拉国统计局。

斯里兰卡

2017年，斯里兰卡GDP总额为872亿美元，总量位列世界第64位，较上一年度增长3.1%。人均GDP为4065美元，居世界第112位（见表3-5）。

表3-5　2013～2017年斯里兰卡宏观经济数据

年份	2013	2014	2015	2016	2017
GDP（亿美元）	743	794	806	818	872
增长率（%）	3.4	5.0	4.8	4.5	3.1
人均GDP（美元）	3609	3821	3843	3857	4065

资料来源：斯里兰卡中央银行。

尼泊尔

尼泊尔为农业国，经济落后，是联合国确定的48个最不发达国家之一。尼泊尔经济严重依赖外援，预算支出的1/3来自国外捐赠和贷款。据尼泊尔财政部统计，2002～2005年各种项目的外援协议金额总计930亿卢比（约12.6亿美元）。2014/15财年，尼泊尔政府收到国外无偿援助743.6亿卢比。2015/16财年有关国家及国际机构实际兑现援尼承诺10.74亿美元。2016/17财年有关国家及国际机构实际援尼13.94亿美元，其中，无偿援助5.82亿美元，优惠贷款5.49亿美元，技术援助2.63亿美元。表3-6反映了近几年尼泊尔宏观经济发展情况。

表3-6　近几年尼泊尔宏观经济数据

年份	经济增长率（%）	人均GDP（美元）
2013/14	5.72	725
2014/15	2.97	766
2015/16	0.20	748
2016/17	7.39	866
2017/18	6.29	1004

资料来源：尼泊尔2017/18财年经济概览。

马尔代夫

近40年来，马尔代夫开始发展旅游业，经济一直保持较快增长，年均

GDP增速达7%以上，但近十年来受自然灾害、全球金融危机以及本国政局动荡等因素影响，马尔代夫经济增长放缓，经济波动较大（见表3-7）。

表3-7　2014～2017年马尔代夫宏观经济数据

年份	2014	2015	2016	2017
名义GDP（亿美元）	36.88	39.93	42.10	46.48
增长率（%）	7.3	2.2	6.4	6.9

资料来源：马尔代夫货币局。

哈萨克斯坦

近年来，哈萨克斯坦的经济增速起伏较大，人均GDP在7000～10000美元左右徘徊。2017年哈萨克斯坦经济总量1581.8亿美元，比2016年增长4%，人均GDP为8837美元（见表3-8）。

表3-8　2013～2017年哈萨克斯坦宏观经济情况

年份	GDP总值		增长率（%）	人均GDP值		当年人口（万人）
	亿美元	亿坚戈		美元	坚戈	
2013	2203	335000	6.0	12933	1967493.9	1716.5
2014	2122	380331	4.3	12276	2199827.6	1741.7
2015	1838.3	407614	1.2	10558	2330008.9	1767.1
2016	1336.6	457321	1.0	7509.4	2569359.8	1792.7
2017	1581.8	519668	4.0	8837	2862033.4	1815.7

资料来源：哈萨克斯坦国民经济部统计委员会。

吉尔吉斯斯坦

吉尔吉斯斯坦国民经济以多种所有制为基础，农牧业为主，工业基础薄弱，主要生产原材料。独立初期，由于同原苏联各加盟共和国传统经济联系中断，加之实行激进改革，经济一度出现大幅下滑。近年来，吉尔吉斯斯坦调整经济方针，稳步渐进地向市场经济转轨，推行以私有化和非国有化改造为中心的经济体制改革，经济保持了低增长态势，工业生产恢复增长。2009年，受国际金融危机和俄罗斯、哈萨克斯坦等国经济形势的影响，吉尔吉斯经济增速减缓，但未出现剧烈波动。2010年吉尔吉斯斯坦爆发"4·7"骚乱事件，受国内政局动荡影响，吉尔吉斯斯坦经济又出现下滑。2011年以来，吉尔吉斯斯坦逐渐走出政局动荡和国际金融危机的阴影，经济总量有所提升，失业率逐渐下降，贸易额大幅上升。2013年国民经济全面向好，涨幅达10.5%，是吉尔吉斯斯坦独立20余年来的最高纪录。不过，2014年受俄罗斯遭遇西方制裁、俄罗斯卢布与哈萨克斯坦坚戈大幅贬值等外部因素影响，吉尔吉斯斯坦经济增速放缓，全年仅增长3.6%。2015年，吉尔吉斯斯坦国内矿产、加工和建筑等重点行业恢复生产，宏观经济呈平稳发展态势，全年增幅为3.5%。2016年，吉尔吉斯斯坦国家经济依靠工业、农业、建筑业和服务业等领域的拉动，GDP增幅达3.8%。2017年，吉尔吉斯斯坦经济增长主要依靠工业、农业、建筑业和服务业等行业发展的拉动，GDP增幅上升至4.5%（见表3-9）。

表3-9　2013～2017年吉尔吉斯斯坦宏观经济

年份	GDP（亿美元）	GDP增长率（%）	人均GDP（美元）
2013	72.2	10.5	1323
2014	74.0	3.6	1327
2015	66.0	3.5	1100
2016	65.5	3.8	1134
2017	71.6	4.5	1042

注：按可比价格计算。
资料来源：吉尔吉斯斯坦国家统计委员会。

塔吉克斯坦

近年来塔吉克斯坦经济保持平稳发展态势，连续多年的通货紧缩局面得到改善，人均收入开始有所增加，各项经济指标均有所回升；但另一方面因本国经济规模相对较小，其发展对国际社会依赖甚重，塔吉克斯坦经济全面恢复增长任重而道远（见表3-10）。

表3-10　2013～2017年塔吉克斯坦宏观经济状况

年份	GDP（亿索莫尼）	折合美元（亿美元）	同比增长（%，按索莫尼计算）	GDP（美元）
2013	467.41	85.06	7.4	1049.0
2014	456.05	92.40	6.7	1100.0
2015	484.04	78.52	6	939.91
2016	544.71	69.52	6.9	788
2017	610.94	71.46	7.1	800

资料来源：塔吉克斯坦统计署。

乌兹别克斯坦

近5年来，乌兹别克斯坦经济总量超过2000亿美元，GDP增长率保持在7%以上。2017年，乌GDP为307.53亿美元（约249.1万亿苏姆），同比增长5.3%。人均GDP940美元（见表3-11）。

表3-11　2013～2017年乌兹别克斯坦经济增长情况

年份	GDP（亿美元）	实际GDP增长率（%）	人均GDP（美元）
2013	567	8.0	1886
2014	626	8.1	1987
2015	676.55	8	2178
2016	710	7.8	2210
2017	307.53（当年本币贬值近一倍）	5.3（以苏姆计）	940

资料来源：乌兹别克斯坦国家统计委员会。

土库曼斯坦

2009～2014年，土库曼斯坦经济保持持续快速增长。由于2015年以来世界油气持续下跌和低位徘徊，近年土库曼斯坦宏观经济增速放缓，GDP增速稳定在6%～7%区间。2017年GDP增速6.5%，比上年6.2%增幅略有提升。2017年土外贸额179.77亿美元，同比2016年下降13.14%。其中，出口额77.88亿美元，同比增长3.56%；进口额101.89亿美元，同比下降22.68%（见表3-12）。

表3-12　2013～2017年土库曼斯坦宏观经济统计

年份	2013	2014	2015	2016	2017
GDP（亿美元）	392	453	359	381	406
GDP增幅（%）	10.2	10.3	6.5	6.2	6.5
外贸额（亿美元）	349.44	364.20	262.15	206.97	179.77
人均GDP（美元）	5731	6623	5249	5570	5936

注：数据源自土库曼斯坦国家统计委员会。2013～2014年官方汇率为1美元兑2.85马纳特，2015年至今官方汇率为1美元兑3.5马纳特。

资料来源：中国驻土库曼斯坦大使馆经商参处。

表3-13至表3-17从几个方面反映了南亚八国和中亚五国近几年的经济发展的情况：

表3-13　南亚八国和中亚五国GDP和GDP增速

国家名	指标	2013年	2014年	2015年	2016年	2017年
印度	GDP（百亿美元）	197.84	212.50	229.49	248.24	266.04
	GDP增速（%）	6.39	7.41	8.00	8.17	7.17
巴基斯坦	GDP（百亿美元）	19.70	20.62	21.59	22.79	24.09
	GDP增速（%）	4.40	4.67	4.73	5.53	5.70
阿富汗	GDP（百亿美元）	1.90	1.95	1.98	2.02	2.07
	GDP增速（%）	5.60	2.72	1.45	2.26	2.67
孟加拉国	GDP（百亿美元）	13.86	14.70	15.66	16.78	18.00
	GDP增速（%）	6.01	6.06	6.55	7.11	7.28
斯里兰卡	GDP（百亿美元）	6.94	7.28	7.65	7.99	8.25
	GDP增速（%）	3.40	4.96	5.01	4.47	3.31
尼泊尔	GDP（百亿美元）	1.81	1.91	1.98	1.99	2.15
	GDP增速（%）	4.13	5.99	3.32	0.59	7.91
马尔代夫	GDP（百亿美元）	0.31	0.33	0.34	0.37	0.39
	GDP增速（%）	7.28	7.33	2.88	7.29	6.91

续表

国家名	指标	2013年	2014年	2015年	2016年	2017年
哈萨克斯坦	GDP（百亿美元）	17.66	18.41	18.63	18.83	19.60
	GDP增速（%）	6.00	4.20	1.20	1.10	4.10
吉尔吉斯斯坦	GDP（百亿美元）	0.56	0.59	0.61	0.63	0.66
	GDP增速（%）	10.92	4.02	3.88	4.34	4.58
塔吉克斯坦	GDP（百亿美元）	0.70	0.75	0.79	0.85	0.91
	GDP增速（%）	7.40	6.71	6.01	6.87	7.62
乌兹别克斯坦	GDP（百亿美元）	4.98	5.37	5.79	6.25	6.58
	GDP增速（%）	8.00	7.79	8.00	7.80	5.30
土库曼斯坦	GDP（百亿美元）	3.17	3.50	3.73	3.96	4.21
	GDP增速（%）	10.20	10.30	6.50	6.20	6.50

注：不丹相关资料暂缺。
资料来源：世界银行。

表3-14　南亚八国和中亚五国部分国家人均GDP（美元）和人均GDP增速（%）

国名	指标	2013年	2014年	2015年	2016年	2017年
印度	人均GDP	1547.38	1642.39	1753.13	1874.71	1986.57
	人均GDP增速	5.10	6.14	6.74	6.93	5.97
巴基斯坦	人均GDP	1083.97	1111.20	1140.21	1179.41	1222.52
	人均GDP（增速）	2.21	2.51	2.61	3.44	3.66
孟加拉国	人均GDP	879.58	922.16	971.64	1029.58	1093.05
	人均GDP（增速）	4.77	4.84	5.37	5.96	6.16
斯里兰卡	人均GDP	3371.18	3505.55	3648.09	3768.52	3849.46
	人均GDP（增速）	2.59	3.99	4.07	3.30	2.15
尼泊尔	人均GDP	645.25	675.74	690.08	686.32	732.43
	人均GDP（增速）	2.88	4.72	2.12	−0.54	6.72

国名	指标	2013年	2014年	2015年	2016年	2017年
马尔代夫	人均GDP	7776.54	8124.71	8156.17	8559.35	8971.13
	人均GDP增速	4.26	4.48	0.39	4.94	4.81
哈萨克斯坦	人均GDP	10368.50	10646.03	10617.47	10582.70	10867.74
	人均GDP（增速）	4.49	2.68	−0.27	−0.33	2.69
吉尔吉斯斯坦	人均GDP	984.24	1003.51	1021.16	1043.95	1070.89
	人均GDP（增速）	8.74	1.96	1.76	2.23	2.58
塔吉克斯坦	人均GDP	855.41	892.59	925.64	968.16	1020.14
	人均GDP（增速）	5.00	4.35	3.70	4.59	5.37
乌兹别克斯坦	人均GDP	1645.91	1744.49	1851.47	1961.48	2031.05
	人均GDP（增速）	6.33	5.99	6.13	5.94	3.55
土库曼斯坦	人均GDP	5909.77	6399.27	6693.94	6986.86	7317.55
	人均GDP（增速）	8.18	8.28	4.60	4.38	4.73

资料来源：世界银行。

表3-15　南亚八国和中亚五国部分国家广义货币占比及增速情况

国名	指标	2012年	2013年	2014年	2015年	2016年	2017年
印度	广义货币占比（%）	78.18	77.90	78.01	74.69	74.12	78.18
	广义货币增速（%）	14.83	10.59	10.62	6.80	10.43	14.83
巴基斯坦	广义货币占比（%）	52.24	51.83	53.32	57.18	57.18	52.24
	广义货币增速（%）	13.32	11.54	12.18	13.62	9.93	13.32
阿富汗	广义货币占比（%）	32.68	34.21	33.93	34.64	34.45	32.68
	广义货币增速（%）	9.91	8.14	3.08	9.73	4.09	9.91
孟加拉国	广义货币占比（%）	61.40	63.34	64.51	65.85	65.69	61.40
	广义货币增速（%）	14.85	15.61	14.89	16.70	13.74	14.85
斯里兰卡	广义货币占比（%）	44.71	47.39	52.48	56.08	44.71	—
	广义货币增速（%）	16.23	14.51	17.03	16.19	16.23	—

续表

国名	指标	2012年	2013年	2014年	2015年	2016年	2017年
尼泊尔	广义货币占比（%）	85.46	85.64	98.28	109.05	104.11	85.46
	广义货币增速（%）	21.66	16.14	24.44	17.36	11.97	21.66
马尔代夫	广义货币占比（%）	46.76	47.83	48.29	44.87	42.75	46.76
	广义货币增速（%）	18.37	14.87	12.11	−0.18	5.16	18.37
哈萨克斯坦	广义货币占比（%）	32.22	32.27	41.89	42.15	36.64	32.22
	广义货币增速（%）	10.22	10.38	33.78	15.61	−1.73	10.22
吉尔吉斯斯坦	广义货币占比（%）	34.03	31.09	33.25	34.43	34.03	—
	广义货币增速（%）	22.76	3.02	14.90	14.58	22.76	—
塔吉克斯坦	广义货币占比（%）	20.95	19.94	22.29	27.14	29.49	20.95
	广义货币增速（%）	19.73	7.07	18.67	37.06	21.84	19.73

资料来源：世界银行。

表3-16　南亚八国和中亚五国部分国家实际利率

国名	指标	2013年	2014年	2015年	2016年	2017年
印度	实际利率（%）	3.87	6.70	7.56	6.35	5.46
巴基斯坦	实际利率（%）	4.69	4.02	5.81	8.32	4.05
阿富汗	实际利率（%）	9.78	14.35	12.25	9.42	12.64
孟加拉国	实际利率（%）	5.99	6.89	5.51	3.45	3.07
斯里兰卡	实际利率（%）	5.85	4.79	6.27	6.16	3.05
马尔代夫	实际利率（%）	4.43	6.48	2.94	10.62	6.71
吉尔吉斯斯坦	实际利率（%）	17.59	10.81	19.53	17.43	14.58
塔吉克斯坦	实际利率（%）	19.16	18.08	25.67	17.85	24.37

资料来源：世界银行。

表3-17　南亚八国和中亚五国劳动人口占比及失业率

国名	指标	2013年	2014年	2015年	2016年	2017年
印度	劳动人口占比（%）	52.26	52.24	52.21	52.13	52.05
	失业率（%）	2.82	2.77	2.78	2.73	2.56
巴基斯坦	劳动人口占比（%）	52.28	52.17	53.16	53.16	53.17
	失业率（%）	2.95	1.83	3.57	3.44	3.18

续表

国名	指标	2013年	2014年	2015年	2016年	2017年
阿富汗	劳动人口占比（%）	64.32	64.79	65.27	65.58	65.89
	失业率（%）	1.73	1.74	1.68	1.63	1.56
孟加拉国	劳动人口占比（%）	56.55	56.51	56.48	56.44	58.71
	失业率（%）	4.43	4.41	4.42	4.35	4.37
斯里兰卡	劳动人口占比（%）	55.04	54.09	53.53	53.08	52.69
	失业率（%）	4.44	4.40	4.67	4.37	4.18
尼泊尔	劳动人口占比（%）	83.16	83.17	83.11	83.08	83.02
	失业率（%）	1.55	1.46	1.43	1.43	1.25
马尔代夫	劳动人口占比（%）	66.02	67.03	66.45	65.47	65.13
	失业率（%）	5.03	5.21	5.68	6.12	5.83
哈萨克斯坦	劳动人口占比（%）	70.61	70.89	70.92	71.00	70.94
	失业率（%）	5.20	5.06	4.93	4.96	4.90
吉尔吉斯斯坦	劳动人口占比（%）	62.52	62.40	62.41	61.62	61.65
	失业率（%）	8.33	8.05	7.56	7.21	6.89
塔吉克斯坦	劳动人口占比（%）	43.43	43.47	43.52	43.55	43.58
	失业率（%）	11.82	11.65	11.35	10.99	10.74
乌兹别克斯坦	劳动人口占比（%）	64.74	64.98	65.18	65.32	65.43
	失业率（%）	4.86	5.09	5.15	5.16	4.97
土库曼斯坦	劳动人口占比（%）	64.79	65.04	65.19	65.25	65.24
	失业率（%）	3.98	3.90	3.84	3.80	3.69

注：不丹相关资料暂缺。
资料来源：世界银行。

二　消费市场

印度

随着印度经济增长，外商投资规则放宽和消费需求上升，其在2017年全球零售业发展指数中，在30个发展中国家里排名第一，超过中国。在印度，一般日常生活用品的供应较丰富、正常，除最基本的食品外，整体物价水平相当高，远超出一般预期。特别是新德里、孟买等大城市的房屋、土地租售价格已居世界前列。资料显示，印度在实际最终消费支出方面仍落后于亚太地区平均水平。尽管如此，中产阶级的日益壮大和人口结构年轻化，使得印度未来的消费能力将得到持续提升。

巴基斯坦

巴基斯坦国民储蓄占GDP的比例为15%左右。在消费支出中,饮食占43.1%,住房占15.2%,服装占5.7%,交通占5.6%,其他生活开支占12.8%。巴基斯坦近年物价持续上涨,通货膨胀较为严重,2015年以来情况有所好转。巴基斯坦联邦统计局数据显示,截至2017年12月,消费者物价指数为4.6%;批发物价指数为2.84%。

阿富汗

随着阿富汗和平谈判和重建进程的开展,国内消费市场逐步扩大。过去几年中,年均增速达到14%。2017/18财年,国内消费总额12864亿阿尼(合186亿美元),同比增长0.06%。其中私人部门消费11122亿阿尼,同比下降0.8%;政府消费1742亿阿尼,同比增长5.9%(见表3-18)。

表3-18 阿富汗消费市场统计(单位:亿阿尼)

项目	2013/14	2014/15	2015/16	2016/17	2017/18
国内消费总额	11037	11232	11949	12856	12864
私人部门消费额	9642	9732	10427	11211	11122
政府消费额	1395	1500	1523	1645	1742
私人消费占消费总额比(%)	87.4	86.6	87.3	87.2	86.5

资料来源:阿富汗中央统计局。

当前,阿富汗约有39.1%的人口处于每天生活费不足1美元的绝对贫困状态,恩格尔系数高,普通家庭用于食品方面的开支占总收入70%。外出旅游仅是少数富裕阶层的消费选择,普通百姓生活依然清贫。近年来,阿富汗国内物价水平有涨有跌,波动幅度较大。2012/13财年,全国CPI增长6.4%,2013/14财年增长5.6%,2014/15财年下降0.7%,2015/16财年上涨3.8%,2016/17财年上涨7.2%,2017/18财年上涨4.4%。其波动的主要原因是美国和北约撤军、阿尼对美元贬值、边境冲突给贸易带来影响等。随着经济的缓慢复苏,特别是服务业日趋活跃,阿富汗储蓄额和银行贷款均在不断扩大。2017/18财年,阿富汗银行开户数达339.7万个,比上年减少近20万个。存款总额达2702亿阿尼,占GDP比重达到19.1%。存款中,当地人仍倾向于保存美元,占存款总额的59.6%。银行贷款额约418亿阿尼。贷款与存款比例约为15.5%。

孟加拉国

据孟加拉国统计局最新估算，2017/18财年，孟加拉国消费总额将达到18万亿塔卡，消费占GDP的比率预计将达到76.39%，略高于上一财年的74.67%，私人领域消费将提高至69.93%，公共消费将提升至6.46%。除当地产热带水果较为便宜外，总的来说孟加拉国物价水平要高于中国国内，且绝大多数商品需缴纳2%～15%的增值税。孟加拉国轻工业较落后，主要日用品均从国外进口，价格较贵。2018年一季度，孟加拉国（以首都达卡为例）基本生活物资零售价格为：当地品质稍好的大米150塔卡/公斤，面粉45塔卡/公斤，土豆20塔卡/公斤，食用油200塔卡/升，牛肉1000塔卡/公斤，羊肉800塔卡/公斤，鱼类500塔卡/公斤，禽蛋100塔卡/打（12个）。但需特别注意，因区域、商品供求、自然灾害、节假日等因素，生活物资价格水平存在较大波动。

斯里兰卡

据世界银行统计数据显示，斯里兰卡GDP、人口总数、居民预期寿命等指标持续上升，2017年斯里兰卡人均国民收入3759美元，近三年保持5%左右的增幅。2017年，斯里兰卡国民储蓄总额为27293亿卢比，占当年GDP的29.3%。斯里兰卡当地基本生活品的物价水平一直处于上升状态，尤其是2017至2018年，受上调增值税和卢比贬值影响，物价涨幅较大。

尼泊尔

2016/17财年，按现行价格计算，尼泊尔批发与零售业实现产值3880亿卢比，按照可比价格较上一财年增长9.06%。2018年4月，尼泊尔通货膨胀率为5.3%，食品类通胀为4.7%，较上财年同期0.7%大幅提高，水果、蔬菜、奶制品等价格上涨明显，非食品类通胀率为5.8%，较上财年同期6.3%增幅下降，鞋帽、家具、教育服务等价格出现下降。2018年4月，尼泊尔基本生活品的物价水平：大米零售价130卢比/公斤，食用油零售价250卢比/升，鸡蛋零售价15卢比/个，鸡肉零售价350卢比/公斤，土豆零售价60卢比/公斤，油菜零售价110卢比/公斤。

马尔代夫

2011年1月1日，马尔代夫正式从联合国最不发达国家（LDC）过渡为中等收入国家。由于人口数量较少，马尔代夫国内消费市场狭小，但旅游业比较繁荣,外来旅游人口的消费成为重要支撑。2017年马尔代夫人均国内生产总值(GDP)超过1万美元,居南亚国家首位。马尔代夫居民住房简陋,生活支出中食品、生活用品、服装、交通和医疗支出占据绝大部分。马尔代夫农产品种类有限,大部分蔬菜、水果和粮食需要进口;制造业落后,绝大多数工业产品和生活必需品依靠进口,物价较高,占据生活开支的比重也高。2017年马尔代夫通货膨胀率为2.8%。2017年主要商品零售价格如下:燃油9卢菲亚/公升;大米20卢菲亚/公斤;糖10卢菲亚/公斤;面粉5卢菲亚/公斤;鸡蛋2~3卢菲亚/个。蔬菜及水果等不便于运输和保存的商品价格较高,当地生产品种价格区间约30~80卢菲亚/公斤,进口品种一般在150卢菲亚/公斤以上,如大白菜约200卢菲亚/公斤。

哈萨克斯坦

根据哈萨克斯坦国民经济部统计委员会公布的数字,2017年哈萨克斯坦社会批发及零售商品总额为276.47亿美元,同比增长6.3%。近十年来,哈萨克斯坦国民生活水平不断得到改善,粮食消费平均下降5.2%,土豆下降28%,同期,肉及肉制品消费增长15%,鱼及海产品消费增长近一倍,鸡蛋增长43%,植物油、脂增长25%,糖果增长50%,水果增长近3倍,蔬菜消费也有大幅提高。2017年哈平均最低生活成本为23783坚戈,同比增长10%。全国平均月工资467.7美元。哈萨克人储蓄意识不强,喜欢超前消费。哈萨克斯坦的物价远高于中亚其他国家。这一方面与其民用工业落后,产品多需进口有关,另一方面,也与其人均收入高,劳动力价格较其他中亚国家高有关。另外,还有一个因素是商业中间环节多,商品到最终用户手中时与其出厂价格或进口价格比,已有数倍差距。一般而言,瓜果蔬菜、肉、蛋、奶、日用消费品、家电、服装等比中国售价高一半以上,甚至是若干倍,而进口烟酒、手表、化妆品、汽车等高档奢侈品相对便宜。

吉尔吉斯斯坦

2018年1月,吉尔吉斯斯坦居民月平均工资14629索姆(约合212美元),收入相对物价水平明显较低,基本生活消费占居民支出的绝大部分,教育、医疗等可享受一定福利。2017年,吉尔吉斯斯坦服务业市场总量为95.75亿美元,同比增长5.3%。其中贸易、汽车与生活用品维修的市场总额为72.61亿美元,同比增长5.9%;宾馆饭店的市场总额为3.25亿美元,同比增长8.5%。2018年3月,吉尔吉斯斯坦食品饮料类商品物价下降0.5%,荞麦类商品价格下降

2.6%，牛奶及奶制品物价下降2.4%，鸡蛋价格下降1.6%，鱼价格下降1%。

塔吉克斯坦

2017年，塔吉克斯坦零售总额为189.34亿索莫尼（约合22.15亿美元），以及同比增长6.6%（按本币计）。塔吉克斯坦经济发展比较落后，本身可生产产品的品种和数量很少，大部分商品依靠进口；恶劣的道路交通条件及交通工具，通过邻国领土时缴纳的高额过境费提高了商品运输成本，这些因素导致塔吉克斯坦总体物价水平较高。2018年，塔吉克斯坦政府决议通过了"关于国家将实施价格调控的基本生活必需品清单"。此清单共包括15类生活必需品，主要为：面粉（一等和二等）、面包（一等和二等面粉制）、通心粉制品、小麦、大米、土豆、蔬菜（胡萝卜、洋葱、卷心菜）、食糖（砂糖）、食用油、奶制品、肉类（牛肉、羊肉、鸡肉）、鸡蛋、盐、茶（红茶、绿茶）及儿童食品等。塔反垄断局将负责监督此决议的执行。上述15类基本生活必需品价格在消费市场上如无故上涨20%，将按照此决议调控。

乌兹别克斯坦

2017年零售业总额90万亿苏姆（约合112.5亿美元），增长2.4%，占GDP比重为36.1%。根据乌兹别克斯坦国家统计委员会公布的数据，2017年居民总收入186.2万亿苏姆（229.88亿美元），人均收入580万苏姆（716美元），同比增长10.3%，消费性支出（包括消费品和有偿服务）占总收入的69.7%，强制性支出占7.1%，食品类支出占支出总量的51%，非食品占27.8%，其中服装鞋帽类占8.8%。2018年1～4月，乌人均消费额115.99万苏姆（143美元），同比增长1.3%。乌兹别克斯坦总体物价在中亚及独联体国家中属中下水平。2018年5月初，部分食品价格：面粉6600～9890苏姆/公斤（0.82～1.22美元）；大米7500苏姆/公斤（0.93美元）；食用油11500～14000苏姆/升（1.42～1.73美元）；牛羊肉50000～55000苏姆/公斤（6.17～6.79美元）；鸡肉21500苏姆/公斤（2.65美元）。蔬菜价格随季节波动很大，夏季与中国价格相当，冬季大约是中国的2～3倍。

土库曼斯坦

2016年，土库曼斯坦国内贸易总额约144亿美元，其中零售贸易额约139亿美元。2017年，土库曼斯坦国内贸易更加活跃，零售贸易额同比增长19%，约165亿美元。土库曼斯坦自2017年10月起取消水电气和供暖免费或象征性收费政策，改为实行提供一定免费额度的收费政策，提高公用设施、交通及通讯服务价格。土库曼斯坦公民使用天然气超过免费限额（自建房50立方米/月，楼房20立方米/月）的价格为20马纳特/立方，使用电超过免费限额（每人每月35千瓦时）的价格为2.5马纳特/100千瓦时。土库曼斯坦官方汇率（美元兑马纳特）自2015年起始终保持在1:3.5的水平。受外汇短缺影响，马纳特黑市汇率持续下滑，消费品价格大幅上涨，土库曼斯坦通货膨胀压力不断增加。2018年3月，主要食品大米平均价格约合2美元/公斤、面粉2美元/公斤、食用油4.5美元/升、牛肉6.6美元/公斤、羊肉5.7美元/公斤、鸡蛋0.1美元/个。土豆1美元/公斤；胡萝卜0.5美元/公斤；西红柿2美元/公斤；卷心菜0.2美元/公斤；南瓜0.3美元/公斤。根据土库曼斯坦有关法律规定，最低人均住房面积为12平方米，低于该标准的公民可向当地政府申请改善住房条件。目前，每平米住房价格在500～1500美元之间。

表3-19、表3-20反映了近几年南亚八国和中亚五国部分国家消费市场的情况。

表3-19　南亚八国和中亚五国部分国家消费者价格指数

国名	2013年	2014年	2015年	2016年	2017年
印度	131.98	140.36	148.60	155.95	159.83
巴基斯坦	132.20	141.70	145.28	150.75	156.91
阿富汗	127.80	133.77	132.88	138.71	145.61
孟加拉国	127.23	136.13	144.56	152.53	161.23
斯里兰卡	122.69	126.60	131.37	136.57	147.09
尼泊尔	130.37	141.27	152.39	165.78	171.80
马尔代夫	128.08	130.80	132.04	132.71	136.29
哈萨克斯坦	120.87	129.15	137.77	157.56	169.28
吉尔吉斯斯坦	127.79	137.42	146.36	146.93	151.59
塔吉克斯坦	124.95	132.58	140.15	148.57	—

资料来源：世界银行。

表3-20　南亚八国和中亚五国部分国家最终消费发展情况

国名	指标	2013年	2014年	2015年	2016年	2017年
印度	最终消费增速（%）	6.24	6.57	7.86	7.84	8.55
	最终消费占比（%）	67.94	68.57	69.44	69.64	70.01

续表

国名	指标	2013年	2014年	2015年	2016年	2017年
巴基斯坦	最终消费增速（%）	3.06	5.08	3.52	7.70	8.30
	最终消费占比（%）	80.82	81.02	79.77	80.02	81.96
阿富汗	最终消费占比（%）	95.62	95.19	97.05	95.05	92.84
孟加拉国	最终消费增速（%）	5.17	4.28	6.03	3.40	7.45
	最终消费占比（%）	77.96	77.91	77.84	75.02	74.67
斯里兰卡	最终消费增速（%）	7.01	3.88	7.78	−3.27	0.57
	最终消费占比（%）	75.37	75.76	76.35	72.36	70.54
尼泊尔	最终消费增速（%）	1.57	4.82	3.38	−0.70	3.52
	最终消费占比（%）	89.45	88.08	90.79	95.93	88.05
哈萨克斯坦	最终消费增速（%）	9.14	2.65	1.92	1.41	1.36
	最终消费占比（%）	60.07	59.17	65.35	66.18	62.76
吉尔吉斯斯坦	最终消费增速（%）	31.94	3.86	4.31	7.75	2.31
	最终消费占比（%）	115.63	113.47	108.30	100.23	98.50
塔吉克斯坦	最终消费占比（%）	129.04	115.64	110.92	104.78	100.38
乌兹别克斯坦	最终消费增速（%）	5.24	5.35	1.49	6.15	−0.39
	最终消费占比（%）	73.99	78.18	83.28	88.32	79.72

资料来源：世界银行。

三　贸易规模

由于全球市场对南亚出口产品需求增加、外资的流入及侨汇的增长，近几年南亚地区国家经济保持较高增速，且作为石油进口地区，受益于国际油价下跌的影响，2014年经济增速达6.8%。中国是南亚国家主要的贸易伙伴和外资来源国，已成为印度、巴基斯坦、斯里兰卡、孟加拉国、阿富汗最大的贸易伙伴。中国与南亚八国的贸易活动日渐频繁。中国出口至南亚地区的最主要产品为电机电气设备、机械器具及零件和核反应堆；中国从南亚地区进口的主要产品为棉花、矿石、橡胶制品、塑料及制品以及其他纺织品等。中国与南亚各国出口产品结构相似度较低，贸易竞争关系相对较低，而互补关系较强。在中国与南亚八国的互补关系中，以中国出口计算的贸易互补指数均大于以南亚各国出口计算的互补指数，这表明开展双边贸易更有利于南亚各国的产品进口和中国产品出口。

印度

2016/17财年，印度进出口总额7436亿美元，同比上升18.7%。其中，印度出口2969亿美元，上升12.2%，进口4467亿美元，上升23.5%；贸易逆差额1498亿美元，同比上升28.4%。2016/17财年，中国、美国、阿联酋、中国香港地区、沙特阿拉伯、瑞士、德国、韩国、印度尼西亚、新加坡为印度前10大贸易伙伴。印度与前10大贸易伙伴的双边贸易额累计占印度外贸总额的46.14%。

巴基斯坦

2016/17财年，巴基斯坦货物贸易总额734.74亿美元，同比增长12.2%，其中，出口总额204.48亿美元，较上财年下降1.63%；进口总额530.26亿美元，较上财年增长18.67%；贸易逆差325.78亿美元，较上财年扩大36.32%。2016/17财年，巴基斯坦前10大货物贸易伙伴分别为中国、阿联酋、美国、新加坡、沙特、英国、印度、德国、日本和印尼；前10大出口目的地为美国、中国、英国、阿富汗、德国、阿联酋、西班牙、孟加拉、意大利和法国；前10大进口来源地为中国、阿联酋、沙特、印尼、印度、日本、美国、科威特、德国和马来西亚。2016/17财年，巴基斯坦服务贸易总额136.62亿美元，出口额55.5亿美元，同比增长1.76%；进口额91.2亿美元，同比增长2.96%；贸易逆差为35.7亿美元，同比增长4.89%。

孟加拉国

2016/17财年，孟加拉国贸易总额775.1亿美元，同比增长5.68%，其中进口额为434.91亿美元，同比增长9.0%，出口额为340.19亿美元，同比增长1.7%，贸易逆差94.72亿美元。2016/17财年，孟加拉国主要商品进口来源地为中国、印度、新加坡、韩国、巴西、印尼、美国、马来西亚和中国香港地区，前10大商品出口目的地为德国、美国、英国、西班牙、法国、意大利、加拿大、中国、荷兰和日本。

斯里兰卡

2017年斯里兰卡进出口贸易总额为323.4亿美元，同比增长9.6%。其中，出口113.6亿美元，同比增长10.2%；进口209.8亿美元，同比增长9.4%；贸易逆差96.2亿美元。

美国是斯里兰卡最大出口国。2017年，斯里兰卡对美国出口占25.6%，其次为英国（9.1%）和印度（6.1%），中国是斯里兰卡第8大出口目的地，占其出口总额的2.2%。中国是斯里兰卡第二大进口国，斯里兰卡自中国进口占其进口总额的18.9%；印度为最大进口国，斯里兰卡自印度进口占其进口总额的21.6%，阿联酋为斯里兰卡第三大进口来源国。

尼泊尔

2018年8月6日，尼泊尔海关总署发布的初步统计数据显示，2017/18财年，尼泊尔贸易逆差达到105.5亿美元，历史上首次突破100亿美元大关。近年来，尼泊尔贸易逆差之所以急剧扩大，主要是由于该国羸弱的农业和制造业无法生产出足够的产品用于出口。与此同时，政府严重依赖进口驱动的财税收入，鼓励出口的动力不足。为防止贸易逆差进一步恶化，尼泊尔政府在2018/19财年预算中表示，要保护本国糖业、药业、木业、水泥等多个行业，争取在两年内实现自给自足，同时将采取措施鼓励有出口优势的行业进一步做大做强。

哈萨克斯坦

哈萨克斯坦已与190多个国家和地区建立了贸易关系。2016年，受国际大宗商品价格下跌影响，哈萨克斯坦外贸形势有所恶化，外贸总额619.5亿美元，同比下降18.4%，其中出口367.75亿美元，同比下降20.0%；进口251.75亿美元，同比下降16.6%。外贸顺差116亿美元，同比下降25.4%。2017年，对外贸易额为776.47亿美元，同比增长25.3%。从国别构成来看，俄罗斯仍为哈第一大贸易伙伴，占比20.6%；中国排名第二，占比13.5%；意大利位列第三，占比12.4%。此外，哈萨克斯坦前十大贸易伙伴国还包括荷兰、法国、瑞士、乌兹别克斯坦、德国、土耳其和西班牙。与2016年相比，主要伙伴贸易额均出现较大增长，荷兰（42%）、法国（38%）、中国（34%）、乌兹别克斯坦（31%）等国增长较快。其中乌兹别克斯排位从2016年的第9位升至第7位；美国则从2016年的第7位降至第12位。

吉尔吉斯斯坦

根据吉尔吉斯斯坦国家统计委员会数据，2017年全年吉尔吉斯斯坦对外贸易进出口总额62.72亿美元，同比增长12.5%。其中出口额为17.907亿美元，同比增长13.8%（对独联体国家出口增长24%，独联体以外国家出口增长15.3%）；进口额为44.813亿美元，同比增长12%（对独联体国家进口增长18.1%，独联体以外国家进口增长7.3%）。从吉进出口贸易结构看，2017年吉出口占比28.6%，进口占比71.4%，贸易逆差26.906亿美元。从贸易国别方面看，欧亚经济联盟占吉贸易额的38.6%，其中出口占23.5%，进口占76.5%，欧亚经济联盟以外国家占吉贸易额的61.4%。

塔吉克斯坦

据塔吉克斯坦统计署数据，2017年，塔吉克斯坦外贸总额为39.73亿美元，同比增长1.1%。2017年，塔吉克斯坦主要贸易伙伴国是俄罗斯（9.36亿美元，占外贸总额的23.6%）、哈萨克斯坦（8.39亿美元，占21.1%）、中国（5.92亿美元，占14.9%）、土耳其（3.39亿美元，占8.5%）、乌兹别克斯坦（1.26亿美元，占3.2%）等。中国为塔吉克斯坦第三大贸易伙伴。塔吉克斯坦服务贸易尚处于起步阶段。2017年，塔吉克斯坦服务贸易总量为3.74亿美元，其中服务贸易出口2.52亿美元，进口1.22亿美元。主要行业包括：金属原料加工、铁路运输、公路运输、航空运输、酒店服务、邮政服务、手机服务、外事管理服务等。主要服务贸易伙伴包括：俄罗斯、哈萨克斯坦、土耳其、中国、乌兹别克斯坦、阿联酋、德国、印度等。

乌兹别克斯坦

2017年乌兹别克斯坦外贸额269.62亿美元，同比增长11.3%，其中出口139.54亿美元，增长15.4%，进口130.08亿美元，增长7.2%，贸易顺差9.46亿美元。2018年1~4月，乌外贸总额113亿美元，其中，进口超过63亿美元，出口50亿美元，贸易逆差13.1亿美元。2017年，乌兹别克斯坦前三大主要贸易伙伴分别是中国、俄罗斯和哈萨克斯坦。

土库曼斯坦

土库曼斯坦于1992年11月加入经济合作组织，十几年来，先后与该组织各成员国建立了广泛的联系和合作关系。据土库曼斯坦国家统计委员会提供的数据，2017年土对外贸易总额179.77亿美元，比上年下降13.14%。其中，出口额77.88亿美元，增长3.56%；进口额101.89亿美元，下降22.68%。

表3-21、表3-22反映了近几年南亚八国和中亚五国贸易规模情况。

表3-21　南亚八国和中亚五国贸易规模

国名	指标（%）	2013年	2014年	2015年	2016年	2017年
印度	货物和服务出口占比	25.43	22.97	19.81	19.19	18.78
	货物和服务进口占比	28.41	25.95	22.11	20.96	21.99

国名	指标（%）	2013年	2014年	2015年	2016年	2017年
巴基斯坦	货物和服务出口占比	13.28	12.24	10.60	9.15	8.24
	货物和服务进口占比	20.06	18.66	17.05	16.16	17.55
阿富汗	货物和服务出口占比	19.59	15.78	11.69	5.93	5.90
	货物和服务进口占比	55.15	51.41	43.44	41.73	45.33
孟加拉国	货物和服务出口占比	19.54	18.99	17.34	16.65	15.04
	货物和服务进口占比	26.76	25.52	24.75	21.30	20.27
斯里兰卡	货物和服务出口占比	20.32	21.09	21.01	21.33	21.89
	货物和服务进口占比	28.94	29.16	28.55	28.68	29.08
尼泊尔	货物和服务出口占比	10.69	11.51	11.62	9.47	9.10
	货物和服务进口占比	37.46	40.75	41.47	39.28	42.89
马尔代夫	货物和服务出口占比	88.25	89.23	76.53	71.30	71.18
	货物和服务进口占比	72.82	74.49	67.39	72.45	72.29
哈萨克斯坦	货物和服务出口占比	38.62	39.34	28.52	31.84	34.36
	货物和服务进口占比	26.79	25.63	24.53	28.47	26.26
吉尔吉斯斯坦	货物和服务出口占比	42.25	37.45	35.19	35.83	35.42
	货物和服务进口占比	91.78	87.68	75.77	70.00	66.79
塔吉克斯坦	货物和服务出口占比	11.01	9.05	10.49	12.94	15.75
	货物和服务进口占比	60.25	44.83	42.24	42.04	40.99
乌兹别克斯坦	货物和服务出口占比	26.60	23.13	19.60	18.74	29.80
	货物和服务进口占比	30.88	31.45	29.73	32.42	38.72
土库曼斯坦	货物和服务出口占比	49.84	46.78	35.68	22.14	22.47
	货物和服务进口占比	48.75	44.31	45.62	39.88	31.11

注：不丹相关资料暂缺。
资料来源：世界银行。

表3-22 南亚八国和中亚五国贸易占GDP比重（单位：%）

国名	2013年	2014年	2015年	2016年	2017年
印度	53.84	48.92	41.92	40.16	40.77
巴基斯坦	53.84	48.92	41.92	40.16	40.77
阿富汗	74.74	67.20	55.13	47.66	51.24

续表

国名	2013年	2014年	2015年	2016年	2017年
孟加拉国	46.30	44.51	42.09	37.95	35.30
斯里兰卡	49.26	50.25	49.56	50.01	50.97
尼泊尔	48.15	52.26	53.10	48.75	51.98
马尔代夫	161.08	163.72	143.92	143.75	143.47
哈萨克斯坦	65.41	64.97	53.05	60.31	60.62
吉尔吉斯斯坦	134.03	125.13	110.96	105.82	102.21
塔吉克斯坦	71.26	53.88	52.73	54.97	56.73
乌兹别克斯坦	57.48	54.57	49.32	51.15	68.52
土库曼斯坦	98.59	91.09	81.30	62.03	53.58

注：不丹相关资料暂缺。
资料来源：世界银行。

四 贸易结构

印度

从贸易结构看，印度主要出口商品为珠宝贵金属及制品、矿物燃料矿物油及其产品、锅炉机械器具和零件；2017年占比分别为14.4%、11.5%、5.2%。印度主要进口商品为矿物燃料、矿物油及其产品、珠宝贵金属及制品、电机电器音响设备及零件，2017年占比分别为27.4%、16.7%、10.5%。从服务业结构来看，传统服务部门如运输和旅游在印度服务贸易中的占比并不高，而计算机和信息服务、通讯服务、金融服务等在其对外服务贸易中却占据相当大的比例，特别是信息技术产业，印度比较优势明显，目前已经成为仅次于美国的世界第二软件大国。

巴基斯坦

巴基斯坦主要出口商品包括纺织品、食品、珠宝、化学产品（含药品）、皮革及其制品、医疗用具、水泥、体育用品、工程器材、地毯等；主要进口商品包括原油及石油产品、食品、运输工具、钢铁、塑料原料、发电设备、电器、钢铁废料、化肥和丝线等。巴基斯坦服务贸易出口种类较为集中。主要出口种类为政府服务、运输服务、电信计算机和信息服务以及其他商业服务。主要进口服务种类为运输、旅游和其他商业服务。

阿富汗

阿富汗出口商品只有几十种初级产品，包括手工地毯、干果、水果、药材、棉花、大理石等。重建进程带动阿富汗进口贸易快速发展。由于阿富汗加工制造业基础薄弱，国内市场供应严重依赖进口，小到日用百货，大到工矿设备，均需进口。主要进口产品有家居用品和医药、食品以及石油产品等。近年来，阿富汗出口贸易呈稳步增长态势。由2011/12财年的3.76亿美元增长到2017/18财年的8.32亿美元。出口产品主要有地毯、干果、草药、水果、羊毛等。

孟加拉国

2016/17财年，孟加拉国主要进口商品为棉花及棉纱线、锅炉、机械设备和零部件、矿物燃料和矿物油、钢铁、机电设备、塑料及制品、动植物油及分解产品、谷物、机动车、船舶等；主要出口商品为成衣、黄麻及黄麻产品、皮革及皮革制品、冷冻鱼虾、家用纺织品、医药产品等（见表3-23）。

表3-23　2016/17财年孟加拉国主要进口产品及来源地

主要进口产品	进口额（百万美元）	主要进口产品来源地
棉花及棉纱线	6099.3	中国、印度、巴基斯坦、美国、中国香港地区
机械设备和零部件	5089.6	中国、印度、德国、日本、意大利、新加坡
矿物燃料和矿物油	3525.6	新加坡、科威特、阿联酋、沙特、中国
钢铁	2109.7	中国、日本、印度、韩国
电气设备及部件	2075.5	中国、印度、中国香港地区、新加坡
塑料及其制品	1701.2	沙特、中国、中国台湾地区、印度、马来西亚
动植物油及分解产品	1520.1	印尼、马来西亚
机动车	1374.7	印度、日本、中国
谷物	1300.4	加拿大、印度、巴西
船舶	1003.1	韩国、日本、中国

斯里兰卡

2016年，斯里兰卡主要进出口商品如（表3-24所示）：

表3-24 2016年斯里兰卡主要进出口商品

进口		出口	
商品名称	总占比（%）	商品名称	总占比（%）
原油及石油产品	16.3	纺织服装	44.3
其他中间品	15.3	茶叶	13.5
纺织品	13.0	橡胶及橡胶制品	7.4
机器设备	12.5	石油产品	3.8
建筑材料	7.6	香料	3.6
化学制品	4.0	食品饮料及烟草	3.5
医药制品	3.7	机械设备	3.3
钻石、宝石	3.7	椰子	3.1
交通工具	3.2	宝石和珠宝	2.3

尼泊尔

尼泊尔主要进出口商品见表3-25和表3-26所示。

表3-25 尼泊尔主要出口商品（单位：千卢比）

序列	商品	2014/15财年	2015/16财年	2016/17财年
1	羊毛地毯	6943061	8061417	7299518
2	成衣	5287982	5884597	5303109
3	纱线（涤纶、棉及其他）	6646222	5356194	6931154
4	钢铁制品	11831546	4666972	5109461
5	豆蔻	3839811	4614612	3875750
6	纺织品	5141494	3394409	3223140
7	果汁	4789266	3181850	5094500
8	羊毛、羊绒披肩	2645919	2885389	2441747
9	茶叶	2006877	2400120	2502756
10	麻布箱包及袋子	2302660	1921926	1665187

资料来源：Trade and Export Promotion Centre.

表3-26　尼泊尔主要进口商品（单位：千卢比）

序列	商品	2014/15财年	2015/16财年	2016/17财年
1	钢铁及其制品	79769130	78250399	103706099
2	石油制品成品油	112165082	69193189	122584886
3	车辆及配件	49386015	66630557	79775455
4	机械及配件	51016531	57112432	81802010
5	谷物	35121451	39341399	40170297
6	电子电气设备	36125841	34578154	38681034
7	药品	21588563	26526004	24180822
8	电讯设备及配件	19316099	23727617	30859265
9	黄金	15707966	16079515	23231730
10	化肥	15707966	15945240	11508314

资料来源：Trade and Export Promotion Centre.

马尔代夫

马尔代夫产业结构单一，不具备大规模的生产能力，因此绝大部分生产资料和生活用品依赖进口，其第一大进口国为阿联酋，其次为新加坡、印度、中国；主要向亚洲和欧洲出口，出口产品多为鱼及加工品，数量有限，其第一大出口国是泰国，其次是德国、美国、法国。马尔代夫进口商品中食品占19.59%，建筑材料15.1%，石油类产品占13.3%，机械设备及配件占比8.7%，交通工具及配件7.1%，其他商品包括发电设备、电子产品、家具等。出口商品中本国商品出口约占62.6%，主要为黄鳍金枪鱼、鲣鱼及其他各类海产品，2017年渔业出口1.93亿美元，占出口总值的60.69%；再出口在出口商品中占37.35%。

哈萨克斯坦

按照欧亚经济联盟（以下简称联盟）海关编码统计，2017年哈主要出口商品为能源及矿产品（68.6%）、金属及其制品（18.1%）、化工产品（5.1%）、农产品及食品（4.9%）。能矿产品中，以石油为主的能源产品占绝对比例，其中石油占出口总额的55%，化工产品（含橡胶和塑料）仅占出口总额的5.1%。与2016年相比，能矿产品占出口总额的份额基本持平，金属及其制品略有增长，化工产品、农产品及食品份额均出现小幅下降。哈萨克斯坦主要进口商品为机械设备（37.7%）、化工产品（16.7%）、农产品及食品（11.7%）、金属及其制品（11.7%）、能源及矿产品（9.3%）。与2016年相比，机械设备占进口总额的比重明显下降（2016年为45.3%），能源及矿产品所占比重明显增长（2016年为4.3%），原木、木材及纸浆等商品进口增长较快。

吉尔吉斯斯坦

吉尔吉斯斯坦目前以矿业为经济支柱，能源短缺、加工业落后的国民经济现状，导致吉尔吉斯斯坦以矿产出口为主、以能源和工业制成品进口为主的外贸结构在中短期内难以发生显著改变。出口产品主要为贵金属、农产品等，进口商品主要有机械设备、化工产品、石油产品、天然气、纺织品等。从出口商品结构来看，主要出口国为欧亚经济联盟成员国，出口额5.68亿美元，其中向俄罗斯出口服装9480万美元、奶制品1300万美元、果蔬4890万美元，向哈萨克斯坦出口矿石和精矿砂1.082亿美元、奶制品2710万美元、果蔬2030万美元。向瑞士出口仍以黄金为主，出口额4.847亿美元。2017年，吉进口牛奶和奶制品增长了4.8倍，人造纤维布匹增长3.8倍，大米增长2.3倍，陶瓷制品增长90%，蔬菜、矿泉水增长80%，水果增长60%，面包和点心制品增长50%，汽车轮胎增长42.2%，药品增长36.4%，香皂及洗涤用品增长25.6%，鞋增长16.6%。同期，进口白糖下降52.2%，植物油下降10.5%，黑色金属制品下降9.3%。

塔吉克斯坦

塔吉克斯坦出口产品结构单一，主要为贱金属及其制品、矿产品和棉花制品等。塔吉克斯坦从国外进口商品数量较大，种类也较多，主要为矿产品、车辆、机械设备、粮食作物、化工产品等。

乌兹别克斯坦

乌兹别克斯坦出口商品有能源矿产和石油产品、服务、皮棉、黑色和有色金属、机械设备；主要进口商品有机械设备、化学产品、食品类产品、黑色和有色金属、石油产品。

土库曼斯坦

土库曼斯坦主要出口商品有天然气、石油产品、原油、皮棉、液化气、纺织品等；主要进口商品有机械设备、交通工具、日用消费品和食品等。

第四章

投资合作商业机会

一 产业基础

中亚五国和南亚八国的产业基础不完全相同，各个国家之间的产业结构相差较大。旅游业是南亚的一大特色产业，服务业也发展迅速。依据当地的自然条件和产业发展基础，南亚八国形成了农业—加工制造业—旅游业—服务业这种一二三产业俱全的产业特色。中亚五国的产业基础以农业、加工制造业、采矿及石油业和基础设施产业为主，这四大产业几乎覆盖了中亚五国的所有产业。

(一)农业

印度

印度拥有世界1/10的可耕地，面积约1.6亿公顷，农村人口占总人口72%，人均耕地面积0.17公顷，是世界上最大的粮食生产国之一。主要粮食作物有稻米、小麦等，主要经济作物有油料、棉花、黄麻、甘蔗、咖啡、茶叶和橡胶等。由于投资乏力、化肥使用不合理等因素，近年来农业发展缓慢。印度"十一五"期间，农业年均增长率3.28%。

巴基斯坦

农业是巴基斯坦经济的生命线，占其GDP的19.55%，占劳动力人口的42.3%。巴基斯坦主要农作物有小麦、大米、玉米、棉花、甘蔗，产量占农业增加值的23.85%和GDP的4.66%，其他农作物产量分别占11.03%和2.15%，牲畜产量分别占58.33%和11.39%。其他重要农产品包括水果、蔬菜、牛奶、牛肉、羊肉等。

阿富汗

农牧业是阿富汗国民经济主要支柱，农牧业人口占全国总人口85%。可耕地面积占全国土地总面积12%，森林面积占3%，牧草地面积占46%，山区面积占39%。受自然地理条件限制，阿富汗几乎没有大型农场，缺少现代化、高科技农业设施，粮食不能自给自足，每年需要国际援助或进口解决粮食短缺问题。阿富汗的藏红花比较有名，屡次在国际评比中获奖。近年来，阿富汗有意将其打造成重点出口农产品之一，并取代青金石作为国宾礼品。

斯里兰卡

斯里兰卡是一个以种植园经济为主的农业国家，渔业、林业和水力资源丰富。农产品出口是斯里兰卡出口创汇的重要组成部分，创汇额约占斯里兰卡外汇收入的24.4%。其中，茶叶、橡胶和椰子是斯里兰卡农业出口的传统三大支柱商品，近年来香料出口逐渐增长，成为斯农产品出口一大新兴支柱产业。2017年，茶叶出口额为15.3亿美元，占出口总额的13.5%；香料出口4.06亿美元，占出口总额的3.6%；椰子出口3.48亿美元，占出口总额的3.1%；橡胶出口0.39亿美元，占出口总额的0.3%。

尼泊尔

农业是尼泊尔最重要的产业。农业人口占尼泊尔总人口约80%。尼泊尔耕地面积为325.1万公顷。据尼泊尔2017/18财年经济概览显示，2017/18财年初测农业增长2.92%，占GDP的比例为28.21%。根据尼泊尔农业发展部预测，2017/18财年尼泊尔水稻产量预计将比2016/17财年下降1.49%，为515万吨，下降最主要的原因是2017年8月在南部特莱平原地区发生洪灾。

马尔代夫

马尔代夫全国可耕地面积6900公顷，土地贫瘠，农业十分落后。当地蔬菜和水果品种主要有空心菜、小白菜、黄瓜、西红柿、辣椒、茄子、丝瓜、冬瓜、南瓜、椰子、木瓜、西瓜、香蕉、木薯，家禽养殖业数量极少，粮食及其他蔬菜、水果、肉类、蛋类、奶制品全部依赖进口。

哈萨克斯坦

哈萨克斯坦地广人稀，全国可耕地面积超过2000万公顷，每年农作物播种面积约1600万~1800万公顷。主要农作物包括小麦（占粮食作物产量的90%左右）、玉米、大麦、燕麦、黑麦。粮食主产区（90%产量）在北部的科斯塔奈州、北哈萨克斯坦州和阿克莫拉州。南方部分地区可种植水稻、棉花、烟草、甜菜、葡萄和水果等。2017年农业产值40974亿坚戈（约合125.69亿美元），同比增长2.9%。

乌兹别克斯坦

乌兹别克斯坦是传统的农业国，粮食可自给自足。2017年乌粮食产量838万吨，其中90%为小麦。棉花种植业为支柱产业，是世界第五大产棉国，第二大棉花出口国，2017年产籽棉293万吨，皮棉80万吨左右，其中70%用于国内加工，其余出口；生产蚕茧1.245万吨。乌兹别克斯坦还是中亚重要的水果和蔬菜产地，2017年生产各类果蔬2300万吨，肉类1300万吨。

（二）采矿及石油业

哈萨克斯坦

采矿业是哈萨克斯坦国民经济的支柱产业。2017年哈采矿业总产值117575.54亿坚戈（约合360.67亿美元），同比增长5.4%，在工业总产值（226590.03亿坚戈，约合695.06亿美元）中占比达51.9%。2017年开采石油7293.2万吨，液态天然气1326.9万吨，气态天然气529.3亿立方。目前，几乎世界所有的著名石油公司，包括中国三大石油公司（中石油、中石化、中海油）都进入了哈萨克斯坦石油开采领域。铜、锌、铝等有色金属开采业主要集中在哈萨克斯坦南部、北部和中西部地区，煤炭工业主要在中部的巴甫洛达尔州，铀矿开发地则在南部和北部地区。

塔吉克斯坦

塔吉克铝业公司在苏联时期建成并投入使用，塔吉克斯坦独立后，该企业的铝业生产构成了全国支柱产业，在塔吉克斯坦经济中处于绝对领军地位。近年来，塔吉克斯坦在嘎尔姆地区土尔普矿区发现霞石、正长岩矿，此矿可提炼优质铝矾土，铝矾土平均含量为20%。2017年，塔吉克铝业公司出口铝制品约10.1万吨，价值约1.97亿美元，约占塔吉克斯坦出口总额16.38%。塔吉克斯坦已发现有褐煤、岩煤、焦碳和无烟煤等，探明储量共计约45亿吨。焦碳质量及储量都属中亚之最，品位高达80%，燃烧值高于9100卡路里，煤炭含硫量小，为0.1%～2%，其储量近13亿吨，是精炼优质金属不可缺少的燃料，主要分布在艾尼区。塔吉克斯坦无烟煤按质量等级排名世界第二，储量515万吨。塔吉克斯坦煤炭以露天开采为主，开采条件好。随着经济的恢复性增长及为摆脱乌兹别克斯坦对其天然气的出口控制，塔吉克斯坦煤炭需求量逐年增大。目前，哈萨克斯坦、英国等国企业已和塔吉克斯坦签署协议合作开发焦炭。

乌兹别克斯坦

乌兹别克斯坦石油和天然气的储量和产量均居中亚第二位。乌兹别克斯坦石油探明储量1亿吨，2017年乌兹别克斯坦开采石油80.6万吨，同比下降6.3%。天然气开采量565亿立方米，同比增长0.5%。石油全部供应国内市场，天然气每年有100多亿立方米供出口。随着开采力度的加大，乌兹别克斯坦天然气有进一步扩大出口的潜力。

土库曼斯坦

天然气是土库曼斯坦的经济支柱产业。土库曼斯坦天然气储量位于俄罗斯、伊朗、卡塔尔之后，居世界第四。自2009年12月中国—中亚天然气管道项目竣工通气以来，土库曼斯坦对华出口天然气逾1900亿立方米，其中，2017年土库曼斯坦向中国出口天然气334亿立方米。

（三）加工制造业

印度

印度的主要工业包括纺织、食品加工、化工、制药、钢铁、水泥、采矿、石油和机械等。汽车、电子产品制造、航空和航天等新兴工业近年来发展迅速。2016/2017财年印度工业生产指数同比增长5%，其中电力行业增长5.8%，制造业和采矿业分别同比增长4.8%和5.4%。

巴基斯坦

制造业是巴基斯坦经济支柱，是巴基斯坦经济第二大部门，对该国GDP的贡献率为13.5%。大规模制造业占其制造业的80%和GDP的10.7%，小规模制造业占其制造业的13.7%和GDP的1.8%。纺织业是巴基斯坦工业中最重要的行业，其次为食品加工业，近年来工程、机械、电子、汽车、化工等行业也逐步发展。2016/17财年，钢铁产量增长16.15%，而上一财年同期下降7.48%。另外，巴基斯坦拆船业规模较大，根据联合国贸发组织（UNCTAD）近期发布的《2016全球海运报告》，巴基斯坦的全球油轮拆除份额接近50%，全年拆除量为54万吨，成为全球拆船业主要国家。

阿富汗

多年战乱使阿富汗工业基础几近崩溃，缺少完整工业体系，工业产值仅占GDP的约1/5。从行业来看，阿富汗以轻工业和手工业为主，主要有化工、建材、制造、制药、印刷、食品、纺织、皮革、地毯、农产品加工等。从企业来看，阿富汗基本没有大型企业，主要以中小型企业为主。阿富汗政府希望内资、外资投资建设规模企业，但因战乱原因，多数未能落实。

斯里兰卡

斯里兰卡工业基础相对薄弱，由于资源缺乏，大量工业原材料仍需从国外进口。建筑业、采矿采石业、食品制造业和纺织服装业是斯里兰卡工业的四大支柱产业，产值占工业总产值的比例分别为31.4%、15%、15.7%和17.4%。石油化工产业占工业总产值的比例为5.1%，机器制造业占工业总产值的比例为3.53%。纺织服装业是斯里兰卡国民经济的支柱产业和最重要的工业行业，也是斯里兰卡第一大出口创汇行业。2017年，斯里兰卡纺织服装出口达50.32亿美元，占全国外贸出口额的58.9%。另外，斯里兰卡宝石及其加工世界闻名，2017年，宝石及珠宝首饰出口2.57亿美元，占出口总额的3%；橡胶制品出口8.35亿美元，占出口总额的9.8%。

尼泊尔

尼泊尔工业基础薄弱，规模较小，机械化水平低，发展缓慢。主要行业有制糖、纺织、皮革制鞋、食品加工、香烟和火柴、黄麻加工、砖瓦生产和塑料制品等。据尼泊尔2017/18财年经济概览显示，2017/2018财年尼泊尔工业增长8.77%，占GDP的14.18%。

马尔代夫

马尔代夫基础产业短缺，无现代化工业。工业仅有发电、供水以及小型船舶修造厂、水产品和水果加工、编织等手工艺制作、服装加工等小型制造业。主要出口商品为冷冻及罐装金枪鱼、鲣鱼制品。

哈萨克斯坦

哈萨克斯坦加工工业主要包括石油加工和石化工业、轻纺工业、建材、家用电器和汽车制造、机械设备和黑色、有色金属材料生产，以及烟酒和食品及制药工业。近几年发展迅速，产值从2001年的68亿美元发展到2017年的280.9亿美元（91563.09亿坚戈）。2017年产值比上年增长5.1%，在工业总产值中占比约为40.4%。

乌兹别克斯坦

轻工纺织和化工也是乌兹别克斯坦主要支柱产业。乌兹别克斯坦是棉花生产大国，乌轻纺领域有超过3500家纺织企业和4700多家服装企业，以小企业和私企为主，主要集中在塔什干市、安集延市州、费尔干纳州和撒马尔罕州。乌兹别克斯坦共有约2400家化工企业，以小企业为主，主要集中在塔什干市、塔什干州、纳沃伊州和费尔干纳州。"纳沃伊化工"股份公司是乌兹别克斯坦最大的化工企业，拥有员工1万多人，年产硝酸铵95万吨、铵55万吨、硝酸87万吨、氮磷肥料18万吨、硫酸铵2万吨、乙酸2.5万吨。该公司还是中国在乌优买项目纳沃伊PVC厂的业主单位，该厂设计年产10万吨PVC、7.5万吨氢氧化钾和30万吨甲醇。

土库曼斯坦

近年来，土库曼斯坦纺织业不断引进日本、欧洲等国际先进技术设备，重视提高产品质量和符合环境安全要求，大部分产品已达到国际标准，主要客户包括宜家、沃尔玛、李维斯等国际知名企业，产品远销美国、加拿大、德国、英国、俄罗斯、意大利、土耳其、中国、乌克兰、法国、瑞士等国家。根据土2020年前纺织工业发展规划，计划新建一批现代化纺织企业，实现年加工棉纤维25.4万吨，到2020年棉纱年产量增至22.4万吨，棉布产量达3.05亿平方米。主要纺织厂有：阿什哈巴德纺织综合体、元首牛仔布综合体等。

(四)服务业

印度

近年来，印度服务业实现较快发展。2016/17财年服务业对国民总增加值的贡献率为62%，成为印度创造就业、创汇和吸引外资的主要部门。印度软件出口和服务外包业发展迅速。印度电信部年报显示，2011/12财年，印度实现软件出口3.33万亿卢比（约合688亿美元）；2012/13财年，实现软件出口4.11亿卢比（约合758亿美元），同比增长23.5%左右。随着软件服务业的发展，近年来，形成了班加罗尔、金奈、海德拉巴、孟买、普纳和德里等一批著名的软件服务业基地城市。塔塔咨询（Tata Consultancy Services）、威普罗公司（Wipro Technologies）和印孚瑟斯公司（Infosys Technologies）成为全球著名的软件服务外包企业。旅游业是印度政府重点发展产业，也是重要就业部门。近年来，印度入境旅游人数逐年递增，旅游收入不断增加（见表4-1）。主要旅游点有阿格拉、德里、斋浦尔、昌迪加尔、那烂陀、迈索尔、果阿、海德拉巴、特里凡特琅等。

表4-1　近年印度旅游业发展情况

财年	2013/14	2014/15	2015/16	2016/17
外国游客（万人次）	696.7	770.3	800	880
外国游客同比增长率（%）	5.9	10.6	3.8	9.7
创造外汇（百万美元）	18445	19657	19700	22900
同比增长率（%）	4.0	6.6	0.2	8.8

资料来源：中国外交部。

阿富汗

战后，阿富汗服务业发展最快。服务业产值占GDP的比重由2006/07财年的33%升至2017/18财年的52.6%，尤其是金融、通信、物流业发展迅速。其中，通信产业发展最快，也是外商投资最集中的行业之一。但由于西方人经常出入的高档宾馆、购物场所是武装分子重点袭击的对象，因此涉外服务业受到的影响较大。

斯里兰卡

斯里兰卡服务业主要包括批发零售业、酒店、餐饮业、物流、仓储、信息及通讯业、旅游业、金融服务、房地产及商用服务业、公共管理及其他社会与个人服务等。近年来，斯里兰卡政府利用国民识字率高、劳动技能训练有素的相对优势，正在努力把本国经济打造成为服务业导向型经济。服务业已发展为斯里兰卡国民经济的主导产业，并已成为斯里兰卡经济增长的主要驱动力。特别是旅游业、通讯业异军突起，发展势头迅猛，增势强劲。2017年，服务业产值占GDP的比重达56.8%，增速为3.2%，其中，零售业与金融服务业作为斯里兰卡服务业的两大重要支柱，分别占服务业总产值的22.9%和13.4%。

尼泊尔

尼泊尔地处喜马拉雅山南麓，自然风光旖旎，气候宜人，徒步旅游和登山业比较发达。2015年发生特大地震，尼旅游业受到严重影响。目前，赴尼泊尔旅游人数正在逐渐超过地震前水平。据尼泊尔旅游局统计，2018年1～6月尼泊尔接待外国游客累计52万人次，同比增长13%。预计2018年全年接待外国游客人数突破120万人次，而2017年接待游客人数为94万人次，同比增长24.86%。旅游收入方面，2017/18财年1～11月，尼泊尔中央银行统计旅游收入625.7亿卢比，同比增长13%，而2016/17财年旅游收入为585.2亿卢比，收入创下历史新高。

马尔代夫

优越的地理条件和独特的岛国风光为马尔代夫的旅游业奠定了良好的基础。20世纪70年代马尔代夫开始大力发展旅游业，发展十分迅速，成为第一支柱产业，旅游收入对其GDP的贡献率多年保持在25%～30%，是马尔代夫主要的外汇收入来源。马尔代夫的一岛一度假村酒店独具特色。截至2017年年底，马尔代夫全国各类在运营住宿酒店约300家，共有床位3.86万个，其中旅游度假岛124个，拥有约2.9万张客房床位。2017年外国游客赴马尔代夫旅游的人数139.0万人次，较上年增长8.0%，人均在马尔代夫停留时间为6.2天，客房入住率达61.1%，2017年中国赴马尔代夫游客30.65万人次，已连续8年成为马尔代夫最大旅客来源地，占全部游客数量的22.1%。2016年，旅游业产值9.10亿美元，占GDP的25.4%。

二 外资需求

印度

自1991年实行经济改革以来，印度政府逐步放宽对外商直接投资领域的限制，使印度近年来利用外资实现了快速增长。2000年4月至2017年3月，外商直接投资累计达到4843亿美元（包括利润再投资和其他资本投资）。目前，印度地铁、轻轨、港口、机场、公路、油气管道、船运、电信、发电、输电领域允许外商投资，外资比例最高为100%。铁路部门正在酝酿对外资开放。印度的外国投资主要来自毛里求斯、新加坡、英国、日本、美国等，投资领域主要包括金融和非金融服务业、建筑业（含房地产开发）、电信、电脑软硬件、制药、化学品（化肥除外）、汽车、电力、酒店与旅游等行业，其中金融和非金融服务业吸引外资总额占印度2000年以来吸引外资总量的18%，约594亿美元。据联合国贸发会议发布的《2018年世界投资报告》显示，2017年印度吸收外资流量为399.16亿美元；截至2017年底，印度吸收外资存量为3776.83亿美元。

巴基斯坦

近年来，巴基斯坦政府推行广泛的结构改革，出台相关优惠政策，促进投资便利化，改善投资环境，大力推广特殊经济区，希望通过吸引外资为国家经济发展提供动力。根据巴基斯坦官方统计，2016/17财年巴基斯坦外国投资净流入24.1亿美元，较前一财年增长5%，站稳20亿美元大关。其中，来自中国的投资达11.86亿美元，较上年的10.64亿美元增长11%，占巴基斯坦吸收外国直接投资的49%，继续稳居首位。除中国外，巴基斯坦其他FDI主要来源国依次为荷兰、土耳其和法国，金额分别为4.63亿美元、1.36亿美元和1.19亿美元。从行业分布看，能源、食品、建筑、电子等领域吸收FDI最多，投资额依次为11.59亿美元、4.93亿美元、4.68亿美元和1.43亿美元。据联合国贸发会议《2018年世界投资报告》统计，2017年巴基斯坦吸收外国直接投资28.06亿美元，对外直接投资6700万美元；截至2017年底，巴基斯坦累计吸收外国直接投资431.73亿美元，对外直接投资19.44亿美元。

阿富汗

由于安全形势堪忧，水电气路等基础设施不健全，缺乏具有吸引力的优惠政策，外商对阿富汗投资积极性不高。阿富汗投资促进局公布的数字显示，2003～2015年，有44849家公司在投资促进局注册，其中，本国公司42027家，外国公司2822家。投资总额102.1亿美元，其中，外国直接投资18.2亿美元，占投资总额的17.8%（截至目前统计的最新数据）。联合国贸发会议发布的《2018年世界投资报告》显示，2017年阿富汗吸收外资流量为5394万美元；截至2017年底，阿富汗吸收外资存量为14.3亿美元。外商投资集中在能矿、建筑、航空、电信、媒体和第三产业，对加工制造业投资较少，涉农行业基本无人问津。据《阿富汗时报》报道，2016年6月底阿富汗投资促进局（AISA）启动"投资阿富汗国家计划"，希望以此吸引外来投资，振兴阿富汗经济。该计划吸引投资的重点国家分别是周边国家、伊斯兰国家和亚洲国家、欧洲和北美国家。

孟加拉国

联合国贸发会议发布的《2018年世界投资报告》显示，2017年孟加拉国吸收外资流量为21.52亿美元；截至2017年底，孟加拉国吸收外资存量为145.57亿美元。根据孟加拉国中央银行数据，2017年孟加拉国共吸收外资21.51亿美元，主要来自英国（3.13亿美元）、新加坡（2.02亿美元）和挪威（1.94亿美元），中国对孟加拉国投资9012万美元，在所有国家和地区中排名第十位（不含中国香港地区对孟投资。同期，中国香港地区对孟加拉国投资为1.43亿美元，排名第六位）。从外资分布领域来看，2016年孟加拉国前3大投资领域分别为纺织服装（4.21亿美元）、银行（2.78亿美元）和电力（2.29亿美元）。

斯里兰卡

2009年斯里兰卡内战结束后，斯里兰卡政府始终奉行鼓励外国投资政策，制定自由市场政策，不断加强基础设施建设，积极营造有利于投资和经济增长的政策环境。斯里兰卡紧邻亚欧国际主航线，区位优势显著，拥有连接东南亚、南亚、中东、非洲、欧美市场的便利条件，吸引外资潜力巨大。外国企业在斯里兰卡投资涉及多个领域，包括基础设施、房地产、服务业、纺织服装、电子、化工、食品、橡胶、木材、金属制品、皮革等。斯投资局数据显示，2017年斯里兰卡吸引外资总额为13.75亿美元，排名前五位的外资来源地分别为中国、新加坡、印度、中国香港地区和英国，金额分别为4.07亿美元、2.41亿美元、1.81亿美元、1.25亿美元、0.76亿美元。联合国贸发会议发布的《2018年世界投资报告》显示，2017年斯里兰卡吸收外资流量为13.75亿美元；截至2017年底，斯里兰卡吸收外资存量为110.7亿美元。

尼泊尔

为了配合2012年年初发布的《经济繁荣发展行动计划》，尼泊尔政府计划与包括中国和卡塔尔在内的五个国家签署双边投资保护和促进协议（BIPPA），这是尼泊尔政府首次主动提出与其他国家签订双边投资保护和促进协议。此前，尼泊尔已与印度、英国、法国、德国、毛里求斯、芬兰等六国签订该协议，但除印度外，目前与上述国家的双边投资额都较小。联合国

贸发会议发布的《2018年世界投资报告》显示，2017年尼泊尔吸收外资流量
为1.98亿美元；截至2017年底，尼泊尔吸收外资存量为16.08亿美元。尼泊尔
工业局数据显示，截至2016/17财年年底，全球共有89个国家和地区对尼泊尔
进行了投资，累计投资额为2129亿卢比（详见表4-2）。在尼泊尔投资的外国
企业以中小企业为主，著名跨国公司有渣打银行、高露洁等，其他包括印度
GMC工程公司、中国水电建设集团国际工程有限公司、中国水利电力对外公
司等。

表4-2   截至2016/17财年年底尼泊尔累计吸收外资来源地排名统计

国家/地区	投资额（百万卢比）	项目数量（个）	投资额占比（%）
印度	85789	678	40.3
中国	34947	1161	16.4
中国香港	27187	33	12.8
韩国	11289	319	5.3
英属维尔京群岛	8064	16	3.8
美国	7748	363	3.6

资料来源：尼泊尔工业局。

马尔代夫

因市场规模有限，资源短缺，外国投资进入马尔代夫市场的空间有限，
马尔代夫每年吸引外资不多。联合国贸发会议发布的《2018年世界投资报
告》显示，2017年马尔代夫吸收外资流量为5.17亿美元；截至2017年底，马尔
代夫吸收外资存量为37.32亿美元。马尔代夫吸引的外资集中在旅游、基础设
施、交通通讯、海水淡化以及银行领域。据初步调查，除水产品捕捞禁止外
国人经营，零售业要求必须与当地人共同投资外，马尔代夫在其他多数领域
对外资开放。

哈萨克斯坦

独立以后，为发展本国经济，哈萨克斯坦一直致力于吸引外资，开放的
市场经济和丰富的自然矿产资源也吸引外国资本蜂拥而至。据哈萨克斯坦
央行统计，截至2018年7月1日，外国对哈萨克斯坦投资存量为1510.03亿美

元，对哈萨克斯坦直接投资存量排名前十的国家和地区占其吸引外资存量的92.3%。其中，对哈萨克斯坦直接投资存量最多的国家是荷兰，投资存量为633.75亿美元，占42%，其次为美国、法国、中国、日本等国。中国在对哈萨克斯坦直接投资存量排行榜上排第4位。联合国贸发会议发布的《2018年世界投资报告》显示，2017年哈萨克斯坦吸收外资流量为46.34亿美元；截至2017年底，哈萨克斯坦吸收外资存量为1470.64亿美元。近几年，哈萨克斯坦外国直接投资流量及存量变化如表4–3、表4–4所示。

表4-3　2013～2017年哈萨克斯坦外国直接投资流量（单位：亿美元）

年 份	哈萨克斯坦外国直接投资流量
2013	241.37
2014	238.88
2015	148.29
2016	206.37
2017	208.99

资料来源：哈萨克斯坦中央银行。

表4-4　主要外资国别（地区）来源

排名	国家/地区	哈萨克斯坦外国直接投资存量（亿美元）	占比（%）
1	荷兰	633.75	42.0
2	美国	293.02	19.4
3	法国	132.30	8.8
4	中国	92.74	6.1
5	日本	59.24	3.9
6	俄罗斯	45.85	3.0
7	中国香港地区	44.85	3.0
8	英国	36.62	2.4
9	英属维尔京群岛	27.66	1.8
10	卢森堡	27.46	1.8
	合计	1393.50	92.3

资料来源：哈萨克斯坦中央银行。

吉尔吉斯斯坦

联合国贸发会议发布的《2018年世界投资报告》显示，2017年吉尔吉斯斯坦吸收外资流量为9379万美元；截至2017年底，吉尔吉斯斯坦吸收外资存量为55.36亿美元。吉尔吉斯斯坦国家统计委员会公布的数据显示，2017年外国对吉尔吉斯斯坦直接投资5.9亿美元。外国投资主要领域为加工工业、科学领域、金融领域和矿产开采等领域。按地域划分，外商投资主要集中在首都比什凯克、楚河州、伊塞克湖州和贾拉拉巴德州。按国别划分，中国对吉尔吉斯斯坦投资2.7亿美元，系吉尔吉斯斯坦第一大投资来源国，加拿大对吉尔吉斯斯坦投资1.18亿美元，哈萨克斯坦对吉尔吉斯斯坦投资4767万美元，俄罗斯对吉尔吉斯斯坦投资2389万美元。吉尔吉斯斯坦外国直接投资主要来自哈萨克斯坦、中国、俄罗斯、土耳其等国，目前累计引资约76亿美元。

塔吉克斯坦

联合国贸发会议发布的《2018年世界投资报告》显示，2017年塔吉克斯坦吸收外资流量为1.41亿美元；截至2017年底，塔吉克斯坦吸收外资存量为25.54亿美元。外资主要投向公路修复、能源开发及贵金属矿开采和加工、食品加工业、发展中小企业等领域。目前，塔吉克斯坦吸引外资的重点领域是水电站建设、公路修复及隧道建设、通信网改造、矿产资源开采和加工、农产品加工等。在塔吉克斯坦投资的主要国家有中国、俄罗斯、瑞士等。据世界银行报告显示，塔吉克斯坦吸引外资构成中，来自中国的投资占塔吉克斯坦外资总额的47.3%，来自俄罗斯的投资占外资总额的31.3%，第三大投资来源国是瑞士，其投资占外资总额的6.8%。

乌兹别克斯坦

乌兹别克斯坦已将吸引外资纳入乌兹别克斯坦经济优先发展领域，并建立了坚实的基础，颁布了《外资法》《外国投资权益保障和维护措施》。联合国贸发会议发布的《2018年世界投资报告》显示，2017年乌兹别克斯坦吸收外资流量为9577万美元；截至2017年底，乌兹别克斯坦吸收外资存量为92.52亿美元。

土库曼斯坦

从2007年起，土库曼斯坦政府加大了引资力度，利用各种机会宣传土改革开放政策和良好的投资环境。土库曼斯坦政府将接收的外国援助都作为吸引外资成果加以统计，但对外并不公布具体金额。2015年12月，土库曼斯坦对外宣称，国际监测机构数据显示，土库曼斯坦已进入吸引外国直接投资指数世界前10名国家。近20年来，土库曼斯坦共吸引外国投资1172亿美元。联合国贸发会议发布的《2018年世界投资报告》显示，2017年土库曼斯坦吸收外资流量为23.14亿美元；截至2017年底，土库曼斯坦吸收外资存量为342.54亿美元。据土库曼斯坦官方统计，土库曼斯坦外经银行2017年依靠吸引外资实现信贷规模同比增长1.5倍，并计划设立外国投资者参与的开放型投资基金。2017年，土库曼斯坦继续大力吸引外资，外资主要来自中国、日本、韩国、土耳其等国家，主要投资方向为能源、农业、化工、交通和通讯领域。

三 重点园区

(一)境外经贸合作园区

海尔—鲁巴经济区为中资企业在巴基斯坦投资兴业提供了新的平台。该区重点发展的产业为小家电及发电设备、汽车摩托车及配件、化工及包装印刷业等。海尔在巴基斯坦推行健康、高效、节能、环保的理念，为巴基斯坦广大消费者提供符合消费者需求的产品。共建"丝绸之路经济带"战略构想将给海尔—鲁巴经济区乃至整个巴基斯坦科技和人才领域带来巨大的支持和帮助。在建的瓜达尔港自由区是巴基斯坦第一个自由区，占地9.23平方公里，位于港口西北方向，随着自由区的开发建设，港口的吞吐量将大幅增长，自由区内还将建一个大型展览中心，展示中国和巴基斯坦的产品。瓜达尔港为投资者提供了基础设施投资机会，包括仓储、饭店、船用车间、集装箱货站、海产品、大枣处理和出口，以及银行、结算机构、船运代理的办公场所等。

（二）其他经济特区

特殊经济区域是指东道国政府特别批准设立的，由海关进行封闭式管理并实施区别于其他地区的特殊政策的经济区域。各国经济发展经验表明，特殊经济区是一国形成优势聚集，吸收外国投资的重要手段。南亚和中亚国家均设有特殊经济区，有些国家设立不止一个特殊经济区域。实践经验表明，这些特殊经济区是促进当地发展和经济繁荣的重要举措。

印度

目前，印度有173个特殊经济区在运营。但印度的现行特殊经济区与中国的经济特区有本质性区别，其规模要比中国小，也不要求具有综合开发和社会发展功能，部分单一投资项目也可申请成为特殊经济区。2013/14财年，印度SEZ出口增长4%，金额达823亿美元，创造了100多万个就业机会。

巴基斯坦

巴基斯坦政府鼓励外国企业到出口加工区投资设厂，各工业区政策比较灵活，没有统一的优惠政策。巴基斯坦现有出口加工区21个（已建成6个），相关政策可登录出口加工区管理局官方网站（www.epza.gov.pk/incentives.html）查询。目前，巴基斯坦设有卡拉奇出口加工区、锡亚科特出口加工区、里萨尔普出口加工区、山达克出口加工区、杜达出口加工区、古杰兰瓦拉出口加工区等。中国中冶公司已入驻山达克出口加工区和杜达出口加工区，其他出口加工区较少中资企业入驻。

（1）卡拉奇出口加工区。卡拉奇出口加工区是巴基斯坦建立的第一个出口加工区，也是迄今巴基斯坦境内最具规模的加工区。卡拉奇出口加工区与卡拉奇蓝地工业区毗邻，距离现代化的卡拉奇国际机场不超过18公里，与恰希姆海港和高度现代化的卡拉奇港的距离分别为20公里和35公里。卡拉奇出口加工区（一期和二期）共占地305英亩，基础设施较完善；第三期正在建设中，面积200英亩。

（2）锡亚科特出口加工区。该加工区由国家出口加工区管理局和旁遮普小工业公司合资经营，坐落在旁遮普省境内的萨姆博利阿尔，占地面积238英亩，区内建有数量众多的高技术产业，如手术器械、体育用品、皮服装等。

（3）里萨尔普出口加工区。该加工区位于西北边境省境内，离白沙瓦50公里，在伊斯兰堡至白沙瓦高速公路的马尔丹枢纽附近，占地面积200英亩，该区域有通过陆路经阿富汗直接通往中亚市场的优势，由于其原材料和廉价劳动力的优势，该加工区具有发展商业活动和矿产、水果、蔬菜加工业，以及地毯、家具工业的潜力。

（4）山达克出口加工区。山达克出口加工区是以山达克铜矿为基础的特区，于2003年8月6日正式批准成立。该加工区位于俾路支省的Chagai地区，占地面积1284英亩。山达克铜金矿现正由中国中冶公司租赁经营。

（5）杜达出口加工区。杜达出口加工区是以杜达铅锌矿为基础的特区，于2003年8月6日正式批准成立。该加工区位于俾路支省的Lasbele地区，占地面积1500英亩。杜达铅锌矿现正由中国中冶公司租赁经营。

（6）古杰兰瓦拉出口加工区。古杰兰瓦拉至拉合尔公路的3公里处，占地113英亩。

阿富汗

阿富汗现有三个工业园，包括喀布尔巴格拉米工业园（24公顷）、马扎里沙里夫工业园（26公顷）和坎大哈工业园（15公顷）。在建工业园包括贾拉拉巴德工业园（206公顷）、喀布尔卡马力工业园（135公顷）。另外，计划将来在赫尔曼德、霍斯特、昆都士、加兹尼等地设立工业园。当地报纸时常出现有关园区内企业抱怨水电路气等基础设施问题影响企业正常生产经营的报道。阿富汗工业园区未有专门法律规定。目前尚未有中资企业入驻阿富汗政府设立的工业园。

孟加拉国

为了通过工业化促进经济的快速发展，孟加拉国政府执行了旨在吸引外资的开放政策，并依据《1980年出口加工区管理法》和《1996年孟加拉国私人出口加工区管理法》等法律设立了出口加工区。目前孟加拉国有8个出口加工区，最大的是吉大港出口加工区和达卡出口加工区。孟加拉国议会于2010年7月批准了孟加拉国经济区法案。根据该法案，孟加拉国将新建以下4种类型的经济区：公私合营经济区、私营经济区、政府拥有的经济区和特殊经济区。孟加拉国政府希望在未来15年内新建100个经济区，创造1000万个就业机会和400亿美元的出口额。2014年中孟两国就在吉大港地区建立工业园区签署了谅解备忘录，目前相关项目正在积极落实中。此外，孟加拉国已与韩国合作在吉大港建设了一个韩国经济区，并正与日本和印度积极协商合作建设经济区有关问题。其中孟加拉国与韩国建成的工业园2017年出口2亿美元，2018

年前四个月已经出口1亿美元，年内有望达到2.2亿美元，园区内现有9家新工厂投入运营，计划在2021年达到36家，直接就业人数从目前的2万人增长到4万人，其中90%以上为本地员工。

斯里兰卡

目前，斯里兰卡出口加工区发展情况见表4-5所示：

表4-5　斯里兰卡出口加工区概览

出口加工区	总面积（公顷）	工业区面积（公顷）	主要产业
Mawathagama	22	–	纺织、成衣制造、橡胶制品、电子零配件、食品加工、化学制品、木材加工等轻工业
Polgahawela	20	11	
Mirigama	106	70	
Katunayake	215	118	
Biyagama	182	73	
Horana	159	75	
Seethawaka	174	73	
Koggala	92	79	
Mirijjawila	228	N/A	
Sooriyawewa	430	N/A	
Malwatta	13	11	
Kandy	83	34	
Wathupitiwela	50	N/A	
总计	1774	544	

Seethawaka出口加工区于1996年由斯里兰卡工业部负责建设，总投入36亿卢比（按照当时汇率计算，约合3600万美元），该项目由日本Overseas Economic Cooperation Fund提供资金援助。1999年该园区投入运营，2001年BOI从工业部无偿接手该工业园（连同10家工厂）。该工业园距离科伦坡47公里，总面积431英亩（174.5公顷），临河而建。因所处位置地貌起伏，工业区面积仅有180英亩（73公顷），入园费50000美元/英亩（12.4美元/平方米），年租金3850美元/英亩（0.95美元/平方米），入园企业28个（尚有6英亩空地可供企业入驻），园区员工21339名。入园企业主营产业包括橡胶制品、劳保

手套、木材加工、纺线、纺织、拉链、成衣制造、化学制品、食品加工（主要向科伦坡BIA机场的各大航空公司供应飞机餐）。

尼泊尔

为吸引外资，提升本国工业水平，加快经济发展，尼泊尔政府参考一些国家特别是中国建立经济特区的经验，计划在4个地区建立经济特区：Panchkhal（加都东25公里Kavre县）、Birgunj（尼印边境Parsa县）、Devighat（加都西北Nuwakot县）和Bhaitahawa（尼印边境rupendehi县）。2016年10月，尼泊尔政府出台《经济特区法案》，该法案为特区企业提供较为优惠的激励政策和劳工规则。该法包括三个主要内容：激励投资、一个窗口服务和灵活的劳工规则；特区企业享有免除原材料进口税、增值税、消费税和其他地方税等优惠政策，特区内企业5年内免缴所得税，5年后只收50%所得税。由于配套设施不完善，经济特区缺乏实质吸引力，2014年11月和2017年2月，尼泊尔政府先后两次举办了Bhairahawa经济特区的启动仪式。

马尔代夫

马尔代夫为群岛国家，主要支柱产业为旅游业，尚未设立特殊经济区域。2014年初，为促进经济多元化发展，马政府宣布计划在全国北部、中部、南部设立3个经济特区，其中北部经济区为重点发展区域，内容将涉及港口、机场、旅游设施等，目前相关法案已经出台，配套具体措施和规定正在研究中。

哈萨克斯坦

截止到目前，哈萨克斯坦设立了10个"经济特区"。这10个经济特区根据其功能定位确定了不同的主导产业，其名称及重点发展方向如下：

（1）阿斯塔纳—新城经济特区（阿斯塔纳工业区）。设立于2001年，运营至2026年12月31日。该经济特区位于阿斯塔纳。截至目前，特区占地面积7562.3公顷。该经济特区重点发展建筑、建材生产、机器制造业、木材加工、家具生产、化工制品、非金属矿产品、家用电器、电器设备、照明设备、机车车头和车厢、交通运输工具、航空航天飞行器、电子元器件、纸浆、纸张、纸板、橡胶塑料制品生产、制药业，以及新区城市基础设施建设，包括医院、学校、幼儿园、博物馆、剧院、中高等学校、图书馆、少年宫、体育场、办公楼和住宅等。

（2）国家工业石化技术园经济特区。该经济特区位于阿特劳州。截至目前，特区占地面积3475.9公顷。设立于2007年，运营至2032年12月31日。特区旨在利用创新科技发展石化生产、原油深加工以及生产高附加值石化产品。重点生产聚乙烯和聚丙烯、塑料薄膜、包装袋、管材、配件、技术设备、塑料瓶等。

（3）阿克套海港经济特区。该经济特区位于曼格斯套州。截至目前，特区占地面积2000公顷。该特区设立于2002年，运营至2028年1月1日。特区设立目的是加快地区发展以加快国家经济融入世界经济体系，建立高效率的生产模式，主要发展家用电器、皮革制品、化工、橡胶塑料制品、非金属矿产品、冶金工业、金属制品、机械设备、石油化学产品生产，以及油气运输、物流服务等。

（4）奥恩图斯季克经济特区。该经济特区位于南哈萨克斯坦州。截至目前，特区占地面积200公顷。该特区设立于2005年，运营至2030年7月1日。特区设立目的是发展纺织工业，拟打造成哈南部地区的棉纺织品基地。重点生产服装、丝绸面料、无纺布及其制品、地毯、挂毯、棉浆、高级纸张以及皮革制品；目的是保障哈纺织工业发展。

（5）巴甫洛达尔经济特区。该经济特区位于巴甫洛达尔州。截至目前，特区占地面积3300公顷。该特区设立于2011年，运营至2036年12月1日。特区设立目的是发展化学、石化行业，尤其是生产采用环保、安全的现代高科技技术，高附加值的出口导向型产品。重点生产化工产品以及石化产品。

（6）萨雷阿尔卡经济特区。该经济特区位于卡拉干达州。截至目前，该特区占地面积534.9公顷。特区设立于2011年，运营至2036年12月1日。特区设立目的是发展冶金工业和金属加工行业，尤其是吸引世界品牌生产企业入驻特区，开展制成品生产。主要生产冶金产品、金属制成品生产、机械和设备、交通工具、拖车、半拖车、计算机、电子产品和光学设备、电器设备、化工产品、橡胶和塑料产品、建材等。

（7）塔拉兹化学园区。该经济特区位于江布尔州。截至目前，该特区占地面积505公顷。特区设立于2012年，运营至2037年1月1日。特区设立目的是按照高新技术在哈发展化工产品生产。重点发展化学产品、橡胶和塑料产品、非金属矿产品、化学工业机械设备生产等。

（8）霍尔果斯—东大门经济特区。该经济特区位于阿拉木图州。截至目前，该特区占地面积5740公顷。设立于2011年，运营至2035年。特区设立目的是建设富有成效的运输、物流和工业中心，保障出口贸易活动的利益和实现哈萨克斯坦转运潜能，以及促进与周边国家的经济和文化交流。主要发展仓储设施、皮革、纺织产品、其他非金属矿产品、化工产品、金属制成品、机械设备生产，建设展馆、仓储场所以及其他行政办公楼等。

（9）布拉拜经济特区。该特区位于阿克莫拉州，距离首都阿斯塔纳市约200公里，依托博拉沃伊湖建设。截至目前，特区占地面积370公顷。特区设立于2008年，运营至2017年12月1日。特区设立目的是建设富有成效的且具有竞争力的旅游基础设施，打造"哈萨克斯坦明珠"旅游胜地和休闲疗养区，吸引哈萨克斯坦和外国的旅客。重点发展宾馆、旅店、疗养院等旅游设施建设。

（10）创新技术园经济特区。该特区位于阿拉木图州。截至目前，特区占地面积163.02公顷。该特区设立于2003年，运营至2028年1月1日。特区设立目的是发展信息技术产业，开发新的信息技术和生产信息技术领域新产品。重点是软件、硬件的开发、设计和生产，提供数据储存和处理服务，发展信息技术设备生产以及新材料的生产等。

吉尔吉斯坦

（1）比什凯克自由经济区。比什凯克自由经济区建立于1995年，占地面积逾500公顷，位于比什凯克市近郊的玛纳斯国际机场附近。比什凯克自由经济区视同"境内关外"。目前在该自由经济区正式注册并从事生产、经营活动的有来自中国、土耳其、印度、伊朗、沙特等23个国家和地区的80余家企业，该区70%的产品出口到哈萨克斯坦、俄罗斯、乌兹别克斯坦、土库曼斯坦及中国等周边国家。

（2）高新技术园。2013年吉尔吉斯斯坦设立高新技术园区，并开始对外招商，为编程人员和IT公司等提供了一个开放的平台。该高新技术园区内注册企业享受5%的企业所得税率（一般为10%），保险费为月平均工资的12%，企业需每季度缴纳收入的1%作为园区服务费。对在该园区注册的企业或个人，要求其至少90%的营业收入来自以下业务：信息系统的分析、设计和编程，信息技术和软件出口，建立和提供交互式信息服务等。

塔吉克斯坦

（1）"索格特"自由经济区。位于北部索格特州首府胡占德市西南老工业区。规划占地面积320公顷，根据情况可扩大到2000公顷。该区职能定位是工业区和"生产—创新区"。目前，索格特自由经济区已成为塔吉克斯坦重点发展项目。

（2）"喷赤"自由经济区。位于塔吉克斯坦南部哈特隆州的卡拉杜姆·库姆桑吉尔区，靠近塔阿（富汗）边境，规划面积971.8公顷。该经济区的职能定位是多功能区。塔吉克斯坦计划利用南部丰富的蔬菜、水果等原料优势，进行农产品深加工，出口到阿富汗等南亚国家市场，并发展同南亚国家的过境贸易。建设该经济区的主要任务如下：①吸引国内外资金、先进的管理和经营经验发展哈特隆州经济；②发展与南亚国家的经贸联系，开发塔吉克斯坦出口潜力；③促进附近的城市化建设，建立现代化交通、通讯和生产体系；④发展现代物流等。截至2017年底，该区共有6家企业入驻，完成13.18万美元的建设作业。

（3）"伊什卡石姆"自由经济区。位于东部巴达赫尚州伊什卡石姆区，距杜尚别714公里、首府霍罗格106公里、中塔边境阔勒买口岸440公里，规划占地面积200公顷。该经济区的职能定位是"生产—商业区"。目前正处于建设阶段，尚无企业投入生产。2011年，塔吉克斯坦政府批准把伊什卡石姆机场列入该经济区范围。该区已组建管理委员会。2017年，完成13.45万美元的建设工作。

（4）"丹加拉"自由经济区。位于南部哈特隆州丹加拉区，规划占地面积521.3公顷。该经济区的职能定位是"生产—创新区"。2017年，该区完成5121.82万美元的建设工作，已有7家工业企业入驻，工业产值为216.2万美元。山东东营合力公司在丹加拉经济开发区成立中塔石油公司，从事年产50万吨炼油厂建设项目，于2018年正式投产。华新水泥公司在丹加拉自由经济区投资建设年产50万吨干法水泥生产线项目，2016年1月开工建设，2016年11月建成投产。新疆中泰新丝路农业投资有限公司在丹加拉投资建设农业产业园。

乌兹别克斯坦

乌兹别克斯坦政府将自由经济区视为招商引资的重要平台，大力发展各类自由经济区。2016年10月26日，乌总统米尔济约耶夫签署《关于采取补充措施扩大自由经济区活动的总统令》，将此前建立的经济特区统一更名为自由经济区。截至2018年5月，乌兹别克斯坦政府共建立15个自由经济区，80多个小工业特区。

（1）纳沃伊自由经济区。2008年12月2日成立，位于纳沃伊州（乌兹别克斯坦中部，面积11万平方公里，人口85万）国际机场，占地面积564公顷。

根据"纳沃伊"自由经济工业园区的建立宗旨及优先方向，下列领域和方向的企业正在进驻该工业园区：①电子及电器产品；②精密机械、汽车制造及零部件生产企业；③制药和医疗产品；④食品加工和包装；⑤塑料制品和聚合物制品。

（2）安格连自由经济区。2012年4月13日成立，占地面积1634公顷，区内将实行特殊的税收、货币、关税优惠及简化的出入及居留制度，区内企业享受减免税收的优惠政策。优惠期根据投资额不同有所差异，即30万~300万美元给予3年优惠期，300万~1000万美元给予5年优惠期，1000万美元以上的给予7年优惠期，特区期限30年，届时可延期。目前，乌方已投入6000万美元，用于完善区内的基础设施建设。安格连工业特区入驻企业数量有限，共计8个投资项目，涉及石油加工、铜管、钢筋、瓷砖、蜂窝煤、白糖、皮制品等领域，投资额近2亿美元。主要有新加坡公司投资的制糖厂、捷克公司参与投资的油品回收和再加工厂等。暂无中国企业进驻。

（3）吉扎克自由经济区。2013年3月18日成立，吉扎克自由经济区由中国企业参与建设，工业区优惠政策与安格连工业特区类似。据乌方介绍，目前工业区内入驻30多家中国企业，投资额约2.4亿美元。其中，由中国浙江温州金盛公司投资兴建的吉扎克自由经济区锡尔河州分区（鹏盛工业园）占地面积102公顷，入驻企业16家，总投资额1.38亿美元，涉及瓷砖、制革、制鞋、肠衣、宠物食品、水龙头、阀门、轧钢等，2017年产值超过1亿美元，为当地提供就业岗位超过1200个。

土库曼斯坦

2007年7月24日，土库曼斯坦总统签署总统令，批准设立"阿瓦扎"（AVAZA，土库曼斯坦里海疗养胜地）国家级旅游区（属自由经济区），这是土首个国家级旅游区建设项目。"阿瓦扎"旅游区位于里海东岸长16公里的海岸上，总面积1700公顷。根据规划，该区共建设60余座高档宾馆、4座儿童夏令营以及疗养院、休闲健身俱乐部、体育场馆、商贸中心和高档住宅楼等社会公用设施。土库曼斯坦政府对旅游区投入10亿美元，同时欢迎本国私营企业和广大外国公司来此投资，参与各类项目的规划和建设，大力发展区内旅游休闲产业。2017年10月土库曼斯坦出台《自由经济区法》后，相关优惠政策仍在细化落实中，尚未有新的自由经济区落地。

四 重点项目

近几年，中国在南亚八国和中亚五国投资了许多项目。除阿富汗、马尔代夫、土库曼斯坦和塔吉克斯坦外，其余国家均有已经完成或者正在进行的中国投资项目。以下是作者遴选出的部分项目（见表4-6）。

表4-6 南亚八国和东亚五国部分投资项目

项目名称	行业类别	所在国家
巴基斯坦30MW光伏电站项目（EPC）	电力、热力、燃气及水生产和供应业	巴基斯坦
巴基斯坦鲁阿特水电站项目EPC	电力、热力、燃气及水生产和供应业	巴基斯坦
巴基斯坦JAGGRAN-II水电站建设项目	电力、热力、燃气及水生产和供应业	巴基斯坦
尼泊尔YamblingKhola水电站项目	电力、热力、燃气及水生产和供应业	尼泊尔
中建六局斯里兰卡水渠隧道项目（EPC）	电力、热力、燃气及水生产和供应业	斯里兰卡
建立世界一流的大学和知识之城	教育、卫生、文体、娱乐	斯里兰卡
卡匹提亚综合旅游项目	房地产业	斯里兰卡
德杜瓦度假和休闲娱乐开发	房地产业	斯里兰卡
印度马哈拉施特拉省Bharatmala Pariyojna四车道国家361号公路（海外项目）	交通运输、仓储和邮政业	印度
印尼本地企业RKEF镍铁生产线项目	制造业，有色金属冶炼和压延加工业	印尼
江伽普尔西孟邦大型食品工业园	农副食品加工业	印度
哈萨克斯坦40MW光伏电站项目	电力、热力、燃气及水生产和供应业	哈萨克斯坦
孟加拉GPUFP项目（EPC）	农、林、牧、渔业	孟加拉国
中国五环孟加拉20万吨PVC项目	制造业，化学原料和化学制品制造业	孟加拉国
中国电建集团孟加拉巴瑞萨350MW燃煤电站项目	电力、热力、燃气及水生产和供应业	孟加拉国
孟加拉锡莱特燃气轮机联合循环扩建项目（EPC）	电力、热力、燃气及水生产和供应业	孟加拉国
孟加拉Sylhet机场路33kV变电站项目（EPC）	电力、热力、燃气及水生产和供应业	孟加拉国
乌兹别克斯坦3200t/d熟料水泥生产线项目（EPC）	电力、热力、燃气及水生产和供应业	乌兹别克斯坦
乌兹别克斯坦节能公司热电站项目	电力、热力、燃气及水生产和供应业	乌兹别克斯坦

资料来源：商务部投资促进局项目库。

第五章

贸易和投资政策法规

一 外贸法规

　　南亚和中亚国家均有一个或多个部门负责协调、组织和管理对外经贸活动，颁布与出口有关的规定，协调有关程序。贸易主管部门主要负责该国对外贸易法律法规的制定，对部分商品进行包括配额管理、许可证管理以及产品标识和认证在内的进出口管理。

　　南亚八国和中亚五国外贸主管部门及主要贸易法规见表5-1所示。

表5-1　各国外贸主管部门及主要贸易法规

国家	贸易主管部门	主要贸易法规
印度	1. 印度商工部是印度国家贸易主管部门，下设商业部、产业政策与促进部两个分部 商业部：主管贸易事务，负责制定进出口贸易政策、处理多边和双边贸易关系、国营贸易、出口促进措施、出口导向产业及商品发展与规划等事务 产业政策与促进部：负责制定和执行符合国家发展需求目标的产业政策与战略，监管产业和技术发展事务，促进和审批外国直接投资和引进外国技术，制定知识产权政策等 2. 印度储备银行（央行）负责金融体系监管、外汇管制和发行货币 3. 印度财政部下属的中央消费税和关税委员会负责关税制定、关税征收、海关监管和打击走私	《1962年海关法》《1975年海关关税法》《1992年外贸（发展与管理）法》《1993年外贸（管理）规则》《外贸政策》（2015～2020）等
巴基斯坦	1. 巴基斯坦商务部是主管部门，其主要职责是：国内外贸易管理和政策制定、出口促进、公平贸易（反倾销等）、多双边贸易协议谈判、商协会的组织和监管、保险行业监管等 2. 巴基斯坦国家银行负责金融体系监管、外汇管制和发行货币 3. 巴基斯坦财政部下属联邦税收委员会负责关税制定、关税征收、海关监管等	《公司法》《贸易组织法》《贸易垄断与限制法》《海关法》《反倾销法》《反囤积法》等

国家	贸易主管部门	主要贸易法规
阿富汗	1. 阿富汗商业和工业部（简称商工部）是主管贸易的政府部门，下属对外贸易司主管贸易政策制定和外贸的协调管理 2. 外交部内设经济事务司，负责政府层面的对外经济贸易关系协调 3. 专设由商工部主管的出口促进局（EPAA），负责政策贯彻、贸易推动、组织会展、出口手续、出具单证等事务 此外，阿富汗商工会负责出具有关享受对华出口零关税的货物原产地证明文件。进口货物由财政部进行海关监管。商工部注册局负责贸易类公司的注册登记	《海关法》《合同法》《保险法》《仲裁法》《调解法》《大阿富汗银行法》《货币和商业银行法》等
孟加拉国	孟加拉国商务部主管本国大流通行业（含内贸和外贸），其主要职能包括：制定进口政策，出口促进及制定出口政策，调节价格，修订公司法、合伙企业法等，协调管理国内商业和保险业，制定关税政策，商品管理及国营贸易，负责世界贸易组织和国际贸易组织事务，联系国际组织等 商务部下设办公厅、对外贸易协定局、出口局、进口和国内贸易局、世贸组织局、纺织局、计划局等部门，并负责管理出口促进局、海关税则委员会、茶叶局、股份公司注册局等机构、科研院所及贸易公司	《进出口法案（1950年）》《国家出口奖励政策（2006年）》《进口商、出口商、采购商（注册）令（1981年）》、进出口政策（2006~2009年）、进出口政策（2009~2012年）、进口政策（2012~2015年）等
斯里兰卡	斯里兰卡有多个贸易促进和管理部门，从不同层面和领域促进、推动和管理对外贸易的发展 1. 出口发展局是斯里兰卡专门负责促进和推动外贸出口的政府机构 2. 国家政策与经济事务部外资局、发展战略与国际贸易部投资委员会是为外国投资项目提供服务，促进外国投资生产和加工出口产品 3. 工商部商业司协助内外贸易部制定政策和监督政策的执行 4. 进出口管理局是根据进出口管理规定，对货物和服务的进出口进行管理，同时协调许可制下商品进出口 5. 海关是征收进出口关税，便利商品进出境，监测和侦办偷逃关税以及毒品走私，杜绝限制商品的进出口，进出口贸易统计等 6. 标准局主要负责进出口商品质量标准的认定和制订 7. 出口信用保险公司为出口商品和服务提供风险担保 8. 茶叶局主要负责茶叶的生产、销售以及出口的管理，促进茶叶进入国际市场 9. 工业发展局负责促进和推动出口工业产品的生产和出口 10. 农产品出口局负责推动出口农产品的生产和种植，为政府主管部门制订农产品出口政策提供建议	1969年颁布并经多次修订的《进出口管制法》，对斯里兰卡进出口商保护法等

国家	贸易主管部门	主要贸易法规
尼泊尔	尼泊尔贸易主管部门是工商与供应部，与贸易等有关的主要职责是制定有关贸易法律和政策、签订国际和双边经贸条约、出口促进、管理和监督对外贸易活动和负责尼泊尔与商业、贸易和过境运输有关国际机构的联络等	《进出口管理法（1957）》，最近一次修订是在2013年；《贸易政策（2015）》
马尔代夫	经济发展部是马尔代夫的贸易主管部门，主要负责贸易政策的制定和实施	《进出口法规（法律编号31/79）》，以及以此为核心形成的由《可流通票据法规（法律编号16/95）》《货物销售法规（法规编号6/91）》和《消费者保护法（法律编号1/96）》共同组成的对外贸易法律体系
哈萨克斯坦	哈萨克斯坦国民经济部是负责贸易管理和制定经济发展规划的主管部门，职责范围包括：推进、调整、监测和评估经济发展战略规划，预测社会经济发展状况，监测和分析国家宏观经济指标，制定税收、财政以及海关政策，预测和编制国家预算，对制定贸易保护、反倾销和反补贴措施提出建议，在其权限内发放商品进口许可证，发起并组织国内国际展览、展销和贸易代表团，执行政府支持民营企业发展政策，支持公共投资规划 此外，还包括经济研究所、贸易政策发展中心、哈萨克斯坦政府和社会资本合作中心、哈萨克斯坦驻俄联邦贸易代表处等下辖机构	《工商登记法》《劳动法典》《税收法典》《外汇调节法》《许可证法》《反倾销法》《知识产权法》《银行和银行业务法》《投资法》《企业经营法典》《海关事务法典》《金融租赁法》《居民就业法》《商标、服务标记及原产地名称法》《国家直接投资保护法》等
吉尔吉斯斯坦	吉尔吉斯斯坦经济部是对外经贸主管部门，其职能是制定并实施国家经济政策、开展对外经贸联系、协调建立市场经济体制、促进企业发展	《吉尔吉斯共和国对外贸易法》《吉尔吉斯共和国海关法》《吉尔吉斯共和国许可证法》等
塔吉克斯坦	塔吉克斯坦所有对外经贸活动由经济发展和贸易部（简称经贸部）负责协调、组织和管理。该部下设对外经济和贸易政策司。	《外国投资法》《企业经营法》《外经法》《租赁法》《土地法》《税法》《劳动法》《保险法》《自由经济区法》《投资法》等

续表

国家	贸易主管部门	主要贸易法规
乌兹别克斯坦	乌兹别克斯坦外贸部是贸易主管部门，其前身为乌对外经济关系、投资与贸易部，2017年4月14日改组为外贸部。其主要职责包括：制定和执行统一的国家外贸领域经营活动政策，加强国家在该领域的宏观调控能力；对国际市场形势进行综合研究，协助实施乌发展出口潜力规划，按照国际市场需求制定并实施提升乌本土生产的高附加值产品的市场竞争力措施；统计外贸领域活动兴衰基本技术指数，研究外贸商品种类和构成，分析本土产品国际竞争力优劣所在，建立产品进出口数据库；参与商品进出口领域税费政策修订、完善工作，制定推动贸易自由化措施；扩展并加强同各国的经贸往来，协助本土企业寻找并筛选优秀的国际合作伙伴；负责经贸促进领域工作，协助本土企业参与国际投标，贸易商品、工业产品服务等领域展会推介活动；制定并实施提升乌外贸领域基础设施水平措施，加大过境运输、交通物流、运输通道等领域建设投入力度	《对外经济活动法》《出口监督法》《保护措施、反倾销及补偿关税法》及《关税税率法》等
土库曼斯坦	1. 土库曼斯坦贸易主管部门是贸易和对外经济联络部，负责制定并执行调节国内商业、对外贸易和对外经济合作的政策；保障国内市场商品、食品供应；组织开展批发零售贸易和合作社贸易；管理对外贸易，具体包括出具出口商品的原产地证明，执行国际清算协议，负责政府采购，负责审批日用消费品贸易和政府采购合同；管理边境贸易；研究分析国外市场行情，为开展对外贸易提供信息支持；保护国内市场，通过采取关税和非关税措施调节进出口贸易；监督土参加的双边和多边经贸协议执行情况，就签署国际条约和协议提出建议，保障国家在对外经济合作中的利益；统一协调国家外经贸工作，负责接待外国政府商务团体，负责土库曼斯坦与外国政府间双边经贸合作混委会工作等 2. 国家商品原料交易所是土库曼斯坦协调进出口贸易和市场供求关系的重要经济部门之一。主要职能包括：组织商品交易；审查、注册外贸合同，协调进出口贸易；审核进出口商品价格，对进出口交易的合理性进行评估；对生产、需求、出口市场、价格和销售过程进行分析；监督、检查在交易所签订合同的执行情况；获取世界各地交易所信息并进行分析等	《对外经济活动法》《贸易法》《进出口商品海关征税规定》《能源产品外销交易程序》等

注：不丹相关资料暂缺。

印度

印度实行对外贸易经营权登记制。印度政府将进出口产品分为：禁止类、限制类、专营类和一般类。所有外贸企业均可经营一般类产品。对限制类产品的经营实行许可证管理。对石油、大米、小麦、化肥、棉花、高品位铁矿砂等少数产品实行国有外贸企业专营管理。

进出口管理

印度对活动物、牛肉及牛内脏、猪肉、活鱼、鸟蛋、纺织品、宝石、植物和种子、部分杀虫剂、药品及化学品、电子产品以及基因产品等实行进口许可证制度；对原油、矿产品、食品等实行国营企业专营，如石油产品只能通过印度国有石油公司进口，氮、磷、钾及复合化学肥料由矿物与金属贸易公司进口，维生素A类药品由印度国营贸易公司进口，油及种子由国营贸易公司与印度斯坦植物油公司进口，谷类由印度粮食公司进口等。印度禁止进口的商品包括野生动物及其制品、象牙、动物油脂类产品以及危险废品等。

为稳定粮价、抑制通货膨胀，印度政府于2006年6月禁止了豆类出口；2007年10月禁止了小麦及面粉的出口；2008年4月开始对非巴斯玛蒂大米出口进行数量限制，并上调巴斯玛蒂大米的最低出口价。

进口检验检疫

印度标准局（BIS）是印度负责进口产品质量检验的主管部门。涉及进口产品质量检验的法律法规包括：《1986年印度标准局法》《1987年印度标准局规则》《1988年印度标准局（认证）规则》。

印度进口产品质量检验制度包括强制检验制度和自愿检验制度。印度标准局公布数据显示，目前仍有107种产品在强制性认证目录清单内，主要包括水泥、家用电器类产品、食品及相关产品、柴油机、压力油炉、汽车零部件、钢瓶、阀门及调节器、医疗设备和钢及钢制品等。外国生产商或印度进口商必须事先向印度标准局申请产品质量认证，并获得认证证书，海关依据认证证书对进口产品予以放行。凡是进口属于强制进口认证产品范围之外的产品，是否检验由外国生产商或印度进口商自愿决定，政府不加干预。

印度农业部下属的动物管理和制奶业部负责动物检疫工作。凡进口商进口家禽、猪、羊肉、奶制品、蛋制品和动物源宠物饲料均须向该部申请动物检疫，并在获得相关检疫证书后方准进口。

印度农业部下属的植物保护、检疫和储存总局负责植物检疫工作。进口植物及植物产品应在印度的边境口岸接受驻口岸的检疫人员检查，进口商须出示产品原产国有关机构签发的植物检疫证书。2004年4月1日生效的印度农业部《印度官方木质包装进境检疫要求》规定：所有使用含植物材料的包装，包括干草、麦秆、木刨花、碎木片、锯屑、废木料、木托盘、垫木、木纤维、泥炭藓等，在出口到印度前均须由出口方政府按国际植物保护公约或出口方政府规定的格式，出具植物检疫证书。所有进口木质包装材料必须使用干热处理、溴甲烷熏蒸处理或化学渗透处理及其他国际标准认可的除害方法处理，并在植检证书上标明处理方法。

出口检验

印度商工部下属的印度出口检验委员会（EIC）是印度出口产品质量控制及装船前检验的主管机构。涉及出口产品质量检验的法律法规包括：《1963年出口（质量控制及检验）法》《1964年出口（质量控制及检验）规则》。出口产品质量检验制度包括批检制度（CWI）、过程质量控制制度（IPQC）、自我认证制度和食品安全管理制度。

关税制度

印度基本关税税率和征收由《1962年海关法》和《1975年关税法》规定。印度对进口的商品征收基本关税、附加关税及教育税。基本关税税率在《关税法》中有明确规定。附加关税等同于针对印度国内商品所征收的消费税。进口产品还需缴纳所缴税额2%的教育税。关税的计算标准为进口商品的交易价格。每年印度政府的财政预算案会对当年度的进出口关税做适当调整。此外，根据《印度1962年海关法》，为维护公平贸易，印度政府还可以对进口货物征收反倾销税、反补贴税和保障措施税。

根据《2017财政法案》，印度政府对部分产品关税做出调整，主要如下：腰果关税由30%提高到45%，液化天然气关税由5%降到2.5%，用于生产焊接管材的特定热轧卷产品关税由12.5%降至10%，用于生产太阳能电池板的太阳能钢化玻璃关税由5%降为0，镍及其制品关税由2.5%降为0，通过邮寄包裹和信件进口且每单低于1000卢比的产品免征基础关税。此外，新的财政法案还对铝制品、邻二甲苯、精对苯二甲酸、树脂、尼龙纱线等产品的关税进行调整。

巴基斯坦

巴基斯坦政府将进口产品分为禁止类、限制类和一般类。其中禁止类商品包括违反伊斯兰教义的相关商品等十几大类；限制类商品的进口需要符合政府规定的相关要求。出口产品分为禁止类、限制类、限价类和一般类。其中部分禁止类商品出口需要获得相关政府主管部门的许可，限制类商品的出口需符合政府规定的相关要求。由于走私活动猖獗，巴基斯坦对向阿富汗出口管理相当严格，专门出台法规予以规范。在巴基斯坦从事贸易除遵守有关现行法律外，还应密切关注政府每财年初发布的新财年贸易政策，以获取最新规定及最新商品关税税率等信息。

巴基斯坦动植物进出口检验检疫由巴基斯坦食品安全部负责，主要法律有《巴基斯坦动物（进出口动物及制品）检疫法》和《巴基斯坦植物检疫法》。巴基斯坦食品安全部下属动物检疫司负责动物检疫工作。凡进口商进口家禽、牛羊肉、奶制品和动物源饲料均需向该司申请动物检疫，并在获得相关检疫证书后方准进口。巴基斯坦食品安全部下属植物保护司负责植物检疫工作。对大米、小麦、面粉、谷物、水果、蔬菜、植物种子、棉花等商品实施进出口法定检疫，并颁发相关检疫证书。

巴基斯坦海关隶属于巴联邦税收委员会（FBR）。根据《海关法》《进出口法》和《海关细则》等对进出口商品进行管理。商品关税税率每年均有调整，出于保护国内产业需求，巴基斯坦政府可以对进口货物征收反倾销税和调解关税。

阿富汗

阿富汗对大宗商品进口没有限制。禁止进口的商品有酒、生猪、猪肉、猪油脂、棉籽、毒品、枪支、炸药等。阿富汗政府鼓励本国商品出口。禁止出口的商品有毒品、古董、稀有矿产资源和其他政府规定的物品等。矿石出口需矿产部出具许可证明，进口可用于生产炸药的化工产品需由阿富汗内政部等政府部门审发特别许可。

阿富汗海关对进口货物进行检验，但检验检疫设备和技术落后，效率不高，目前基本只针对食品、药品、饮料、服装进行检验检疫。中国出口阿富汗的货物应按规定出具中国商检报告。

根据阿富汗《海关法》规定，进口报关需提供以下资料：进口单位营业执照、出口公司销售发票、边境海关贸易运转表格、运输提单、转运单和保险单、装箱单。陆运货物需要提供原产地证明。中国出口阿富汗的货物应按规定出具中国商检报告。阿富汗对原材料进口征收高关税。阿富汗逐步推广在线支付关税系统，可在阿富汗任何商业银行支付关税，无需前往海关支付现金。喀布尔国际机场已有25%的关税通过在线支付。

孟加拉国

孟加拉国政府于20世纪90年代进行了贸易改革，包括削减关税、减少进出口限制、将多元化汇率系统改革为单一体制等。孟加拉国实行贸易自由化政策，但许多一般商品仍被列入禁止/限制进口商品清单中。禁止进口的商品包括：恐怖、淫秽或有破坏性的文学作品（任何形式），任何与孟加拉国宗教信仰不同的书、报纸、期刊、图片、影片及音视频存储介质，二手办公设备、复印机、电报机、电话、传真机等，所有种类的废弃物，猪肉及其制品等。孟加拉国一般情况下要求以不可撤销信用证进行国际贸易结算，进口贸易也不得采用CIF贸易方式。孟加拉国绝大部分商品可自由出口，限制出口的产品包括：尿素、音视频娱乐节目、天然气附属产品、化学武器（控制）法案中列明的部门化工产品等；禁止出口的产品包括：除天然气附属产品外的其他石化产品、黄麻种、小麦、武器、放射性物质、考古、人体器官及血液、除冷冻虾以外的其他虾类产品、野生动物等。此外，为鼓励出口，孟加拉国政府还特别为纺织企业、冷冻鱼、黄麻、皮革、船舶、农产品加工品等产品制定了特殊政策。

孟加拉国自2000年2月15日开始实施进口商品"船前检验制度"（PSI），对输往孟加拉国的货物在装船前实施货值评估及散装状态检验（CKD或SKD检验）。PSI属强制性进口管理规范，除非另有规定，该制度适应于世界各国和地区所有向孟加拉国输入的货物。PSI制度旨在防止进口商低报发票金额或错报H.S.编码，但它对孟加拉国进口贸易造成较多的问题，如PSI公司签发清洁报告不及时导致进口商无法及时报关，PSI公司高估货物价值导致进口商多付关税等。

孟加拉国海关隶属于国税局。海关管理的主要法律制度为《1969海关法》。孟加拉国进口关税税率基本在0～25%之间。绝大部分进口商品关税为3%、5%、12%或25%。孟加拉国关税每财年调整一次，部分产品调整幅度较大。

斯里兰卡

斯里兰卡主要贸易管理规定包括：1969进出口管理一号法令，明确规定进出口商品的标准和条件以及以此为基础对进出口贸易进行管理；1979斯里兰卡出口发展法案40号，促进和推动斯里兰卡出口发展；海关条例（1946年43号法案，1974年35号修订案），规定实施进口税，征收关税。

进出口检验检疫

进出口商品检验检疫主要依据1952年12号法案，预防和防止传染性疾病在斯里兰卡境内和境外的传播。包括：由斯里兰卡标准局负责和出具产品质量证书；由农业局负责和出具农产品检验检疫证书，其中蔬菜、水果、花草以及树木由植物检疫办公室出具证书；由动物生产和检疫局负责和出具动物检疫证书。

海关管理制度

斯里兰卡海关是隶属于国家财政部的独立行政管理部门，是国家进出口关境的监督管理机构。斯里兰卡海关根据海关法对进出境的货物实行关税计征制度。进出口货物在向海关申报时，海关根据货物的种类，采用相应的关税税率，对进出口货物征税。进出口商在交纳完各种税后，即可通关。除了征收关税，还要缴纳增值税（VAT）。进口商应主动向海关交纳进口关税、货物和服务税、国防税等。

斯里兰卡控制出口的货物有：珊瑚和贝壳、木材和木制品（不包括木玩具）、象牙、50年以上的古玩。斯里兰卡标准化学会从2000年开始对某些类别进口商品加强质量监控，要求出口国权威部门提供质量认证，并逐步把更多的商品品种纳入这一清单中，要求每次货物入关，都要向海关提交出口国权威部门的质量证书，否则不予放行。目前列入受控商品清单的有日用瓷器，部分家用电子产品和汽车配件等。2018年7月1日起斯里兰卡实施离境退税制度。

尼泊尔

尼泊尔政府1992年制定了部分禁止进出口的商品目录及部分限量出口的商品目录，并对限量出口的商品实行许可证管理。这部分商品主要包括本地原材料和进口的原材料，具体品种根据市场的供需情况，由政府不定期地在"政府公报"上公布。除政府规定禁止和限量出口的商品及禁止进口的商品外，其余的商品允许所有尼商自由经营。

进出口管理

禁止进口的商品包括：毒品；60度以上的酒精饮料；军火（有政府许可证除外）；通讯设备（有政府许可证除外）；牛肉及其制品等；废旧回收塑料制品；其他在尼泊尔"政府公报"上公布的产品。

禁止出口的商品包括：具有文物价值的本国和外国的古币；神像，棕榈叶和植物叶碑铭；重要的历史书画；野生动物；胆汁和野生动物任何部分；麝香；蛇皮，蜥蜴皮；大麻、鸦片、大麻制剂等；爆炸物，雷管及原材料等；用于生产武器和弹药的材料；天然兽皮和生皮；天然毛；所有进口的原材料、零件和生产资料；原木和木材。

通过出口许可证管理的出口产品：大米，玉米，小麦，鹰嘴豆，小扁豆，黑豆，芥末，油菜籽，黄芥末籽，未开信用证重量超过100公斤的生丝，罂粟种，药草等。

进出口商品检验检疫

尼泊尔标准计量局负责检验海关递送的进出口商品，农业与土地管理合作部在海关设立检疫办公室负责动物类产品进出口的检疫。尼泊尔政府允许私人经营检疫机构。卫生部药管局负责药品检验。相关法律包括《尼泊尔标准（证明标志）法（1980）》《动物健康和畜牧业服务法（1999）》《药品法（1978）》。

关税管理规定

海关管理的主要法规为《海关法（2007）》和《海关规则（2007）》。尼泊尔为履行加入WTO后在市场准入方面的承诺，在2003/04财年调低了部分产品的进口关税。为减少财政税收方面的损失，相应提高了海关调节税。为鼓励出口，尼泊尔政府规定出口商品除交纳0.5%的服务费外，免交关税；对生产环节的一切税赋，出口时予以退还；对进料加工复出口的产品，免除原材料进口环节一切税收。在进口环节，尼泊尔海关目前主要征收五种税费：基本关税（0～80%）、调节税（5%～32%）、海关服务收费（100卢比）、地方发展税（1.5%）及增值税（13%）。

马尔代夫

马尔代夫对货物进口实行严格的许可证管理制度。禁止进口的商品主要包括违反伊斯兰教的物品、神像、色情书刊、活猪、麻醉致幻类药品。限制进口的商品主要包括武器弹药、酒类商品、猪肉或其制品、狗、危险动物等。有特殊需要的单位，须经过有关部门批准后方可进口。需提供有关证明（许可）方可进口的商品主要包括活的动植物、药品、音像制品、无线通信设备等。禁止出口的商品主要包括龟背和龟背产品、黑珊瑚及制品、鳗鱼、河豚、海豚、彩虹鱼、鹦鹉鱼、魔鬼鱼、15厘米以下的大眼鲹、鲸鱼、龙虾、所有珊瑚、特里同螺、马蹄螺和珍珠牡蛎。

马尔代夫政府对进口商品实行较严格的检疫检验，重点是对动物进口要求卫生许可证和进口许可。全国所有港口均加强了对入境旅客的监控，并对入境的食品和动物进行不间断的检查。对来自黄热病及疟疾流行地区的货机和客机进行强制消毒。

马尔代夫政府规定，除了游客购买的非商业性数量的个人用品外，所有进口货物都要缴纳关税。根据世界贸易组织网站的信息，2008年实行的对WTO成员的最惠国待遇关税平均税率，马尔代夫平均适用关税率约20%。

哈萨克斯坦

哈萨克斯坦自然人和法人均可从事对外贸易活动。

进出口管理体制

哈萨克斯坦除武器、弹药、药品等11类产品限制进口之外，其余产品均可自由进口，不受配额及许可证限制。哈萨克斯坦对出口实行鼓励政策，除武器、弹药等9类产品需要取得许可证之外，其余商品均可自由出口，但有时也会根据国家的需要，暂时禁止某些商品的出口，如粮食、菜籽油、白糖等。另外，在一定时期内，哈萨克斯坦政府会根据国际和国内市场的变化对部分商品的出口征收出口关税，如原油、某些动物皮毛以及废旧金属等。这种出口关税的税率依据国际市场行情的变化随时调整，如原油出口关税。

2008年6月，哈萨克斯坦政府公布了《关于批准实施进出口商品许可制度、包括出口商品管制和进口自动许可证商品清单》。纳入许可证管理清单的主要商品有：武器及军工产品及服务，火药及爆炸物，稀有金属、贵重金属，核原料、工艺、设备、装置及 α、β、γ 放射源，植物源性及动物源性制药原料，有毒物质，侦查专用技术设备及物品，医用透视装置，密码保护的资料及文件，鸦片原料，白磷，白节油，杀虫剂，工业废料，酒精半成品，乙醇，麦芽制啤酒，白酒，葡萄酒，白兰地，兽角，以及2008年2月5日第104号政府令中列明的出口监管清单中的商品。

进出口商品检验检疫

进口商品预检的项目有：商品质量和数量；出口市场价格；海关课税价值；海关分类；与海关以往获得的综合资料进行比较分析。属于预检商品的最小价值为3000美元。

不属于预检的商品有：（1）商品总值小于3000美元；（2）由以下国家进口的商品：亚美尼亚、阿塞拜疆、白俄罗斯、格鲁吉亚、吉尔吉斯斯坦、摩尔多瓦、俄罗斯、塔吉克斯坦、土库曼斯坦、乌克兰、乌兹别克斯坦；（3）贵重宝石和贵金属；（4）艺术品；（5）爆炸物；（6）炸药、武器；（7）活畜；（8）现期报刊、杂志；（9）生活用品和私人物品；（10）包裹、商业样品；（11）礼品：准备赠送的礼品，或者从国外得到的礼品以及国际组织给慈善机构赠送的礼品；（12）赠送给外国代表团、专家代表团以及联合国组织的礼品或物品；（13）核材料、核技术工艺。

在买方与卖方签字的合同中写入关于需要进行预检的标准条款。（1）填报进口预检通知单。进口预检通知单由进口者填写并申报提呈给公司供货方所在国家的代表处。进口预检通知单中填写的项目：供货方、进口方、供货国、货物清单、关于账号和单证等有关资料检验结果报告单的接收单位、海关优惠、是否由海关支付费用等。（2）提供检验结果报告单。当向在阿拉木图的办事处提交了最终的全部单证及海关必须的手续后，向进口方提供检验结果报告单。当进口方需要证实商品是同一产地的情况下，需出具商品产地证。（3）检验要求铅封。满载的集装箱，应该尽可能有永久性铅封。（4）禁止的物品、商品。炸药、武器，麻醉品及治疗精神病的药品等，规定不准进、出口的出版物，其中包括淫秽品。

海关管理制度

2010年1月1日起，俄白哈三国实行统一的海关关税税率；2010年7月1日起，实施统一的《关税同盟海关法典》。2016年开始，欧亚经济联盟成员国施行新的《欧亚经济联盟海关法典》。此外，在哈萨克斯坦还根据《关税同盟海关法典》规定实施《哈萨克斯坦共和国海关事务法典》。根据俄白哈亚四国达成的协议，进口关税按照如下比例分配：俄罗斯占86.97%（先前为88%）、白俄罗斯占4.65%（先前为4.7%）、哈萨克斯坦占7.25%（先前占7.3%）、亚美尼亚占1.13%。

海关税费由欧亚经济联盟统一制定。在此之前,俄白哈关税同盟规定:统一进口税率以俄罗斯的现行税率为蓝本,只有约18%的商品税率略有调整,上调了350种,下调了1500种。谈判初期,哈萨克斯坦、俄罗斯税率的重合度仅为36%,哈萨克斯坦为此上调了5044种商品的进口税率,占进口商品总量的32%。为保护本国生产企业的利益,哈要求分阶段与统一税率接轨,并为400多种商品申请了"过渡期"。除"过渡期"以外,哈萨克斯坦还争取到一项权利:凡用于外资对哈投资项目的进口机械设备和原、辅料一律免进口关税。

其他海关税费(海关手续费等):由哈萨克斯坦政府自行审定。进口增值税和消费税由税务机关征缴。增值税税率不搞一刀切,由各国自行决定。目前,俄白哈亚吉五国增值税率分别为:俄罗斯18%,白俄罗斯20%,哈萨克斯坦12%,亚美尼亚20%,吉尔吉斯斯坦12%。消费税率根据不同商品、按各国现有规定征收,将来是否统一还待研究。

对出口企业,增值税、消费税实行先征后退。进口一方自成员国进口时,向本国政府缴纳"两税",出口商凭出口单据向本国政府申请退税。

关税同盟框架内的保障措施、反补贴与反倾销措施正在完善中。俄白哈三国从2010年1月1日起实施统一的进口关税税率,但个别商品除外。欧亚经济联盟取代关税同盟后,进口商品关税税率的制定也由欧亚经济委员会负责。由于俄罗斯需兑现加入世界贸易组织的相关承诺,自2016年9月1日起,欧亚经济联盟针对1780种商品(其中包括:纸张、地毯、家具、糖果、鞋类、工业冷藏设备、建材、鱼类、干果等)下调进口关税,从而使平均进口关税税率下降1%~2%。

适用免税的特别规定主要有:(1)用于人道援助和慈善目的的进口商品免征增值税。根据2008年12月23日公布的政府令,自2009年1月1日起,凡其他国家、政府和国际组织提供的用于人道援助和慈善目的的进口商品,包括提供的技术援助,一概免征增值税,但应征消费税的商品除外。(2)用其他国家、政府和国际组织提供的资金购买的进口商品也免除增值税,生产货币的进口原料亦免增值税。(3)进口药品和医疗用品免征增值税。免征增值税的医药用品包括:药品,医疗(兽医)用品,包括修复整形用品、聋哑盲人器械和医疗(兽医)器械;用于生产各类医药用品的材料、设备和配套设施,包括药、医疗(兽医)用品和器械。

吉尔吉斯斯坦

吉尔吉斯斯坦对进出口商品实行许可证管理，并对部分进口商品实行配额制度。

进出口管理

吉尔吉斯斯坦实行进口许可证管理的商品主要包括：（1）密码设备及其备件，以及密码程序软件。（2）武器和军事装备，用于武器生产专用配套产品，军事技术合作领域工程和服务（涉及商品名录由吉尔吉斯斯坦国防部另行规定）。（3）防止战争毒害物质的设备及其配件（涉及商品名录由吉国防部另行规定）。（4）军服及其标志（涉及商品名录由吉国防部另行规定）。（5）军用产品的技术规范文件，包括设计文件和使用说明（涉及商品名录由吉国防部另行规定）。（6）火药、爆破物、引爆物和烟花制造设备。（7）核材料、核技术、核武器及装备、特种非核材料、放射源及放射性废料。（8）可能被用于制造大规模杀伤武器的民用材料、设备和技术。（9）可能被用于制造武器和军用设备的部分原料、材料、设备和技术。（10）贵金属、贵金属合金及其制品；贵金属镀膜材料及其制品；矿石；精矿粉；边角材料和废料。（11）贵重天然石材及其制品；贵重天然石和再生材料及其制品。（12）毒品和精神药物，导致麻醉的物品。（13）剧毒物。（14）危险废料。（15）药品。（16）公务用或民用武器。（17）烟草。（18）酒精及酒精制品。（19）破坏臭氧层的物质及含有该物质成分的产品。

吉尔吉斯斯坦实行出口许可证管理的商品包括以上名录中第1~14项和第16项，以及活牲畜、植物类的制药原料、战争物资、弹药、有色金属边角料和废料。

吉尔吉斯斯坦对用于生产酒精制品的乙醇酒精的生产和采购（包括该类产品的进口）实行配额制度。吉尔吉斯斯坦农业、水利和加工工业部负责配额数量的制订、分配和监督。申请使用配额的企业必须具备经营酒精制品业务的许可证。

进出口商品检验检疫

吉尔吉斯斯坦对进出口商品实行原产地规则，主要法律依据是1998年8月27日修改后的《吉尔吉斯斯坦共和国海关法》中关于商品原产地的有关章节（第180~188条）。吉尔吉斯斯坦共和国工商会是吉尔吉斯斯坦政府授权的负责发放和确认原产地证的主管机构。

根据吉尔吉斯斯坦政府2002年9月19日批准生效的《关于对进口商品安全指标进行监督的决定》，部分商品在进入吉尔吉斯斯坦境内时应接受强制性安全检验。该文件规定：安全检验应由吉尔吉斯斯坦政府指定的监管机构或地方商检部门进行。商检实行"一站式"服务，对同一批商品只能由一个机构进行一次检验。检验工作一般应在5个工作日内完成。有管辖权的州（市）对同一种商品有一个以上商检机构时，接受商检的进口商有权选择其中一家作为实施检验的机构。对进口商品的监督检验应按吉尔吉斯斯坦政府规定标准收费。对投资项下进口并具有国际认证（包括ISO 9000标准证书）的设备、配件、建材等商品，证书核对工作应在2~3个工作日内完成，不收取费用。

如受验商品不符合安全标准，指定监管机构或商检部门应向进口商发放禁止在吉尔吉斯斯坦境内销售该商品的命令并负责通知海关，同时协助海关提出对该商品的处置意见（转口、再加工或销毁）。

不超过海关规定数额的自然人携带入境的自用物品，办公设备，广告用品，以及"临时进口"项下入境的展品（不包括广播器材）均不必接受强制性安全检验。

截至目前，中国和吉尔吉斯斯坦国家检验检疫部门之间尚未达成相互承认商检证书的双边协议。

海关管理规章制度

吉尔吉斯斯坦海关总署隶属吉尔吉斯斯坦政府。下设15个海关：除全国7州和比什凯克市设有海关外（楚河州辖区内有托克马克和卡拉巴尔达两个海关），玛纳斯国际机场和比什凯克自由经济区也分别设有海关机构，此外还有"南方海关""北方海关""动力海关"和"北方铁路海关"。中、吉边境的两个陆路公路口岸——吐尔尕特口岸和伊尔克什坦口岸，分别位于纳伦海关和奥什海关辖区。

海关征收的税费包括：

（1）海关手续费：报关货值的0.15%，进出口商品均须缴纳。

（2）进口关税：按计算方法分为从价税、特种税和混合税三种。

（3）消费税：仅涉及汽油、柴油、烟、酒、贵重饰物等部分商品的进口。税率按每年公布的"消费税税则"执行。

（4）增值税：12%。计算方法为：（报关货值+关税）×20%。缴纳消费税的进口商品无须缴纳增值税。

除上述4个主要税种外，根据有关规定吉尔吉斯斯坦海关还有权征收：

（1）自然人统一关税，主要针对从事"旅游购物"贸易的个体商人，一般以整车为单位计算应纳税额。

（2）货物保管费。

（3）海关押运费。

（4）违反海关规定罚款。

（5）办理知识产权证明手续费。

（6）银行或其他信贷机构在吉尔吉斯斯坦海关总署登记手续费。

根据吉尔吉斯斯坦现行法律规定，出口退税涉及以下两种情况：来料加工产品的复出口（利用进口原料在吉尔吉斯斯坦境内加工后复出口的商品）凭在海关监管部门办理的许可证（办理一次有效期1年）可享受退还原料进口时缴纳的关税和增值税的待遇。利用在本地采购的原材料加工的出口商品，出口时不分商品种类均可享受退还增值税的待遇。

吉尔吉斯斯坦对包括中国在内的WTO所有成员，以及与吉尔吉斯斯坦达成有关双边协议的国家给予贸易最惠国待遇；对于产自未与吉尔吉斯斯坦达成相互给予最惠国待遇国家的商品，或未明确原产地的商品，实行加倍征收进口关税的规定；对税则规定为零关税的商品则增收10%的进口关税。吉尔吉斯斯坦对欧亚经济联盟（前"海关同盟"）其他成员实行特殊的关税优惠，即对原产地为该组织成员国的进口商品免征海关税；增值税实行目的地征收制度。2016年1月起，欧盟给予吉尔吉斯斯坦普惠制待遇。2018年1月1日，欧亚经济联盟海关法典生效，新的法典生效后，联盟内成员国间通关手续简化，通关条件放宽，通关成本降低。

塔吉克斯坦

塔吉克斯坦独立后，取消了原垄断性的外贸管理体制，实行较为宽松的对外贸易政策，企业法人、自然人都可从事进出口贸易，一般商品均放开经营。

进出口管理

目前塔吉克斯坦受许可证、配额限制的商品如下：

出口商品：金、铝、棉花、烟草、皮革；贵重和半贵重金属、合金及其制品；贵重金属的矿石、精矿砂、残料和废料；稀有金属、生产合金用的稀土原料、合成物及制品；《红皮书》中列举的野生动物和鸟类。

进口商品：小麦、面粉、铝矾土、石油类产品；农业经济作物、观赏性草本植物（包括种子）及蚕种；有毒物、植物保护化学物品、化肥；药品及医疗技术用品；无线电电子器材及高频装置。

限制进出口的商品：铀及其他放射性物质，及其物质制成品、工艺、仪器、设备和装置，放射性辐射源，包括放射性废料；火药，爆炸物及其残料；麻醉品，毒药；军备、军用生产配套设备，军工技术合作领域的服务；公务用和民用武器；军装及其标志物；军用防毒用品及其零配件和附属品；密码用品（包括密码技术、零件及密码系统），密码用品的技术标准资料；宝石及半宝石；矿物学及古生物学方面的收藏材料；艺术作品，有明显的艺术、历史、科学或文化价值的收藏品和古董；有关塔吉克斯坦境内地下资源分布、燃料、电力及其自然资源的产地和区域方面的信息（包括示意图、地图和图纸）；酒精及含酒精制品；烟草及其制品。

进出口商品检验检疫

塔吉克斯坦主管动植物检疫的部门是塔吉克斯坦农业部动植物检验、检疫管理局。

1. 动物检疫

进出口动物产品必须提前30天提交有关进口产品的书面申请。申请内容包括：单位名称、法定地址、纳税号码；商品名称、数量、单位、目的、口岸；对方有关检疫证书、运输方式、通关地点；商品性质、进口国家；商品质量动植物保证书；进口监督检验证明（拒绝进口证明）。拒绝进口的原因包括：商品进口国有疫情发生，商品受到生物或化学污染及无法提供全部信息证明的商品。进出口活牲畜应提前60天提交有关申请（申请内容与进口动物产品相同），国家检疫局派检疫专家对动物进行全面检疫。进口商的责任包括：遵守检疫法的要求，进口动物产品一定要经过国家检疫；生产和加工进出口产品的企业必须是国家检疫局认可的企业；进口商将负责所有检疫的费用。

2. 植物检疫

种子、植物、植物加工的进出口产品必须办理植物检疫证书。每一批进口的商品，必须要有相应的文件：（1）植物检疫部门允许进口的检疫证书。

（2）商品产地国家的产品质检、检疫证书。进口商须提前30天提交申请书，提供有关商品的全部信息，为质检服务付费，检疫证书的有效期为3个月。出口商在出口商品时必须提前30天向植物检疫部门提交正式申请及有关商品的全部信息，包括：合同复印件、数量、装运地点、发运目的地等，提前15天提交样品备检，为质检服务交费。

海关管理规章制度

根据《塔吉克斯坦共和国关税法》规定，通过下列方法确定进口至塔吉克斯坦境内商品的课税价值：进口商品的合同价格；类似商品的合同价格；同种商品的合同价格；价值的扣除；价值的增加；备用方法。其税率按种类的不同分别征收0%、2.5%、5%、7%、10%和15%的关税（征收2.5%、7%的关税为个别情况）。

为鼓励外国投资，外资企业存在以下两种情况免缴关税：（1）作为外资企业注册资本或进行现有生产技术改造而进口的，根据企业注册文件直接用于生产产品或完成工作或提供服务的，并且不属于应缴消费税产品的生产技术设备和与之配套的产品（自然形成一套，即在没有该配套产品的情况下设备无法使用）。（2）在外国投资企业工作的外籍工作人员为了满足个人直接需要而进口的商品。

免征关税的商品：（1）进口自欧亚经济共同体成员国（俄罗斯联邦、哈萨克斯坦、白俄罗斯、吉尔吉斯斯坦和塔吉克斯坦）的商品。（2）进口自较不发达国家的商品（塔吉克斯坦政府于2003年10月25日通过的第450号《关于塔吉克斯坦共和国关税税率》决议确定了较不发达国家的名单）。

塔吉克斯坦海关报关程序并不复杂，当进口货物到货后，由进口公司根据进口单据填写"进口货物报关单"，并随附发票、提单等单据，向海关申报。货、证经海关查验无误，缴纳相应的关税后即放行。根据塔吉克斯坦1996年2月24日第424号《关于外汇及出口贸易的自由化，以及保障完全回收外汇收入的总统令》规定，取消出口关税。

乌兹别克斯坦

自获得独立之时起，乌兹别克斯坦政府实行有计划的贸易自由化政策。1998年1月1日生效的《关税税率法》规定采取从价关税、从量关税、组合关税3种税率。按照世贸组织的分级标准，乌兹别克斯坦的税率制度可归入"开放"类（加权平均税率低于10%）。根据乌兹别克斯坦《关税税率法》规定，对于与乌兹别克斯坦签订最惠国待遇协定的国家的进口商品关税税率的最高水平由法律确定，对于未与乌兹别克斯坦签订最惠国待遇协定的国家的进口商品或无出产国的进口商品，进口关税税率增加一倍。乌兹别克斯坦与45个国家签订了最惠国待遇协定。

乌兹别克斯坦与白俄罗斯、格鲁吉亚、哈萨克斯坦、吉尔吉斯斯坦、摩尔多瓦、俄罗斯、土库曼斯坦（按照双边协议相互商定清单的商品）、乌克兰、塔吉克斯坦、阿塞拜疆签订了《关于设立自由贸易区的协议》，对产于这些国家的进口商品不征收进口关税。

乌兹别克斯坦不采用世贸组织的特惠税率体制。

进出口管理

1997年10月10日第 У П–1871号乌兹别克斯坦总统令第5号附件规定了禁止进口到乌兹别克斯坦共和国的商品清单。其中有用于：①破坏国家及社会秩序；②破坏国家领域完整、政治独立及国家主权；③宣传战争、恐怖主义、暴力；④民族特殊性；⑤宗教仇恨、种族主义及其各种变体（反犹太主义、法西斯主义），还包括含有色情内容的印刷品、手稿、印版、图画、照片、胶卷、底片、电影、电视及音频产品、录音唱片、声音材料。1998年5月15日乌兹别克斯坦第213号内阁决议禁止乙醇进口或过境乌兹别克斯坦。

乌兹别克斯坦不采用进口配额。但是，按照《蒙特利尔破坏臭氧层物质议定书》，自1987年乌兹别克斯坦确定2005～2030年期间破坏臭氧层物质进入乌兹别克斯坦需要配额。同时，根据乌兹别克斯坦《对外经济活动法》，乌兹别克斯坦内阁可对个别种类进出口商品确定数量限制（配额）。配额通过招标方式分配，个别种类商品进出口应获得许可证及配额。许可证及配额分配程序由乌兹别克斯坦内阁确定。

其他进口限制措施：2017年以来，乌国际收支进一步恶化，为减少进口节约外汇资源，乌总统要求各级官员切实履行职责，加大力度推动工业生产本土化进程，对本国可以生产的产品、材料等不允许进口，如出现进口已实现本土化生产的产品和材料的行为，将严肃问责，问题严重的就地免职。

出口许可制度：根据乌兹别克斯坦总统令，商品（工程及服务）出口许可制自1997年11月1日起废止，特殊商品（军备及军事技术、生产武器装备的专门配套制品；贵重金属、合金及其制品、矿石、精矿、贵重金属废料及副产品、天然宝石及其制品、天然宝石副产品、粉末及利废装置、珍珠及其制品、琥珀及其制品；铀及其他放射性物质、铀及其他放射性物质制品、放射性物质副产品；放射性物质使用仪器及设备）除外。上述商品的出口合同须先在乌兹别克斯坦外贸部登记。

乌兹别克斯坦内阁1998年3月31日第137号决议列出了特殊商品（工程及服务）清单，所列商品须具有乌兹别克斯坦主管机关发放的许可才可实施进出口。

禁止出口制度：乌兹别克斯坦总统1997年10月10日批准禁止出口清单，后进行了数次修改，根据2015年8月24日总统令，目前乌兹别克斯坦禁止出口的商品有：小麦、黑麦、大麦、燕麦、荞麦、水稻、玉米、荞麦；面包类食品（除糕点、饼干、点心、面包干和自产油炸类食品外）、面粉、谷粒、牲畜、家禽及其内脏、肉类食品和肉副食产品、糖；具有一定的艺术、历史、科学和其他文化价值的文物；植物油、制革原料、毛皮原料（含卡拉库里羊羔皮）、废金属和有色金属废料、缫丝用天然蚕茧、丝绸原料、丝绸废料、聚乙烯废料和边料。2017年1月，乌兹别克斯坦总统签署命令，取消了包括谷物、肉类、奶制品、糖、植物油、皮革和丝绸原料等在内的一些产品的出口禁令。

进出口商品检验检疫

根据乌兹别克斯坦《产品及服务品质检验法》，乌兹别克斯坦标准化、计量及认证署（简称"乌兹别克斯坦标准化署"）是乌兹别克斯坦国家标准化、计量和认证管理机关，实施国家产品抽查和质量检验制度，实施认证制度，推行管理体系认证。代表国家参加相应的国际组织。乌兹别克斯坦强制检验商品清单包含61个大类商品，主要为民生产品，如肉、鱼、蔬菜等。

在签订向乌兹别克斯坦提供被列入强制检验的商品合同中，应具备证明该产品符合"乌兹别克斯坦标准化署"公布或承认的条件的产品品质合格证及合格标志。

依据乌兹别克斯坦内阁决议，对货值超过1万美元的下列商品：肉及肉类副产品、奶制品、油料籽及果实、含酒精及不含酒精饮料、烟草制品、部分设备及机械装置、电机及设备在实施强制卸货前检验的条件下予以办理海关手续，除非法律另有规定。卸货前检验不适用于下列情况：（1）合同总值不超过1万美元的商品供货；（2）按照乌兹别克斯坦外贸部发放的许可证实施的特殊商品的进口货物。

海关管理规章制度

根据乌兹别克斯坦1998年1月1日起实施的《关税法》，乌兹别克斯坦实行进口、出口、季节及特别（特别、倾销及补偿）四种税种。进口商品关税分为三种：从价税、从量税及复合关税。根据乌总统2009年8月5日№ПП–1169号决议，乌兹别克斯坦2009年9月1日起实施新的进口关税税率，平均税率约14.81%。2009年10月1日起调整纺织品进口关税。对97种商品分别征收0%、5%、10%及30%四种税率关税。对进口用于经营发展畜牧业育种的商品免征进口税（海关手续费除外）。根据乌兹别克斯坦总统米尔济约耶夫2017年4月签署的命令，乌再次对税率进行调整，5吨以下汽车进口税率由70%调整至30%，葵花籽油（海关税码1512–11）综合税率自20%降至10%，面粉类产品（海关税码1101）进口消费税自11%降至5%，罐装蔬菜产品（海关税码2005）自50%降至10%，果蔬汁类产品自70%降至30%（降税前每升征税低于1美元和降税后每升征税低于0.5美元的商品除外），调味添加剂类产品（海关税码2103，番茄酱、酸奶油除外）自70%降至25%。

1. 免征关税规定

根据乌兹别克斯坦《海关关税法》第33章及1998年3月31日政府《关于对外贸易自由化的补充措施》规定，免征关税商品如下：

（1）实施国际物资、行李及旅客运输的运输工具，技术材料、供给和装备物品、燃料、食品及其他用于其在行程中、中转停靠站正常运转所必需的，或在国外由于处理上述运输工具的交通事故而获得的物资。

（2）乌兹别克斯坦货币、外币（不包括用于古钱收藏目的）、合法有价证券。

（3）技术材料供给及装备物品、燃料、食品及其他运出海关区域，用于保障乌兹别克斯坦船舶及乌兹别克斯坦法人及自然人租用（包租）的进行海上捕鱼作业运营的物资，还包括进入乌兹别克斯坦海关区域的渔业产品。

（4）在法律规定的情况下应转入国家财产的商品。

（5）运入或运出海关区域，用于有权在乌兹别克斯坦法律或国际协定基础上免税运入这些物品的外国代表、自然人、官方或个人使用的物品。

（6）运入乌兹别克斯坦关税区域，用于在自然灾害、武装冲突、不幸事件或事故情况下作为人道主义援助及无偿技术援助而提供的商品，包括一些国家、政府及国际组织以慈善目的运入的商品。

（7）为义务教学、学前及治疗机构提供的教学参考书。

（8）处于海关监管之下经过关税区且用于转运到第三国的商品。

（9）自然人遵照《海关法》携带经过口岸且不用于生产或其他商业目的的商品。

（10）商品产自并来自与乌兹别克斯坦实行自由贸易制度的国家。

（11）根据以乌兹别克斯坦政府名义或在其担保之下签订的政府间协议及贷款协议提供的商品。

（12）注册资金占股不少于33%的外国投资者运入乌兹别克斯坦生产自用所需财产，期限自国家注册之日起不超过2年。

（13）居留在乌兹别克斯坦的外国投资者及外国公民根据与乌兹别克斯坦签订的劳动合同运入的自用财产。

（14）向乌兹别克斯坦经济领域实施直接投资逾5000万美元的外国法人运入的商品，条件是自主生产的产品。

（15）用于按照产品分成协议进行作业，并根据外国投资者或其他按照产品分成协议参与实施工程人员的规划书运入乌兹别克斯坦的商品、工程及服务，及按照产品分成协议运出属于投资者的产品。

（16）广告和推介用商品。

（17）供货合同中规定的、依法批准的运入乌兹别克斯坦境内的技术工艺设备、成套设备和配件，但上述商品如3年内被销售或出口，则中止优惠政策并征收自获得优惠之日起应缴关税。

（18）经授权机关书面批准，由通讯运营商或运营—搜索系统工具专门鉴定机构购入的运营—搜索系统技术工具。如合同有规定，优惠政策可适用于成套设备和配件。

海关手续费数额由乌兹别克斯坦内阁确定，以乌兹别克斯坦货币苏姆计征，自由关税区和仓库除外。海关手续费征收对象：办理商品和运输工具通关，包括非商业目的、未随身托运行李中装运的、国际邮寄的商品和货物；在非指定地点和规定时间办理海关手续；存放或暂时存放属于海关机关的商品和运输工具；随商品实施海关监督。

2. 进口免除增值税规定

根据2007年12月25日《关于批准乌兹别克斯坦共和国税法》的法律文

件，2008年1月1日起，乌兹别克斯坦实施新税法。根据2013年12月25日乌兹别克斯坦总统第№ПП–2099号决议，乌兹别克斯坦增值税税率为商品（工程、服务）的20%。根据税法第211条款规定，下列商品进口时免除增值税：

（1）自然人携带入境商品，未超出法律规定的免税限额的。

（2）外交机构和具同等地位的代表处正式使用商品，上述机构的外交官、行政技术人员及随居家属个人用商品。

（3）按照乌兹别克斯坦政府规定程序运入的用于人道主义援助的商品；由其他国家、国外政府、国际组织提供的用于慈善目的的商品。

（4）依据乌兹别克斯坦政府对外签署的国际协定，由法人组织通过向国际和国外政府的金融机构借贷运入的商品，包括援助商品。

（5）依据乌兹别克斯坦批准清单进口的医疗（兽医）药剂和药品及用于生产医疗（兽医）药剂和药品的原料。该优惠政策不适用于乌兹别克斯坦政府批准清单所列乌兹别克斯坦国内已有生产的成品药剂。

（6）供货合同中规定的、依法批准的运入乌兹别克斯坦境内的技术工艺设备、成套设备和配件。但上述商品如3年内被销售或出口，则中止优惠政策并征收自获得优惠之日起的增值税。

（7）依据与乌兹别克斯坦授权国有资产管理机关签署的合同，为完成投资义务而运入的财产。

（8）经授权机关书面批准，由通讯运营商或运营—搜索系统工具专门鉴定机构购入的运营—搜索系统技术工具。

（9）由外国投资企业输入的、专门用于自产童鞋产品生产的原料、材料和半成品。

（10）依法律批准清单输入的木材、原木。

依据税法第235章规定，应缴消费税商品清单和税率由乌兹别克斯坦总统批准。2013年12月25日，乌兹别克斯坦总统批准应缴消费税的进口国和生产商品清单。进口商品消费税应在海关通关手续办理前或办理期间缴纳。依据乌兹别克斯坦《关税法》24～31章规定，乌兹别克斯坦原产地规则整体符合世界贸易组织（WTO）关于原产地的规定。原产地为独联体国家的商品，需依据独联体国家政府首脑理事会1993年9月24日批准的关于原产地的确定规则。根据《海关关税法》第12章规定，海关货值是指由申报人依据法定程序和条件向海关申明的商品价格。海关货值用于对从价关税税率、海关手续费和消费税进行综合计价及外贸统计。根据规定，在向海关部门申请办理海关手续时，需提交必要的认证证书、发票、合同及货物报关单。2013年4月1日起，乌兹别克斯坦海关开始要求进口商提供出口国海关出具的商品报关单。

土库曼斯坦

土库曼斯坦对本国产品出口实行计划配额管理，并由国家统一联合经营，即国家根据产品的实际产量和国内需求，确定当年出口计划，并将全部出口产品统一投放国家商品原料交易所进行竞卖，国家商品原料交易所有权对出口产品价格进行管控，若双方签订合同中，出口商品价格低于国家商品原料交易所规定的基准范围，则国家商品原料交易所有权拒绝对合同进行注册。大致操作程序为：交易所竞卖—签订买卖合同—交易所对合同进行注册—买方支付全额预付款—工厂交货（EXW）—货运目的地。

进口方面，土库曼斯坦主要通过关税措施进行管理和调节，同时对烟酒类商品、机动车、化工产品进口实行许可证管理制度。此外，与土库曼斯坦国有企业签订供货合同，同样须经过国家商品原料交易所、财政部等单位的审核、注册。

由土库曼斯坦内阁制定的《动植物检疫规定》要求对各类动植物产品的进出口（含过境）进行检疫检查，包括产品的特征和产地等。具体检查工作由土库曼斯坦国家动物检疫局、植物检疫局和标准局共同负责执行。

土库曼斯坦新版《进出口商品海关征税规定》于2008年8月1日正式生效。该《规定》明确了土进出口商品关税计算和缴纳程序，并以附件形式列出了当地主要商品进出口关税税率。

二 外资法规

(一)投资主管部门

南亚和中亚国家都有负责投资相关事务的一个或多个部门，制定投资政策和发挥管理和服务功能，为外商投资提供必要的信息和服务（见表5-2）。

表5-2 各国外商投资主管部门

国家	投资主管部门
印度	商工部下属的投资促进和政策部：负责相关政策制定和投资促进工作，负责相关政策制定和投资促进工作，下设有产业协助秘书处（SIA）、外国投资执行局（FIIA）、外商投资促进理事会（FIPC）等机构 公司事务部：负责公司注册审批 财政部：负责企业涉税事务和限制类外商投资的审批 储备银行：负责外资办事处、代表处的审批及其外汇管理
巴基斯坦	巴基斯坦投资部是联邦政府负责投资事务的部门，下辖的职能部门投资局（BOI）主要职责包括在投资商与其他政府部门之间发挥联络和纽带作用；建立投资对接数据库，提供投资商所需的必要信息和咨询服务。巴基斯坦投资局在各省均有分支机构
阿富汗	投资高级委员会、阿富汗商工部。投资高级委员会是阿富汗投资政策的最高制定单位，由商工部、财政部、外交部、经济部、矿业部、农业部、中央银行、投资促进局和阿富汗商工会的代表组成，商工部部长任高级投资委员会主席。阿富汗原设有投资促进局（AISA），是在上述高级投资委员会主管下，专门组织和推动所有对阿富汗投资活动并负责为希望在阿富汗投资的投资者办理注册、发放营业执照和排忧解难的"一站式"投资管理和服务机构。投资促进局（AISA）于2016年并入商工部
孟加拉国	孟加拉国出口加工区管理局（Bangladesh Export Processing Zone Authority，BEPZA）负责注册、管理出口加工区内的所有项目 孟加拉国经济区管理局（Bangladesh Eonomic Zone Authority，BEZA）负责注册、管理经济区内的所有项目 孟加拉国小作坊工业公司（Bangladesh Small & Cottage Industries Corporation，BSCIC）负责注册投资3000万塔卡以下的工业项目和注册投资4500万塔卡以下的老项目改造，更换设备或扩大规模 金融机构和商业银行，包括发展基金（Development Fund Institutions，DFI）和国有商业银行（Nationalized Commercial Bank，NCB）负责审批注册他们资助的工业项目 孟加拉国计划委员会（Planning Commission of Bangladesh Government）负责审批孟加拉国公共部门与内外资私营部门合资的公共部门项目（孟加拉国公共部门股比占50%以上） 孟加拉国投资发展局（Bangladesh Investment Development Authority，BIDA）负责审批上述项目以外的其他项目。为了便利投资者投资手续办理，BIDA计划2018年6月开通一站式投资服务窗口，综合办理海关、汇款、注册等多个手续
斯里兰卡	斯里兰卡投资局（BOI）是斯里兰卡政府主管外国投资的部门，其主要职责是负责核查、审批外国投资，并积极促进和推动外国企业或者政府在斯里兰卡投资。斯里兰卡投资局网址：www.investsrilanka.com BOI制定了具体而详尽的税收优惠政策，并通过不同行业、不同产品、不同地区制定不同的优惠政策，以促进并引导行业和地区的健康发展

国家	投资主管部门
尼泊尔	主管国内投资和外国投资的政府部门是尼泊尔工业部的工业局，下设计划处、外国投资处、技术处、工业财产处、计划监督处 工业局主要职责包括： （1）根据情况变化，制定和落实大中型企业的政策和规章 （2）落实外商投资的政策和规章 （3）开展工业投资促进活动，开展相关知识和信息的宣传工作 （4）为符合规定的企业签发许可证，注册大中型企业 （5）根据现行法律、法规和政策，为企业提供服务和鼓励措施 （6）将世界知识产权组织（WIPO）的要求作为工作重点，提供有关工业产权（专利、设计和商标等）方面的服务 （7）使企业了解并采用有关环境标准 （8）为外国投资企业提供数据、信息并及时答复他们的问题 （9）对生产型企业的建立和运营进行监控 （10）为出口印度的生产企业提供发放原产地证明的建议书 （11）根据环境保护法和规定，实施必要的环境影响评估（EIA）和初步环境审查（IEE）
马尔代夫	马尔代夫经济发展部负责审批旅游业以外所有领域的投资；旅游部负责审批旅游业的投资
哈萨克斯坦	哈萨克斯坦投资和发展部是哈投资主管部门，该部设有投资委员会，主要职责是实施国家有关保护、支持和监督投资活动的政策。该委员会负责接受和登记投资者要求提供优惠的申请，决定是否给予其投资优惠，并负责与投资者签署、登记或废止有关提供其投资优惠的合同，并监督有关优惠政策的执行情况
吉尔吉斯斯坦	吉尔吉斯斯坦投资促进保护署是吉尔吉斯斯坦实行投资政策的授权机构。与其他各部、国家管委会与行政机构共同确立吸引国外直接投资的方针与优先方向，判定相关政策
塔吉克斯坦	塔吉克斯坦主管投资的部门为投资和国有资产管理委员会及经贸部外资管理局
乌兹别克斯坦	乌兹别克斯坦主管投资及外国投资的机构主要为国家投资委员会、经济部和财政部。其主要职责如下： 国家投资委员会在全国范围内对国际集团公司、组织、外资企业及其分支机构进行登记 经济部与国际金融及保险机构、出资国进行合作，目的是积极吸引这些机构参与实施对本国具有重大意义的投资项目 财政部对外国投资者在乌兹别克斯坦境内的投资活动进行金融及税务调节，研究建立良好金融环境来吸引外资注入本国经济；参与拟定文件，对本国政府吸引外国贷款进行必需的鉴定，对本国政府获得的外国贷款进账情况进行核算及监督 大型引资项目经上述3个部门审核后，均需要报乌兹别克斯坦总统直属国家项目管理署批准。而私人一般性外国投资项目则全权由乌兹别克斯坦国家投资委员会办理

续表

国家	投资主管部门
土库曼斯坦	根据《土库曼斯坦外国投资法》规定，土库曼斯坦政府内阁和其授权机关——经济和发展部（法人和投资项目国家注册管理局、外资政策局）共同负责协调管理外国对土的投资活动。土库曼斯坦内阁职责包括：制订土国际投资合作政策并监督其落实情况；确定优先引资项目、领域和地区等。经济和发展部职责包括：协调外资领域的活动；建立和管理外商投资项目筹备和实施进度的资料库；组织对外商投资项目进行鉴定和注册；为外国投资者提供市场信息服务及咨询服务等。2017年10月经济和发展部与财政部合并，成立财政经济部，原经济和发展部职责归入财政经济部

注：不丹相关资料暂缺。

（二）投资行业规定

印度

禁止的行业：核能、赌博博彩业、风险基金、雪茄及烟草业。

限制的行业：电信服务业、私人银行业、多品牌零售业、航空服务业、基础设施投资、广播电视转播等。外商投资如超过政府规定投资比例上限，需获得政府有关部门批准。投资于保留给小型企业的经营项目，需获政府批准。为扶植小型企业发展，印度政府自1997年起规定部分产业项目仅供小型企业经营。小型企业的一般定义为用于工厂及机器设备的投资小于5000万卢比的项目。

鼓励的行业：电力（除核电外）、石油炼化产品销售、采矿业、金融中介服务、农产品养殖、电子产品、电脑软硬件、特别经济区开发、贸易、批发、食品加工等。

巴基斯坦

根据巴基斯坦《1976年外国私人投资（促进与保护）法案》《1992年经济改革促进和保护法案》，以及巴基斯坦投资优惠政策规定，巴基斯坦所有经济领域向外资开放，外资同本国投资者享有同等待遇，允许外资拥有100%的股权。在最低投资金额方面，对制造业没有限制，但在非制造业方面，则根据行业不同有最低要求，服务业（含金融、通讯和IT业）最低为15万美元，农业和其他行业为30万美元。

巴基斯坦投资政策规定限制投资的5个领域是：武器、高强炸药、放射性物质、证券印制和造币、酒类生产（工业酒精除外）。此外，由于巴基斯坦是伊斯兰国家，外国企业不得在当地从事夜总会、歌舞厅、电影院、按摩、洗浴等娱乐休闲业。

阿富汗

外资禁止投资的行业有核能、赌博、色情、毒品和制酒业。外资限制性投资行业有：生产和销售武器及爆炸物、非银行金融活动、保险业、自然资源开采、基础设施建设（包括电力、水利、污水处理、机场、通讯、健康和教育设施等）。

孟加拉国

孟加拉国关于外商投资领域的政策非常开放，只有武器、军火、军用设施和机械；核能；造币；森林保护区内的森林种植及机械化开采等四个行业为保留领域，不允许外国企业投资。其他所有行业则都属于孟政府鼓励投资的领域。不过，孟政府对外商在银行、保险及其他金融机构行业投资采取限制措施。外国投资相关的法律法规主要有《1980出口加工区法案》《1980外国私人投资（保护和促进）法案》《1989投资委员会法案》《1996私营出口加工区法案》《2010经济园区法案》和《2015公私合营法案》。

禁止的行业：根据2010年工业政策法令，禁止投资的领域包括：枪、弹药及国防机械设备；在森林保护区内的森林种植及机械化开采；核能源生产；有价证券（钞票）的印刷和铸造。

限制投资领域：出于环境保护、公众健康，以及国家利益的考虑，孟加拉国政府可根据实际情况确定某些领域为限制领域。目前，限制领域包括：深海捕鱼；银行/金融机构私营业务；保险公司私营业务；私营领域电力生产、供应和传输；天然气、油、煤、矿产的勘探、开采和供应；大规模项目（如高速公路、单轨铁路、经济区、内陆集装箱装卸站/货运站）；原油精炼；用天然气和其他矿产为原料的中大型工业；通信服务；卫星频道；客运/货运；海滨船运；海港/深海港；VOIP/IP电话等。

鼓励的行业：除了上述禁止投资的领域，外国公司或个人均可在国民经济各领域进行投资。在互利的基础上，投资方式可以选择独资，也可以选择合资。孟加拉国政府鼓励外国投资的领域包括：基础农业和农产品加工业；人力资源出口业；造船业；可再生能源业（太阳能、风能）；旅游业；基础化工业；成衣业；草药；黄麻及黄麻制品；皮革及制品；医院和医疗；轻工业；塑胶业；家具业；手工制品；节能产品；冷冻渔业；茶业；家纺；制陶业；珠宝业；玩具业；集装箱服务；仓储业；创新和进口替代品业；化妆品业等。

斯里兰卡

斯里兰卡现行法律中涉及外国投资的主要包括：《斯里兰卡投资管理委员会法案》（1978年第4号）及其修订条款和细则；《公司法》（2007年第7号）；《交易管制法令》（1953年第24号）及其修订条款和细则；《战略开发项目法》（2008年第14号）及其修订条款；《金融法》（2012年第12号）的第四部分（商业枢纽运营细则）等。《斯里兰卡宪法》也规定私人和外国投资不容侵犯，其157条规定：（1）保护外国投资不被国有化；（2）必要时可对外国投资实施国有化，但将给予及时和足额的赔偿；（3）确保投资和利润的自由汇出；（4）可通过《国际投资纠纷解决公约》（ICSID）处理争端。其他涉及投资事务的法律有1987年证券交易法（2003年最新修订），1995年收购兼并法（2003年最新修订）。

其中，《斯里兰卡投资管理委员会法案》（BOI Act）是监管外国投资的主要法律，历经1980、1983和1992年的修改而成。2016年，BOI给予外国投资者的优惠政策仍沿用Section16和Section17法案。依据Section 16，BOI对外国投资者给予准入许可。该法案对外国投资者的要求为投资金额25万美元，投资者可独资或与当地企业合资开展业务。从事贸易的外国投资者，则需要汇入至少100万美元的资金。依据Section 17，BOI可与外国投资企业签署相关协议并给予财务相关的减免优惠。

2015年12月，斯里兰卡政府对吸引外商投资的政策进行了调整，对外商投资给予的税收优惠由BOI根据投资类型、规模和行业确定，但最终须获得斯里兰卡财政部的批复；2017年沿袭了该审批流程。

斯里兰卡针对不同的投资领域有不同的投资限制。除个别领域不允许外资进入外，大多领域对外资开放。对外资的限制分为禁止进入、有条件进入以及许可进入领域。

（1）禁止进入领域：军事装备行业、典当业，投资低于100万美元的零售业，近海渔业等。

（2）外资占比需超40%，BOI视情批准的领域：生产受外国配额限制的出口产品，茶叶、橡胶、椰子、可可、水稻、糖及香料的种植和初级加工，不可再生资源的开采和加工，使用当地木材的木材加工业，深海渔业，大众传媒，教育，货运，旅游社以及船务代理等。

（3）视外国投资金额，BOI或其他政府部门视情批准的领域：航空运输，沿海船运，军工、生化制品及造币等敏感行业，大规模机械开采宝石和博彩业。

（4）吸引外资的重点领域：旅游业和娱乐业，公路、桥梁、港口、电力、通讯、供排水等基础设施建设，信息技术产业，纺织业，农业和畜牧业，进口替代产业和出口导向型产业等。

（5）外国公司或者个人不能拥有永久产权的土地或者四层以下的公寓（层数从住宅楼层起始层算起）。外国公司和个人可以拥有99年租赁权的土地。

尼泊尔

根据尼泊尔工业局2005年6月发布的《外国在尼泊尔投资程序》，除个别规定行业外，外国投资者可在任何行业投资和技术转让；外国投资者可在大中小规模企业拥有100%股份；外国投资需获批准。2015年3月，尼泊尔内阁签署新的产业政策，提出5个优先和鼓励发展的领域：水电领域、交通领域的基础设施建设、农基领域（如灌溉等民生项目、食品、草药加工）、旅游和矿业。同时减少不对外国投资开放的行业数量，开放新的领域。

1. 不对外国投资开放的行业（"限制清单"）：

（1）家庭手工业（除用电超过5兆瓦以外）；

（2）个人服务业（比如理发店、美容院、制衣、驾驶培训等）；

（3）武器和弹药行业；

（4）火药和炸药；

（5）与放射性材料有关行业；

（6）房地产（指的是买卖房产，不包括建筑开发商）；

（7）电影业（国语和其他国家认可的语言）；

（8）安全印刷；

（9）银行纸币和硬币业；

（10）零售行业（不包括至少在两个国家有经营业务的国际连锁零售企业）；

（11）烟草（不包括90%以上出口的烟草公司）；

（12）国内快递业务；

（13）原子能；

（14）家禽；

（15）渔业；

（16）养蜂业；

（17）咨询服务，如管理、会计、工程、法律事务所（最多允许51%外国投资）；

（18）美容业；

（19）食品加工（租赁形式）；

（20）本地餐饮服务；

（21）乡村旅游。

2. 尼泊尔不对外开放的家庭手工业的范围：手摇纺织机、脚踏织布机、半自动织布机、纺线机、印染、裁缝（成衣除外）、针织、手工针织绒毛毯、羊毛地毯、围巾、羊绒外衣、木工、木制艺术品、藤条竹子手工制品、天然纤维制品、手工造纸和以此为材料的制品、黄金、金银铜和宝石为材料的饰品、雕刻和陶器、蜂蜜、豆类加工、粘土和陶器制品、皮革加工、皮革制品生产、种植黄麻、棉线产品、羊或牛角制品、石头雕刻、陶器艺术制品、小型服装销售店、熏香制品、洋娃娃和20万卢比以下固定资产的玩具厂（不含土地和建筑）。

除特别指定的以外，上述家庭手工业中的电动机、柴油或汽油发电机不得超过5千瓦。电动织布机不包括在家庭手工业中。机械化的羊毛纺纱和羊绒地毯织造必须经过批准。

3. 首都加德满都市区开放的行业：

（1）旅游业。包括旅游代理、徒步旅行代理、酒店和餐馆。

（2）生产型工业。除肉类以外的食品加工，机械设备价值在200万卢比以上；电子装配；蜡烛生产，机械设备价值10万卢比以上；文具（纸造文具）生产，机械设备价值10万卢比以上；不使用带锯的木制家具生产，机械设备价值5万卢比以上；人造革包生产，机械设备价值10万卢比以上；草药加工，机械设备价值5万卢比以上。

（3）建筑业桥梁、写字楼、商务楼和汽车修理厂建筑。

4. 不可设在加德满都市区的行业：大中型化工实验室；机械设备价值

在20万卢比以上的车间；钢管/板切割企业；除茶叶、盐、糖等的再包装业；洗染厂和织物印花企业；冷库；化肥厂；水泥厂；大中型炼铁、炼钢和铸造厂；非小型手工和传统方式的纸浆和造纸厂；苏打化工企业；汽油和柴油炼油厂；印染工业；酸性化工企业；发酵和蒸馏工业；大中电镀工业；糖厂；橡胶加工厂；大中油漆工业；漂白工业。

5. 不可设在任何城市的行业：以石头为主要原材料的有关工业。

在对外国人开放的领域内，外国人可以拥有100%的企业股权。不对外国人开放的领域，近年逐渐松动，例如贸易、批发、货运、旅游、渔业、管理和工程咨询等企业，出现了合资合作经营的情况，外方股权没有限制，但企业法人必须是尼泊尔公民。

马尔代夫

马尔代夫外国投资法规未对外资不允许进入的行业作出规定，行业管理鼓励利用当地劳动力或者当地无法生产或利用外国先进技术和资源的投资项目。可允许行业投资如下：财务顾问业务，审计业务，保险业务，水上体育活动，商业潜水（海上救助），国内航空运输，航空公司的餐饮服务，大鱼拖钓船，技术支持服务（影印机、电梯、ATM机），服装制造，水生产、装瓶、配送，公共关系咨询、社论、广告和翻译服务，水泥包装和配送，航空公司和水运航线的普通代理商、乘客代理商、货物代理商，温泉经营管理，水处理厂，船，软件开发和相关支持服务，融资租赁服务，水产加工，传统医疗服务，水下摄影摄像产品和明信片，冰块制作，特色餐厅，专业企业评估，航空学校，IT系统综合实现服务。

哈萨克斯坦

哈萨克斯坦于2003年颁布了新的《投资法》，制定了政府对内、外商投资的管理程序和鼓励办法。2015年10月，哈萨克斯坦颁布《企业经营法典》，其中设置专门章节规范国家支持投资的内容，连同《关于国家支持投资实施的若干问题》《关于批准战略性投资项目清单》《关于国家支持投资的若干问题》《投资补贴发放办法》《投资优惠申请接收、登记和审议办法》等文件，构成了当前哈投资领域的法律法规体系。根据规定，哈对外资无特殊优惠，实施内外资一致的原则；鼓励外商向优先发展领域投资，包括农业，林业，捕鱼、养鱼业，食品、纺织品、服装、毛皮、皮革的加工和生产，木材加工及木制品生产，纸浆、纸张、纸板生产，印刷及印刷服务，石油制品生产，化学工业，橡胶和塑料制品生产，其他非金属矿产品生产，冶金工业，金属制成品生产，机器设备生产，办公设备和计算机生产，电力机器设备生产，无线电、电视、通讯器材生产，医用设备、测量工具、光学仪器设备生产，汽车、拖车和半拖车生产，其他运输设备生产，家具生产，电力、天然气、热气和水的生产，水处理，建筑，宾馆和餐饮服务，陆上运输，水运业，航空运输业，教育，卫生和社会服务，休闲、娱乐、文体活动等。总之，鼓励外商投资，大部分行业投资没有限制，但对涉及哈萨克斯坦国家安全的一些行业，哈萨克斯坦有权限制或者禁止投资。哈萨克斯坦特别提倡外商向非资源领域投资。

在部分经济领域中，哈萨克斯坦对外资占比有一定限制。如：

（1）银行业。哈萨克斯坦对外资银行的准入仍有限制性规定，外资银行的资本份额不得超过国内所有银行总资本的25%。

（2）保险业。哈萨克斯坦规定，所有合资非人寿保险公司的总资本份额不得超过哈本国非人寿保险市场总资本的25%；合资人寿保险公司的总资本份额不得超过人寿保险市场总资本的50%。

（3）矿产投资。哈萨克斯坦2005年修改的《矿产法》规定，企业在准备转让矿产开发权或出卖股份时，哈萨克斯坦能源部有权拒绝发放许可证。同时，国家不仅可以优先购买矿产开发企业所转让的开发权或股份，还可以优先购买能对该企业直接或间接做出决策影响的企业所转让的开发权或股份。

（4）土地投资。哈萨克斯坦2003年《土地法典》规定，哈本国公民可以私人拥有农业用地、工业用地、商业用地和住宅用地，但是外国自然人和法人只能租用土地，并且有年限限制。

吉尔吉斯斯坦

吉尔吉斯斯坦对外国投资者无行业限制。

塔吉克斯坦

禁止行业：博彩业。

限制行业：军工、金融、矿藏勘探、法律服务、航空等行业必须获得政府主管部门签发的许可证。

鼓励行业：

（1）能源领域，主要是水电领域，利用塔吉克斯坦的水利资源修建水利工程、修建输变电线路；加快煤炭、石油天然气的勘探和开发；

（2）公路、隧道、桥梁的修复和建设；

（3）农业等领域仍为重点投资领域；

（4）铝锭、农产品的深加工。

乌兹别克斯坦

乌兹别克斯坦吸引投资的主要法律有：《外国投资法》《投资活动法》《关于保护外国投资者权益条款及措施法》《保护私有财产和保证所有者权益法》《保证企业经营自由法》（新版）及《关于促进吸引外国直接投资补充措施》的总统令等。

限制行业：国家垄断行业，诸如能源及重点矿产品（如铀）开发等领域有股权限制，外资所占股份一般不超过50%；航空、铁路等领域则完全由国家垄断。

鼓励行业：对无线电电子、电脑配件、轻工业、丝绸制品、建材、禽肉及蛋类生产、食品工业、肉乳业、渔产品加工、化学工业、石化、医疗、兽医检疫、制药、包装材料、可再生能源利用、煤炭工业、五金制品、机械制造、金属加工、机床制造、玻璃陶瓷业、微生物产业、玩具制造等行业持鼓励支持态度并给予免除法人利润税、财产税、社会基础设施营建税、共和国道路基金强制扣款及小微企业统一税等优惠政策。

土库曼斯坦

限制或禁止的行业：卫生、制药、渔业、能源产品销售、食品生产和销售、危险品储藏和运输、航空、海运和内河航运、公路运输、电力、通讯、化工产品生产和销售、建材生产、建筑、教育、出版和印刷、旅游、体育休闲、博彩、保险、证券、资产评估、银行、有色金属、通关服务、法律服务、涉外劳务、文化传媒等。土库曼斯坦对上述业务（行业）实行许可证管理制度。

鼓励的行业：矿产资源开采和加工行业、化工、交通基础设施建设、电子、旅游业等。

（三）投资方式规定

印度

根据印度公司法，外国投资者可在印度独资或合资设立私人有限公司，此类公司设立后视同印度本地企业；外国投资者可以以设备、专利技术等非货币资产用于在印度设立公司，上述资产须经当地中介机构评估，且股东各方同意后报公司事务部批准。

1. 外资并购

印度允许外资并购印度本地企业。当地企业向外转让股份必须符合所在行业外资持股比例要求，否则需获得财政部批准；所有印度企业的股权和债权转让都须获得印度储备银行的批准；如并购总金额超过60亿卢比，还需获得内阁经济委员会的批准。外国企业可以通过印度证券市场收购当地上市公司。如外国公司通过市场持股超过目标企业流通股总额的5%，则须通知目标企业、印度证监会和交易所；如果持股超过15%，继续增持股份则需要获得印度证监会和储备银行的批准，获得批准后必须通过市场邀约收购其他股东所持股份的20%。

印度外资并购的主要法律依据是《竞争法》。2011年，印度修订了收购和兼并的相关规定，取消了对于普通并购的交易审查，大幅度降低并购通告费，分别由400万卢比降至5万卢比（FORM1），400万卢比降至100万卢比（FORM2）。

印度竞争委员会是收购和兼并交易中反垄断、经营者集中的审查机构。只有影响印度公平竞争的项目，竞争委员会才会保留第二轮的审查，否则将在180至210天内完成审核工作。此外，交易涉及的企业集团资产超过600亿卢比或营业额超过1800亿卢比的交易，仍需事前许可。被兼并或并购的目标企业的净资产达到20亿卢比或营业额达到60亿以上的，印度竞争委员会也将进行干预。

2. 安全审查

印度有关外资的国家安全审查由印度国家安全委员会负责，主席为印度总理，委员会成员包括内政部、国防部、外交部和财政部的部长，其他内阁成员或者官员如果收到邀请也可以参加会议。其主要职责是处理外部和国内安全、军事事务、常规与非常规防务、空间与高技术、反渗透、反恐、经济与环境等问题。国家安全委员会下设三个机构：战略政策小组、国家安全顾问委员会和国家安全委员会秘书处，其中秘书处负责有关外资的国家安全审查。

巴基斯坦

外商可以采取绿地投资或者并购等方式在巴基斯坦投资，有关公司注册管理及上市等工作均由巴基斯坦证券与交易委员会（SECP）负责。巴基斯坦对外国自然人在当地开展投资合作并未另行作特殊规定，自然人可以独资、合伙或成立公司的方式进行投资合作，并遵守相关法律规定。

涉及外资并购的主要法律包括：《2017年公司法案》《1997年公司（法院）规则》《1947年外汇管制法》《2001年私有化委员会法》《1976年外国私人投资（促进与保护）法》《1992年经济改革保护法》，以及相关的投资政策和私有化政策等，其中涉及外资并购安全、国有企业投资并购、反垄断、经营者集中的法律主要是《2010年竞争法》《2007年竞争（并购控制）条例》和《2001年投资委员会法令》。巴基斯坦总统侯赛因于2017年5月30日正式签署《2017年公司法案》，取代在巴基斯坦施行33年之久的《1984年公司法》，新公司法案的颁布实施是巴基斯坦迄今最重要的法律制度改革之一，也是议会迄今为止通过的篇幅最长、内容最丰富的法律文本，包含515个部分。新法案为公司提供便利的营商手续，为投资者提供更强的保护力度。同时还将加强电子化管理，增强管理的透明标准，大幅提高政府对企业的管理水平。

外资并购的主要程序和手续包括：（1）潜在买家和卖家间签署备忘录；（2）获得巴基斯坦证券交易委员会（SECP）及相关机构的批准；（3）融资、法律、商业上的程序：如获得巴基斯坦投资委员会、高等法院、私有化委员会等批准；（4）评估价值和商谈价格；（5）签署销售和购买协议。

具体涉及通过股票市场对另一家公司进行公开收购的主要程序和手续如下：

（1）公司董事会讨论和批准收购草案；

（2）通知股票交易所；

（3）股票评估；

（4）准备并购计划草案；

（5）在股票估值的基础上计算换股比率；

（6）向巴基斯坦证券交易委员会（SECP）及相关机构通报并购计划；

（7）公司董事会确定收购框架、换股比率、向高等法院提交的申请书等事宜；

（8）通知股票交易所；

（9）从债权人处获得无异议函（非必须，但若获得会对高等法院判决带来积极的影响）；

（10）向高等法院提出申请；

（11）获得高等法院批准；

（12）根据公司法规定，向股东和债权人发布通知；

（13）召集股东和债权人会议；

（14）向高等法院提交草案备忘录；

（15）确定最终的并购方案；

（16）向公司登记机构提交高等法院通知；

（17）改组董事会，完成相应公司登记的手续；

（18）确定股票过户日期；

（19）发布股票过户公告；

（20）股票过户；

（21）公司董事会批准股票分配及发行。

阿富汗

阿富汗政府不限制外商投资方式，可以是独资，也可以采用与当地或外籍自然人或法人实体合资的方式。对外资持股比例没有限制。由于经济落后、企业较弱和安全风险等原因，目前，包括中资企业在内的外国企业很少在阿富汗国内进行并购活动。目前，阿富汗并没有颁布反垄断法。由于密切的家族关系或部落关系，阿富汗的一些市场上垄断现象比较严重。阿富汗欢迎外国投资建设开发区、出口加工区或者工业园区，以及外国投资者以二手设备出资开展投资合作，对其未有特别规定。

孟加拉国

孟加拉国法律对资本形态和股权比例无限制，外国投资者可以享有100%股权，允许外商投资独资企业、合资企业、私人有限公司、公众有限公司等，对于外国"自然人"在孟加拉国开展投资合作不设限制。出资方式可采取现汇、设备、技术等多种方式，对二手设备出资无特殊规定。外国投资建设经济区、出口加工区须取得相关主管部门（BEZA或BEPZA）的许可。

在孟加拉国并购上市的公司须由并购企业提出计划与当地法院一起讨论，并购方案须75%有投票权的股东投票通过方为有效。

孟加拉国尚未制定针对外资并购安全审查、国有企业投资并购、反垄断、经营者集中等方面专门的法律法规，仅1994年颁布的《公司法》对公司并购略有提及。

此外，为规范银行或金融机构并购重组的办理流程，孟加拉国央行制定了银行或金融机构并购重组指导意见。

斯里兰卡

斯里兰卡政府对外国投资方式没有任何限制，目前鼓励外国企业或自然人在斯里兰卡设立代表处、分公司、子公司、有限责任公司等，鼓励以BOT、PPP等方式参与当地的基础设施建设，参与除部分限制领域外的任何产业投资。

斯里兰卡没有颁布专门的反垄断法案，斯里兰卡投资管理委员会或相关机构会审查外商投资是否涉及垄断市场行为。斯里兰卡于2003年最新修订了兼并收购法，指导私人公司的兼并收购行为。

斯里兰卡已建立了出口加工区、出口加工园区、工业园区，投资园区、重工业园区共计16个，其中14个由斯里兰卡投资促进委员会主导运营，2个为投资促进委员会批复的私人园区。外国投资者在斯里兰卡工业园区投资可以享受以下投资优惠：

（1）生产产品出口达到90%以上（60%为服装陶瓷制品）的公司和提供服务（70%周转为可兑换外币）的公司免除资本品及原材料关税。非出口行业项目实施阶段免除项目进口的资本品关税。

（2）工业园区提供一站式服务，为企业提供就业、能源、场地租赁、进出口方面的支持。

（3）允许利润在完税后自由汇出。

斯里兰卡鼓励外国投资，积极营造有利于投资的政策环境，鼓励发展出口加工业，但是斯里兰卡尚未出台专门的经济性特区法案。企业行为性质的园区开发须遵循投资促进委员会法案的相关规定。相对于园区开发设计的宽度和深度，投资促进委员会法案给予的优惠政策支持已不能满足开发商的需求，园区须对外提供的一站式服务难以保障。

尼泊尔

尼泊尔允许外商投资成立代表处、分公司、子公司、有限责任公司等；允许外商通过合资、合作、独资、并购等实现投资；外国投资可以以尼泊尔中央银行可接受的外国货币或机器设备等形式进行投资。外国自然人不得拥有土地，不得以个人名义建设厂房，须在公司注册办公室注册后，购买土地和以公司名义建设开发。

（1）外币现金方式的资产投资和再投资

投资申请经工业局批准后，投资者方可通过银行把外资注入尼泊尔。投资者和企业须保存有关投资证据，汇款回本国的时候，须出示这些证据。

（2）以实物折成现金投资

外国投资者以机器设备投资，须在合资协议中明确说明，如果不是采用信用证方式，则须在工业局批准后入关。申请时，企业须向工业局提交董事会决议，附带表明机械设备数量和出厂价格的详细发票。供应商须保证这些出厂发票价格的合理性。

（3）贷款投资

外国投资者以贷款形式投资，须与尼泊尔企业签订协议，包含分期偿还期限和利息情况条款。贷款须通过银行办理，事先须获工业局批准。

（4）实物形式的贷款投资

以机械设备形式投资的外国贷款或延期付款的成套设备，其价格、利息率和付款方式须在协议中说明，并附带设备清单。供应商须担保机械设备价格和发票的合理性。如果不是采用信用证方式，货物须在工业局批准后入关。如果这些机械设备是二手的，则须附带独立检察员的估价和担保函。

外国投资者可通过签订协议转让以下产权：（1）外国技术使用权、专用权、公式、程序、专利或技能；（2）外国商标和商誉；（3）外国技术咨询、管理和商业秘密。

根据尼政府的外国投资政策，外资企业可以并购对外资开放领域中的本地企业（包括上市企业），也可以申请上市。目前尚无有关外资并购的安全审查、国有企业投资并购和反垄断等方面的限制和法律规定。

根据《外国投资和技术转让法（1992）》和《私人投资建设和运营基础设施法案（2006）》等法案规定，外国投资者可以通过BT、BOT、BOOT、BTO、LOT、LDOT、DOT等方式进行基础设施项目的投资。根据《私人投资建设和运营基础设施法案（2006）》，外国投资者可通过BOT等方式投资于尼泊尔基础设施建设领域，包括道路、隧道、桥梁、医院、沟渠、发电站、输变电线路、缆车、铁路、无轨电车、有轨电车、旱码头、水路航道、交通换乘站、机场、展览会场、公园、水库、大坝、污水处理、固体垃圾处理、能源制造与分销、体育场、高层住宅楼、仓库等。一般来说，对于金额在

2000万卢比（约20万美元）以上的项目，外国企业需要通过政府公开招标的方式竞标项目，此外，外国投资者也可通过与尼泊尔政府协商签署谅解备忘录的方式进行项目投资。一般来说，BOT项目的特许经营期限不超过30年，如需延长，可向尼泊尔政府申请不超过5年的延期。

马尔代夫

除个别行业外，原则上马尔代夫对外国投资方式没有限制。根据马尔代夫政府有关规定，渔业捕捞禁止外资进入，零售业须与当地人合资经营。马尔代夫尚无专门关于外资开展建设—运营—转让（BOT）的法规。马尔代夫政府正在尝试推行BOT方式，如太阳能发电项目、污水处理项目、填海造地、跨海大桥项目等，特许经营年限并不固定。

哈萨克斯坦

外国投资企业可采用合伙公司、股份公司以及其他不与哈萨克斯坦共和国法律相抵触的形式建立。外国投资企业的建立程序与哈萨克斯坦共和国法人的设立程序一样。外国投资企业应按规定的数额、程序和期限设立法定资本。外国投资者向企业法定资本实施投资，可以用货币形式出资，也可以用建筑物、厂房、设备及其他物质财产，水土和其他自然资源使用权以及其他财产权（包括知识产权）等作价形式出资。《哈萨克斯坦共和国投资法》中规定的投资人包括自然人和法人。因此，自然人在哈开展投资的规定与法人相同。

另外，外国投资者可以用企业经营利润及企业其他收入和企业创办者追加投资等方式来补充法定资本。哈萨克斯坦方面和外国投资者方面投入企业法定资本的财产所占的份额比例由创办人自己决定。法定资本资金应存入在哈萨克斯坦共和国登记注册的授权银行。若外国投资者是以购买哈萨克斯坦法人建立的股份公司或合伙公司的股票或份额的方式实施投资，该法人要作为外国投资企业重新登记注册。

1. 外资并购哈萨克斯坦当地企业的规定

购买有限股份公司股份的规定：根据哈国家有价证券委员会（该委员会已撤销，其职能归并于中央银行，规定仍具有法律效力）《关于通报购买有限股份公司股份的程序规定》，独立或与自己的连带责任人共同在12个月内或一次性购买有限股份公司5%以上的有投票权股份人，应在最终的交易注册后按规定的格式向该委员会以及交易的组织者（如交易延续12个月）提供交易的信息和本人资料。

购买高比例股份时的规定：根据哈国家有价证券委员会1998年10月26日的《关于购买高比例股份的条件规定》，独立或与连代责任人一起购买股东人数超过500人的有限股份公司30%或更高比例的股份时，应提前一个月按照规定的格式向该股份公司和委员会提交通知。

出售国有股的特殊规定：

（1）在本国的证券交易所出售国有股的程序：一是根据哈萨克斯坦政府《关于通过有组织的证券市场出售属于国家的股份规定》，在本国有价证券市场上出售的国有股由根据法规通过中介公司掌握、使用和支配的国家机关（以下称卖方）投放交易所进行交易。二是股份的出售仅在哈萨克斯坦境内根据现行的有价证券法规运行的证券交易所进行。三是由卖方的全权代表和哈财政部、司法部、国家银行及其他有关方面或其地方分支机构代表组成的国有财产项目私有化问题委员会（以下称委员会）负责国有股在证券交易所出售的组织和协调工作。委员会应不少于5人，主席由卖方的代表担任。四是在证券交易所出售股份的决定由卖方参考委员会的建议做出。五是股份出售消息应由卖方用官方语言（哈语）和俄语在法定的期限内在全国性的官方出版物上公布。

（2）在国际证券市场上出售国有股份的程序：一是在国际证券市场上出售国有股的股份公司清单由政府专门法规确定。二是由招标委员会根据有关国家采购的法律选用在国际有价证券市场出售股份的项目经理。三是招标委员会人员由政府确定，由卖方、财政部、司法部、国民经济部规划司、国家银行及其他相关机构的代表组成。四是具体出售工作由招标委员会负责，如审议出售股份的申请、宣布获胜者、根据项目经理的建议决定出售的方式（公开或个别）等。

2．外商投资的法律调节

哈萨克斯坦《投资法》、《股份公司法》、哈国家价格和反垄断政策委员会《关于股份公司与反垄断政策机构商定合并（兼并）合同程序的规定》、哈萨克斯坦政府《关于通过有组织的证券市场出售属于国家的股份规定》、国家价格和反垄断政策委员会《关于通报购买开放式人民股份公司股份的程序规定》、国家有价证券委员会《关于购买高比例股份的条件规定》、《反垄断法》等法律法规调节投资并购、反垄断等领域。哈萨克斯坦投资公司隶属于哈萨克斯坦投资和发展部，作为代表政府的唯一谈判方，负责与有关跨国公司和大型投资商接洽，以加强吸引外资工作。

3. 开展并购需经审批的业务领域

哈萨克斯坦欢迎外国投资者，但在以下领域开展并购活动需经哈萨克斯坦相关机构审核、许可：（1）银行、保险业：哈国家银行（央行）；（2）有可能导致垄断的公司并购：国民经济部；（3）地下资源开发：能源部。

4. 特许经营相关规定

BOT（建设—经营—转让）方式在哈萨克斯坦是政府同社会资本合作的独特工具。涉及的法律主要有《特许经营法》《投资法》《企业经营法典》《民法》《国家采购法》等，其中2006年颁布的《特许经营法》是在哈萨克斯坦开展特许经营活动的主要法律依据。根据《特许经营法》，特许经营权是指通过契约将国有设施转为临时占有和使用，以及赋予融资建设和运营公共设施并在期满之后向国家移交的权利。特许权所有者可以通过出售生产商品和运营公共设施收回投资并获取利润。

哈萨克斯坦国民经济部负责评估特许权申请、对项目进行可行性评估、确定项目成本估算方法。哈财政部负责签订特许经营合同，确定融资范围和优先权。哈萨克斯坦政府通过发行基础设施债券、提供国家贷款担保和实物补助、共同融资等方式对项目给予支持。

特许经营权合同有效期最长不超过30年，期满之后可以另行签订合同，延长期限。目前，哈萨克斯坦利用BOT方式的主要领域为交通、电力、市政基础设施、废物回收、水处理等。大型项目有沙尔—乌斯季卡缅诺戈尔斯克车站、阿克套国际机场、"北哈萨克斯坦—阿克纠宾州"输电线路、阿克纠宾州坎德阿加什燃气涡轮电站、叶拉利耶沃—库雷克铁路、巴尔喀什火电站等。目前，在哈萨克斯坦开展BOT的外资企业主要来自韩国、土耳其和俄罗斯等国。

目前，哈萨克斯坦法律不允许社会公共基础设施采取政府和社会资本合作模式（PPP）建设。哈萨克斯坦有关部门正在起草政府和社会资本合作模式的法律，此法律通过后，可以实施政府和社会资本合作模式参与公共基础设施建设。

吉尔吉斯斯坦

外国投资的主要方式为直接投资和间接投资，包括实物、不动产、购买企业股票、债券、知识产权、企业盈利和利润。外国企业可通过全资收购和部分参股等形式对吉尔吉斯斯坦企业实行并购。外国企业在吉尔吉斯斯坦并购可以咨询吉尔吉斯斯坦投资促进保护署。

塔吉克斯坦

根据塔吉克斯坦《投资法》的规定，投资是指物权形式，包括投资者依法所拥有、为获取利润（收入）和（或）取得其他重要成果对项目投入的资金、证券、生产工艺设备和知识产权。根据《投资法》规定，外国投资者的投资主体可以是外国法人、外国公民、无国籍人士、定居在国外的塔籍公民、不具有法人资格的外国团体组织和主权国家、国际组织等。按照塔吉克斯坦法律规定，具有完全民事权利能力的自然人可以在塔吉克斯坦投资，并受塔吉克斯坦本国法律保护。投资形式包括不动产、证券、知识产权，以及塔吉克斯坦法律不禁止的其他形式。

投资种类包括：自然人，非国有企业、机关、团体和其他机构从事的私营投资行为；国家机关、执行机关、国有企业、机关团体利用预算和非预算基金、自有资金和贷款资金从事的国家投资活动；外国自然人、法人、国家、国际金融机构和无国籍人所从事的外来投资活动；塔吉克斯坦自然人、法人与外国共同从事的投资活动。

塔吉克斯坦《关于商品市场竞争及限制垄断行为法》规定了企业并购的相关内容。该法适用于外国投资者。该法是确定塔吉克斯坦限制和阻止垄断行为及非良性竞争的法律基础，目标是确保商品市场的建立和有效运作，主要包括垄断行为、国家反垄断机构、对竞争的国家监管、违反反垄断法的责任、国家反垄断机构制定和实施决议的程序等内容。该法第15条对企业收并购进行了相关规定，例如，企业收并购资产总额超过400万索莫尼，则需要取得塔吉克反垄断机关——塔吉克政府反垄断局的同意，反垄断局应在收到申请后30天内书面予以回复。如认定企业收并购将造成限制竞争等损害，则相关企业需要根据反垄断局的要求采取措施满足恢复竞争的条件。国家登记部门只有在企业获得反垄断局同意后与可对收并购企业登记注册，如未经反垄断局同意而登记注册法律上视为无效。

塔吉克斯坦鼓励外国投资者建设科技园区。2010年，塔吉克斯坦颁布《科技园区法》，规定了在塔吉克斯坦建立科技园区的基本任务和主要内容，指出塔吉克斯坦致力于科技和创新成果向生产力的转化。目前，塔吉克斯坦尚无开发区、出口加工区等相关规定。

塔吉克斯坦鼓励吸引外资参与国家建设，目前塔吉克斯坦对BOT方式尚无具体法律规定，但在实际操作中根据投资双方协议可使用该种方式进行投资合作。2012年塔吉克斯坦政府颁布了《公共私营合作法》。

乌兹别克斯坦

根据乌兹别克斯坦现行法律，外国投资者可以设立合资企业、100%外资企业、获取私有化企业部分或全部股份。符合以下条件的外国投资企业可视为再投资：企业注册资本不少于30万美元或等价物；企业参与者之一为外国法人；外资份额不少于企业注册资本的15%。

外国直接投资的方式可以是物质及非物质财富及其权益，包括知识产权；外国投资者向企业经营及其他经营方式标的投入外资的任何收入。

外国投资在乌兹别克斯坦境内可以各种不同的形式实现，其中包括：在与乌兹别克斯坦的法人或自然人共同设立的经营公司、合伙公司、银行、保险机构及其他企业持有法定资本或其他财产一定的份额；设立并发展外国投资者全资经营公司、合伙公司、银行、保险机构及其他企业；获得财产、股份及其他有价证券，包括乌兹别克斯坦居民发行的债券；投入知识产权，包括著作权、专利、商标、外观设计专利权、工业品外观设计权、商号及新技术、商业信誉；获得自然资源的租赁合同，包括勘探、开采、采掘或利用；获得贸易标的、服务领域、居所连同宅基地的所有权，以及土地（包括租赁的）及自然资源的支配和使用权。

乌兹别克斯坦鼓励外国"自然人"投资合作，通常在所在区政府注册，需到外交部、社会保障部备案，备案后方可为来乌兹别克斯坦人员办理签证邀请和劳务注册等手续。

按照乌兹别克斯坦国有资产交易国家委员会的相关法规，外国投资者主要通过以下3种方式并购乌兹别克斯坦企业或国有资产：

（1）通过竞标方式获得企业的部分或全部股份；

（2）通过塔什干交易所购买企业股票；

（3）通过建立合资企业持有企业股份。

一般来说，外国投资者在出资购得乌兹别克斯坦企业资产（股份）的同时，还必须做出投资承诺，即在一定的期限内保证投入承诺的资金或先进的工艺设备。有时乌方会将破产或停产的企业以零价格出售给外国投资者，但投资者必须做出相应的投资承诺。

土库曼斯坦

土库曼斯坦新版《外商投资法》于2008年正式生效。《外商投资法》明确了外商投资者的范围：外国法人，包括其在土库曼斯坦的分支机构和代表处；国际组织；其他国家；外国自然人和无国籍人士；定居国外的土公民。原则上外国自然人也可以参与土库曼斯坦当地的工程承包项目。

允许外商投资的方式包括：与土库曼斯坦法人和自然人共同参股企业；设立完全属于外国投资者的企业、外国法人分支机构或获取现有企业的所有权；取得动产和不动产；提供贷款；取得土库曼斯坦法律规定的产权和非产权。

允许投资的形式包括：外汇、其他货币资金及土货币；动产和不动产；股票、债券；任何有价值的知识产权；有偿服务；其他。

2016年以来，土库曼斯坦总统别尔德穆哈梅多夫多次在政府工作会议上提出，要大力发展民族工业和进口替代产业，努力提高国家的工业化水平。2017年10月土颁布《自由经济区法》，设立自由经济区的目的、种类、参与者、设立程序、资金来源、管理、土地使用制度、定价制度、外汇制度、税收制度、特殊海关制度、保险制度、劳动关系制度、稳定政策制度等予以明确规定，为入区企业在土地使用、合同定价、外汇使用、税收和海关政策、用工比例等方面提供优惠条件，但该法律中涉及货币、海关和居留等方面的特殊政策仍需由相关部门进一步制定细则，相关政策能否尽快落地有待进一步观察。

三 劳工法规

印度

印度涉及劳工的法律法规较多，也较复杂，主要有以下几种：

《劳工争议法》：规范有关对劳工停职、解雇、资遣，及企业关闭、出售时应循事项等事宜；未遵守规定者最高可处6个月有期徒刑并1000卢比罚金。

《产假法》：女性劳工不论是正式或契约工，只要过去12个月内工作满80天以上者，不论在怀孕、生产、流产或因以上情形引起的疾病时均适用；

未遵守规定者最高可处3个月有期徒刑并500卢比罚金。

《红利法》：劳工法规定最低红利为劳工薪资的8.33%（即一个月所得），最高为20%，公司设立前5年发生亏损时可不发红利；未遵守规定者最高可处6个月有期徒刑并1000卢比罚金。

《离职金法》：雇用劳工10人以上的企业，其各级劳工包括职员工作满5年以上因死亡、退休或离职时，每1年可获相当于最后期间半月薪资，最高限额为35万卢比。该法亦明文规定雇主在符合特定条件下可拒付离职金。

《劳工补偿法》：规范劳工因工作造成伤害或死亡的补偿事宜，但不包括公司办公室职员。

《雇用法》：凡雇用劳工人数在100人以上（目前是50人以上）的企业均适用本法；本法规定雇主应明确订立劳工的假期、分班、薪资、请假、离职等各项雇用条件。

《最低工资法》：该法附表定有部分产业劳工的最低工资标准（查询网址：www.labourbureau.nic.in），其修订由中央政府及邦政府负责。中央政府负责制定无技术劳工的最低工资。

《工资支付法》：本法规范雇主在限定时间内应支付某些劳工工资，不得有扣减的情形。

《劳工退休基金及杂项规定法》：提供强制性的劳工储蓄规定，以保障劳工退休生活；雇用员工50人以下，员工需提取其基本薪资及津贴的10%，50人以上提12%；员工因特定理由可提领部份基金；未遵守规定者最高可处1年有期徒刑，并课5000卢比罚金。

法定工时规定：一般为每日8小时，每周最高48小时；加班付双薪，每季加班不得超过50小时。亦有些地区每天9小时，每周最高48小时；加班付双薪，每季加班不得超过75小时。

休假规定：中央及邦政府每周休2日，一般公司每周休1日，员工在工作满240日后，每20日可有1日带薪年休假。法定假日与休假均带薪。

劳工保险计划：按照职工保险计划，雇主负担额依员工薪资水平而不同，平均为5%。

巴基斯坦

巴基斯坦劳动法的起源可以追溯到印巴分治时期从印度继承过来的立法

体系。自巴基斯坦独立以来,政府推行了多项劳工政策。

劳动法对雇佣合同的规定:工商业雇主应与雇员签署雇佣合同,合同应对雇佣性质、雇佣期限、职位、工资福利做出规定。对家政、短期雇工等无合约的,如发生纠纷,由法院根据事实确定其雇佣关系。

劳动法对工作时间和休息时间的规定:经过本人或监护人申请并取得体检证明适合参加工作的14~18岁少年,可被雇佣从事非繁重劳动,每天工作时间不得超过7.5小时,每周工作时间不得超过42小时,不得兼职,不得值夜班(夜班时间段由各省政府公告);年满18岁的雇员,每天工作不超过9小时,每周工作不超过48小时;斋月期间工作时间要相应减少。

劳动法对带薪休假的规定:雇员每年可带薪休假两周(孕产妇6周),事假10天(全薪),病假16天(半薪),公众假期13天(全薪),雇员享受政府临时规定的其他假期。雇员如在公众假期上班,可同时享受双薪及调休。根据有关协议,雇员参加朝觐可请假两个月。10人以上企业雇员参加社保计划,雇主需交纳参保职工工资7%。

社保基金情况:(1)准备基金,雇主、雇员分别交纳雇员每月工资的8.33%;(2)工人福利基金为收入(收入1万卢比以上者)的2%;(3)工人利润参与基金为税前利润的5%;(4)老年救济金,雇主交纳工人最低工资的6%,雇员交纳最低工资的1%。

阿富汗

2006年阿富汗《劳动法》经过进一步更新完善,对劳工组织和雇员的权利及义务做出了新的规定,具体内容如下:

(1)规定阿富汗人有获得劳动机会和获得报酬的权利。

(2)规定了解除劳动合同的前提条件和在解除合同后对员工的补偿,如解除合约,对工作1~5年的员工应补偿2个月工资,工作5~10年的员工补偿4个月工资,工作10年以上的员工补偿6个月工资。

(3)对工作时间、加班和假期的规定,员工工作时间为周六至周四,一天正常工作时间不能超过8个小时;除喀布尔外,阿富汗其他省份周四的工作时间不能超过5个小时。晚7:00以后的加班不能超过1个小时。管理人员晚上加班工资最低按115%计,生产工人晚上加班工资最低按125%计,不允许工人连续工作2个班次。周末和节日加班的工资按150%计。雇员享受5~45个工作日的带薪休假。

（4）工人工资不能低于政府规定的最低工资。

（5）不能让工人从事损害健康的工作。

（6）工人有权参加工会。男性退休年龄65岁，最高不能超过70岁。女性退休年龄55岁，最高不超过60岁。退休养老保险占工人月工资的11%，其中3%由工人自己缴纳，政府和企业承担其余8%。

（7）女性医务工作人员晚上不允许加班，公司一般要为女性上下班提供交通工具，男女用餐一般分开，要给工人留有祈祷时间，并分别提供男女不同祈祷场所。

孟加拉国

孟加拉国现有44部与劳动法有关的法律法规，其中最重要的是2006年修订的《孟加拉国劳动法》。该法对劳动者雇用、劳动报酬、工作时间、工作场所条件、工会设立、劳动者管理、工伤事故赔偿、最低工资限额、产假期间待遇、劳动者分红等内容做了详细规定。

雇佣合同规定：孟加拉国劳动法规定工厂或企业员工最小年龄为18周岁。雇佣合同一般为书面合同。雇用前一般有3个月至1年的试用期，试用期内，双方均可提前1个月通知对方终止合作。根据孟《劳动法》规定，外资公司辞退员工应提前6个月做出书面通知。如通知期不满6个月的情况下，实践中有企业通过给予补偿方式解决，补偿标准约为1个月工资。

工时与加班规定：工人每天工作时间为8小时，每周工作48小时，星期五为休息日。超出规定时间视为加班。加班必须是工人自愿行为，加班费为基本工资的2倍。

工资：工人工资由劳资双方协商决定，但不得低于孟加拉国最低工资委员会规定的最低标准。目前孟最低工资标准为5300塔卡/月。（孟加拉国出口加工区内工人工资按照行业、工种和熟练程度不同有最低工资限制，从70美元到140美元不等。）

斯里兰卡

斯里兰卡《劳工法》的核心内容包含以下几方面：工资、薪酬、福利的规定；对妇女、儿童的保护；职业安全健康以及对劳工的赔偿；社会保险；

雇主与雇员的劳动关系；其他规定；对外国人的就业规定。

斯里兰卡《劳工法》保护工人权益。外资对当地企业进行收购、兼并时不得随意开除工人。

在斯里兰卡，雇主和雇员须分别缴纳相当于雇员工资12%和8%的"雇员公积金"（EPF）。雇主还须缴纳相当于雇员工资3%的"雇员信托基金"。此外，雇主须在工龄超过5年的雇员退休时按该雇员上月工资的50%与服务年限的乘积支付其退休金。

尼泊尔

尼泊尔新修订的劳动法于2017年9月4日生效、实施，取代了1992年实施的原劳动法。与原劳动法相比，新劳动法对当地劳动者的保护更全面、完备。

1. 雇佣合同

企业根据需要聘用雇员或工人在一段时期内从事某一特定工作，应签订劳资合同，明确报酬、工作期限和工作条件。

2. 解聘和再次雇佣

（1）如需减产、减岗、关闭整个或部分企业至3个月以上，经劳动与就业部的劳动雇用促进局批准后，总经理可实施解雇。

（2）根据（1）款实施解雇时，对连续安全工作1年以上者，首先解雇工作时间短的，后解雇工作时间长的。解雇前要说明原因。

（3）根据（1）款解雇工人或雇员，要遵循下列程序：

①对有长期工作权利的工人或雇员，或连续工作1年以上无事故的工人或雇员，提前1个月通知解雇原因或增发1个月报酬。②对这些工人或雇员，按每年补偿30天工资的标准给予一次性补偿。工作6个月以上，应按1年计算。

（4）第（3）款不适用于固定合同的工人或雇员。

（5）如需填补空缺岗位，应首先考虑原被解雇的工人或雇员。

3. 工资规定

（1）根据最低报酬委员会建议，政府规定最低报酬标准，并在官方报纸Nepal Rajaptra上公布。

（2）总经理与工人、雇员不得签订报酬低于政府规定标准的协议。

（3）总经理应确定支付工人和雇员报酬的期限，每周、每两周或按月支付，不能超过1个月。此规定不适用于日工资、零工和合同工。

（4）除下列情况外，不得扣除工人和雇员的报酬：①罚款扣除；②因旷工扣除；③因故意或疏忽导致财产（现金或实物）损失扣除；④因规定的待遇已提供而扣除；⑤因调整预付或多付报酬而扣除；⑥因待业而扣除；⑦根据政府或法庭命令而扣除；⑧根据政府在报纸Nepal Rajapatra上发布的公告而扣除；⑨根据现行法律实行纳税扣除。

4．工时和加班规定

（1）工时

工人每天工作不应超过8小时，每周休息1天。工时开始时间由总经理确定。

工人或雇员不应连续工作5小时以上，超过可停工休息，应有30分钟的茶点时间。对于无法停工的企业，可轮流休息，休息时间被视为日工作时间的一部分。

（2）加班费

①如工人或雇员未被强迫，一天工作8小时以上，或一周48小时以上，超过部分的报酬应按正常报酬的150％支付。②加班时间一般每天不超过4小时，每周不超过24小时。

5．社会福利和社保基金

企业应明文规定并设立福利基金，为工人或雇员提供福利待遇。工人或雇员工伤不能工作或死亡，其家庭应按规定得到补偿。要规定给工人或雇员的奖金、准备金和医疗补贴。规定公共假日、病假、年假、产假、丧假、特殊休假、带薪或不带薪休假等。

6．罢工

尼泊尔新劳动法规定，在下述特定情况下，雇员在提前7天通知雇主后，有权举行和平罢工：

（1）未能就劳动诉求事项通过举行强制仲裁方式解决；

（2）未能组建解决劳动诉求事项的仲裁法庭；

（3）雇员无法执行仲裁裁决的内容，或雇主对仲裁裁决提出异议等。

如果雇员按合法程序和方式举行罢工，则雇员在罢工期间仍享有半薪待遇；如雇员举行的罢工不合法，则雇员无权要求雇主支付其在罢工期间的工资。

马尔代夫

马尔代夫于2008年10月颁布《就业法》，该法规对在马尔代夫的工作年龄、工作时间、劳动合同、工资津贴、假期、解雇、就业代理、劳动监管等方面进行了规定。

马尔代夫对外籍劳务的输入控制和管理很严格。未经青年和体育部批准，任何外国人不得在马尔代夫工作。马尔代夫政府还规定，外国人持旅游签证入境后，未经许可不准就业、做生意或从事无论有偿还是无偿的任何职业。

哈萨克斯坦

1999年12月10日哈萨克斯坦颁布《劳动法典》，2004年2月28日颁布《劳动安全与保护法》，随后又陆续颁布了其他一系列法规。2015年11月23日出台了新《劳动法典》，旨在形成新的自由劳动关系模式，并兼顾企业和劳动者利益，国家、雇主和雇员的社会责任。根据新劳动法，灵活协调劳动关系的机制将更加广泛，阻碍企业发展的限制逐步减少，同时对企业和劳动力市场的发展及吸引外资具有积极作用。

1. 雇佣合同

哈萨克斯坦新《劳动法典》的宗旨是保护工人的权利与合法利益，规定年满16岁，或在经家长（监护人）同意的情况下，年满14岁可以签订个人劳动合同。个人劳动合同必须以书面形式签订。劳动法规定劳动合同可以是无期限合同或短期合同（1年），也可以是中期合同（1年以上）。短期合同的签订情况不多。重复签订中期个人劳动合同可转变为无期限劳动合同。除个人劳动合同外，还应签订集体劳动合同。通常情况下，没有必要签订集体劳动合同。但是，如果雇员主动提出要求，雇主必须研究、讨论签订集体劳动合同问题。

雇员可随时主动提出终止劳动关系。惟一的条件是要在解除劳动合同前1个月通告雇主。雇主可根据自己的意愿终止合同，但要出具内部依据清单。主要有：裁减人员编制、雇员初次严重违反劳动责任、无故在1个工作日内离岗3个小时以上、拒绝工作安排等。雇主要办理因雇员导致损失的民事法律责任义务保险。

相关合同的签订日期，自雇员实际参加工作之日起计，不得超过10天。在哈每周连续工作5天或6天。正常连续工作时间每周不得超过40个小时。对于未成年人（14到16岁）从事繁重工作，每周连续工作相应缩短至24或26

小时。

雇员每年享受带薪休假。连续休假时间不得少于18天。个别工种休假连续时间按法规另行规定。

雇主要向临时失去工作能力的雇员支付社会补助金。补助金额大小根据雇员月平均工资确定。

雇员的工资数额由雇主自行确定，但不能低于国家预算法规所确定的最低工资标准。工资只能以货币形式支付，而且不得晚于下个月的上旬。哈2016年提供给求职者月均工资最高的岗位是高级管理月薪25万坚戈；资源开采18万坚戈，建筑和不动产、咨询、医疗和制药各15万坚戈。月薪最低的是大学毕业生8～9万坚戈和行政管理人员8万坚戈。

2. 外籍劳务工作许可

哈萨克斯坦对外国劳务人员实行严格的工作许可制度。在哈萨克斯坦从事有偿劳务的外国公民必须获得劳动部门颁发的工作许可，否则将被罚款、拘留，直至驱逐出境。哈萨克斯坦劳动部门对外国劳务的数量实行总量控制，按州发放。此外，不免签的外籍公民在哈停留超过5天，需办理临时居留许可（登记），且在哈停留时间不得超过临时居留许可（登记）上的期限。

哈萨克斯坦《劳动管理法》规定，外国公民在哈萨克斯坦申请劳动许可应提供相应文件和申请书；申请者符合从事该项经营所需专业要求的证明文件；已交付从事某个行业所需费用的证明文件。

外国公民由吸收劳务单位在获得批准的基础上代为申请劳动许可，所需文件包括：接收单位申请书；由接收单位签名、盖章的来哈萨克斯坦外籍专家、工作人员的姓名、出生年月、国籍、专业或文化程度、担任何职务等文件清单共5份；与雇用单位签订的劳务合同；哈萨克斯坦卫生保健和社会发展部所要求的体检证明（包括艾滋病检验证明）。

申请劳动许可应缴纳的费用：相当于20个月核算基数的许可费；补偿费用：在哈萨克斯坦工作的每个专家每月应缴纳相当于3个月核算基数的补偿费用；工作人员每月应缴纳相当于4个月核算基数的补偿费用；高于回程机票金额20%的保证金，如本人持有回程机票，则无须缴纳保证金，但必须提供回程机票复印件；每人应缴纳1000美元保证金（按当时比价兑换成坚戈），离开哈萨克斯坦国境时返还。

就外籍劳务人员的专业而言，共需要123种职业的专业技术人员，主要包括工程师、机械师、钳工、电工、安装工、检修工等。

吉尔吉斯斯坦

吉尔吉斯斯坦《劳动法》中关于保障就业的主要规定如下：每日工作时间不得超过8小时，每星期不得超过40小时。每年工作人员可带薪休假4个星期。

工作人员休息日加班报酬可按双方协议，通过另择休息日或增加休假日期予以补偿。

产假规定为产前70天和产后56天。如生育双胞胎，则产假为产前70天和产后70天。山地居民产假通常为140天（产前70天，产后70天）；在难产或产后并发症情况下为156天（产前70天，产后86天）；生育双胞胎情况下为156天（产前70天，产后86天）。

塔吉克斯坦

塔吉克斯坦已颁布实施《劳动法》，其主要内容如下：

公民有劳动并获取相应报酬、自由择业、劳动保护和享受社会失业救济的权利。劳动条件须符合国家相关的安全及卫生规定，每周有休息日，工作时间不超过40小时，每年享受年假。

雇主必须遵守《宪法》《劳动法》及其他相关法律法规，遵守劳动保护法规、生产技术安全和卫生规定及防火条例，保障正常的生产条件，按时支付员工工资，提供完成工作所需的设备、工具和材料。雇主有权与雇员签订劳动合同，制订内部劳动制度，要求雇员遵守相应的劳动纪律。

15~16岁工作人员每天连续工作时间不超过5小时；16~18岁不超过7小时；伤残人士不超过6小时；正常人每天工作最多不超过12小时。6天工作制的，每周工作40小时，每天连续工作时间不超过7小时；每周工作35小时的连续工作时间不超过6小时；每周工作24小时的连续工作时间不超过4小时。

基本年假不少于24天，未满18岁员工和伤残人士的年假不少于30天。休年假期间员工仍享有不低于其平均月工资的工资收入。

不得在女性员工怀孕期间辞退或降低其工资，并应减少怀孕妇女及有年幼子女（不到1.5岁）妇女的工作量。女性员工可享有产前70天、产后70天

（难产的可休80天，生育双胞胎和三胞胎的休110天）孕产假，休假期间可领取国家社保补助。产假结束后可根据员工意愿在子女1.5岁前休育儿假，期间保留工作职务，领取国家社保补助。如在女性员工子女3岁（单身母亲子女4岁，有残疾的子女6岁）前要辞退该员工，雇主须以书面方式告知其理由。

乌兹别克斯坦

乌兹别克斯坦公民和外国公民劳动就业程序由《乌兹别克斯坦共和国劳动法》规定。劳动关系由集体协议及个人劳动合约确定。合同必须以书面形式签订，期限不定；也可以签订定期合同，但不超过5年。应在合同到期前1周发出解除定期劳动合同通知。否则，合同视为无限期延续。雇员受劳动合同的保护，除非出现以酗酒、偷盗及"不道德"的状态上班。因其他原因，可以在雇员首先违反劳动纪律并对他行使了至少3次纪律处罚的情况下再行解雇。外国及当地企业可直接雇用工人。劳动合同可签订试用期，试用期不能超过3个月。在试用期结束前任何一方有权无条件终止合同。

乌兹别克斯坦公民在劳动就业时向雇主出示包含此前全部就职资料及工龄信息的个人劳动证。如果拟雇用人员没有劳动证，雇主应在接收其上班之日起5日内为其办理。

工人的正常不间断工作时间不能超过40小时/周。加班必须征得工人同意。有些工种是不允许加班的。两天内连续加班时间不应超过4小时，且1年不超过120小时。对加班工时的支付不得低于正常工薪的两倍。

每年带薪休假时间为15个工作日。个别工人（在职退休人员、残疾人）每年带薪休假可延长至30个工作日。雇主不必支付工人临时病假或无劳动能力假期间工资。这两种假期由国家社保基金分别按工人月工资额的75%～100%支付。妇女在产前有70天的孕、产假，产后有56天的产假（个别情况下可达70天）。孕、产假按照月劳动工资确定的比率额支付，并通过扣减国家社保基金缴款的形式向雇主返还。

最低工资不能低于乌兹别克斯坦政府规定的标准。雇主需为员工缴纳工资额40%的社保基金费。

土库曼斯坦

土库曼斯坦雇用员工的依据是工作合同。合同根据其期限不同分为三类：不定期合同、三年内不定期合同、按完成规定工作量所需时间计算的合同。雇主只有在企业破产、改组、裁员或员工失职、无故脱岗等情况下才可解雇员工，且一般情况下须征得企业内工会组织的同意；如员工主动提出解除合同，则需提前两周以书面形式通知雇主；在双方协议解除工作合同的情况下，雇主需向员工支付其2周的平均合同薪金。

法定工作时间为：一周不超过40小时，艰苦行业不超过36小时；企业可依据自身情况决定实行每周5天工作制或是6天工作制。但如实行6天工作制，须征得工会组织和当地政府的同意；雇主须保证员工一定的午餐午休时间，但不得多于2小时，且不计入工作时间；加班方面，如雇主提出加班要求，须征得工会组织的同意（个别情况例外）；连续两天内员工加班时间不得超过4小时，全年加班时间不得超过120小时。

在工作合同中，薪金计算方式包括：计时制、计件制和其他方式；薪金的计算和发放方式由企业自主决定；为提高员工工作积极性，企业可设立年终奖励制度（具体做法须与工会组织协商确定），奖金规模主要取决于员工工作业绩和工龄；如雇主有意调整薪金支付方式，须在一个月前通知员工；员工工资不得低于土法律规定的最低收入标准（650马纳特/月）；工资发放日期如遇节假日，需提前发放；加班需额外支付报酬（一般不低于平时工资的2倍）；节假日加班需予以补休或予以物质补偿（一般为工作日工资的2倍）。

社会保险属强制险，每名员工都须投保；社保金额相当于工资额的20%，全部由雇主承担。

四　环保法规

（一）管理部门和主要法规

南亚和中亚各国均设立相关环境保护部门，并颁布环境保护法规及附属法规（见表5-3）。

表5-3　各国环保管理部门和主要法律法规

国家	管理部门	主要法规
印度	印度环境和森林部（简称MoEFCC）：主要负责环境，森林和气候变化	主要有《环境保护法》《水法》和《大气法》其他附属法规：《森林保护法1980》《野生动物保护法1972》《渔子能法案》《大象保护法1879》《流行病法案》《工厂法案》《防业法案》《杀虫剂法案1968》《警察法案1896》《市政法案》《防止食品掺假法案1954》《印度刑法典1860》《特赦法案1963》
巴基斯坦	环境部根据巴环境保护法制定相关环保政策。环境部下设环境保护局，与各省环境部门具体负责环保战略的实施，并为环保部法规制定提供技术支持	《巴基斯坦环境保护法（1997）》《国家环境质量标准》，省级可持续发展基金委员会制度，工业污染费（计算与征收）制度，国家污染政策，污水政策，清洁发展机制国家战略，清洁空气项目，环境影响评估程序，各具体行业环境指导项目和检查清单等
阿富汗	国家环境保护局是负责环境政策制定和监管的机构，各省设有环保局。此外，农业部、灌溉和牲畜部，能源和水利部，矿产和石油部，农村恢复与发展部，城市发展部，公共卫生部，交通与民航部，教育部，外交部以及公共工程部在内的其他国家机构也在环境保护方面发挥着重要作用	2005年12月，阿富汗颁布第一部《环境法》。2007年，《环境法》经修改后报请国民议会批准，于当年1月生效，细化了阿富汗宪法第15条的要求
孟加拉国	环境局：该局隶属于环境和林业部，该部门在达卡设立总部，并在达卡，吉大港，库尔那，巴里萨尔，西莱特，博格拉6个地区设有分局	1995年《环境保护法案》，1997年《环境保护条例》，2000年《环境法院法案》及2004年《消耗臭氧层物质控制法案》涉及投资环境影响评价的法规为1995年《环境保护法》和1997年《环境保护条例》
斯里兰卡	斯里兰卡与环境保护相关的主要有马哈威利发展与环境部、海岸保护与海岸资源管理局、中央环境局	《动物疾病法案》《动物法》《农药控制法（修正法）》《2008环境保护法》及修正案、《动植物保护法》《海洋生动物资源保护法》《土壤保护法》、《森林保护法》《渔业保护法》《海岸污染防治法》《护协会法案》《2005海洋法案》《水资源委员会法案》《锡兰野生动物保护法》《海岸防护和海岸资源管理法案》等

续表

国家	管理部门	主要法规
尼泊尔	森林和环境部，主要职能是：制定与环境、科学和科技有关的政策，计划和项目；控制污染，保护环境和生态平衡；定期评估项目实施情况；调查研究；搜集先进技术，开发利用先进的科学技术；发展IT技术；促进替代能源的利用；签订有关双边和多边协定；水文和气象的研究和预测，天文和科学博物馆研究，国家法证研究	主要环保法律法规是：《环境保护法（1997）》（EPA）、《环境保护规则》（1997）》（EPR）、《环境影响评估》（EIA）和《尼泊尔环境政策和行动计划1993》
马尔代夫	环境与能源部	《环境保护法（1993年第四号法案）》
哈萨克斯坦	能源部负责环境保护，制定自然资源利用、水资源管理的国家政策，确保生态可持续发展。该部下设有专门负责生态调节等委员会，其主要职责：提高环境质量，确保生态安全，实现环境可持续发展；管理和调整环境保护；制定自然资源、水资源和社会生态可持续发展的国家政策，负责环保立法；完善国家生态环境管理和生态调控体系，推进环保和可持续发展的国际合作；发展环保信息及教育体系；根据规章国家的要求，规章和监控国家生态环境	保护环境的有关法律包括：1991年8月23日颁布的《保护赛加羚羊种群的法规》；1992年4月7日颁布的《关于保护乌拉尔—里海流域鱼类孵化场的法规》；2003年7月8日颁布的《哈萨克斯坦共和国森林法》（2004年12月12日作了修改）；2003年6月20日颁布的《哈萨克斯坦土地法》；2003年12月3日颁布的《2004～2015年生态安全》总统令；2006年11月14日颁布的《2007～2024可持续发展过渡方案》总统令；2007年1月9日颁布的《哈萨克斯坦共和国生态保护法》；2008年2月19日颁布的《2008～2010年环境保护方案》等
吉尔吉斯斯坦	国家环保与林业署是国家环保及林业主管部门，主要职能是保护国家生态环境，合理利用自然资源、发展林业经济	《山地区域法》《生态保护法》《特殊自然区域保护法》《地矿法》《生态鉴定法》《大气层保护法》《生态区域保护法》《植被利用与保护法》《关于吉尔吉斯斯坦政策的总统令》对外吉尔吉斯斯坦环保法规定，对违法责任人追究民事和刑事责任，责任人及责任单位除恢复自然环境，并对受害个人及单位加以经济赔偿外，还要被追加刑事处罚

续表

国家	管理部门	主要法规
塔吉克斯坦	环境保护委员会：其主要职责是以保护自然资源和人类居住环境为目的，管理、协调社会与自然的关系	《塔吉克斯坦共和国环保法》于1996年2月公布，分别于2002年5月、12月，2004年7月，2011年8月2日修订
乌兹别克斯坦	国家环境保护委员会（以下简称环保委员会）：由5个局，4个处组成：经济及大自然组织管理局，大气保护管理局（大气监督总局），土地资源保护及合理使用管理局（土地监督总局），会计/审计和财务局，国家分析检查验专业检验局，以及国际合作和项目处。其中，前3个局为检查局，生态法律处、机要和人事处、科技进步及宣传处，即对本国境内生产单位是否遵守环保法之外，环保委员会还包括水文地理科研院	乌兹别克斯坦涉及环保的法律有28部，其中最主要要的有：《乌兹别克斯坦共和国自然保护法》《乌兹别克斯坦共和国辐射安全法》《乌兹别克斯坦共和国自然保护区特别保护法》《乌兹别克斯坦共和国动物世界保护及利用法》《乌兹别克斯坦共和国水及水利用法》《乌兹别克斯坦共和国合理利用能源法》《乌兹别克斯坦共和国生态鉴定法》《乌兹别克斯坦共和国森林法》《乌兹别克斯坦共和国植物世界保护及利用法》《乌兹别克斯坦共和国大气保护法》《乌兹别克斯坦共和国国土地法典》《乌兹别克斯坦共和国危险生产项目工业安全法》《生态监督法》等
土库曼斯坦	国家环境保护和土地资源委员会：其主要职责是拟定国家环境保护的方针、政策和法规，牵头落实国家环保规划；监督对生态环境有影响的自然资源开发利用活动、重要生态环境建设和生态破坏恢复工作，监督管理国家级自然保护区；监督检查生物多样性保护、野生动植物保护、荒漠化防治工作，制定国家环境质量标准并实施各项环境管理制度；制定国家环境保护规划的程序发布、负责环境监测，参加环境保护国际条约国内履约行为，统一对外联系协调等。信息工作；负责环境保护国际合作交流，参与协调环境保护重要国家活动，参加环境保护国际条约国际履约行为，统一对外联系协调等	土库曼斯坦环境保护领域现行法律法规主要有： （1）《自然保护法》，1991年11月颁布 （2）《矿产资源法》，1992年12月颁布 （3）《森林法》，1993年颁布 （4）《植物保护法》，1993年12月颁布 （5）《国家生态鉴定法》，1995年6月颁布 （6）《大气保护法》，1996年12月颁布 （7）《动物保护法》，1997年6月颁布 （8）《土地法》，2004年10月颁布 （9）《水法》，2004年10月颁布 （10）《生态安全法》，2017年6月颁布

注：不丹相关资料暂缺。

（二）环保法规的基本要点

印度

印度1986年《环境保护法》共26条，除了适用的领土范围、生效方式和时间、执法人员的法定身份等技术事项外，其基本内容包括6类。

（1）适用范围。1986年《环境保护法》规定"环境"包括水、大气、土地及这些环境要素之间以及与人类、一切生物体和财产之间的关系。"污染"指任何污染物在环境中的出现。可见，该法突破了以前环境立法仅仅适用于某些污染物或环境要素的立法体例，使该法的适用范围扩展到污染防治和立法的任何方面。因此，可以得出结论：1986年印度《环境保护法》是一部综合性环境立法。

（2）联邦政府的权力和义务。1986年《环境保护法》是典型的授权立法，它授予联邦政府以防治污染、改善环境为目标，采取一切必要或适当措施的权力。这些广泛的职权既包括制定宏观政策，也涵盖具体执法。具体如下：①制定并执行全国范围内的环境保护计划；②制定环境质量标准和污染物排放标准、划定特定保护区、制定保障危险物质安全处理和防止一般环境事故的程序；③检验可能造成环境污染的设备、原料、工艺流程等；④建立和认证环境实验室；⑤调查、视察、收集和散发环境信息、守法宣传和指导。

（3）附属行政立法。为了履行以上职责，联邦政府可以制定《环境保护法》的实施细则。目前，印度联邦政府已经制定了1986年《环境保护规则》，并形成了以1986年《环境保护法》为龙头，涵盖污染防治、危险物质管理、环境影响评价、海岸和生态脆弱地区保护的"伞形"环境立法体系。

（4）个人和企业的义务及其法律责任。同联邦政府的职权对应，任何从事可能污染环境、破坏生态的个人和企业都义务遵守1986年《环境保护法》和联邦政府据其制定的各种实施细则，并遵守联邦政府及其授权机构的各种命令、指令。

①个人违法的处理：

A.对于不遵守或违反本法规定或依据本法制定的细则或发布的命令、指示的任何人，均应被处以最长不超过五年的监禁或最高不超过十万卢比的罚金或两种并处。如果行为人继续上述行为，则从该行为人被首次确定有罪后仍旧继续上述行为之日起，每一天处以不超过五卢比的额外罚金。

B.如果第1款提及的违法等行为从被确定有罪之日起仍旧继续并超过一年时限，则该违法者应被处以最长不超过七年的监禁。

②公司违法的处理：

A.当公司违反本法规定时，任何在违法行为发生时直接掌控和负责公司业务运作的人员与该公司一并被视为违法，并相应地承担被起诉及被惩罚的法律责任。

但是，如果该当事人能证明违法行为是在其不知情的情况下或其已经为避免违法行为的发生而恪尽了一切应尽的职责，那么该当事人不受本款要求其承担的本法规定的惩罚。

B.即使第一款另有规定，如果能证明公司违反本法规定的行为是在公司董事、经理、秘书或公司其他职员的同意或纵容下，或归因于以上人员某一方面的疏忽时，那么该董事、经理、秘书或其他公司职员均被视为违法，并相应地承担起被起诉及被惩罚的法律责任。

同时，1986年《环境保护法》还规定了比以往环境立法更加严厉的法律责任。

（5）执法体制安排。以执行1986年《环境保护法》为目的，联邦政府可以设立任何合适的机构、任命相关官员，并授予其执行该法的职权。同时，联邦政府还可以寻求与各邦及其相关行政机构的合作，并可以授予其除制定实施细则之外的一切执法权。

（6）司法执行。司法机关获得管辖的情形有两种：①联邦政府或作为其代表的机关、官员为执行环境法提起诉讼；②任何人向联邦政府通知起诉意图60天后，可以针对违法个人、企业或政府提起诉讼。

从印度1986年《环境保护法》的内容可见，该法不仅规定了政府和企业各自的权利义务，而且规定了执法体制、公众参与和司法执行的程序，可以认定为印度的环境基本法。

印度《1994年环境评估条例》（2006年修订）规定，公司或个体在开展包括核能工程、石油冶炼、港口开发等30种投资额超过5亿卢比的新工程或项目前，必须向印度环保部提出环保评估申请。环保部设立由国务部长和环境专家组成的评估委员会对新工程项目进行环保评估，评估委员会将进行实地核查以确定评估结果。

环保评估申请书须包括该项目对环境影响报告、环境治理计划以及公共听证会细节。位于专属工业园区、出口加工区、特殊经济区或政府指定区域内的小规模工程、高速公路拓宽工程、25公顷以下采矿租地的工程项目不需要召开公共听证会。输油管线工程不需要环境影响报告。

在申请方提供完整信息并召开听证会的前提下，整体评估工作需要90天完成。最终裁定将在30天内通知各方。环境评估有效期为5年。如申请方提供信息不完整，申请将有可能被驳回。申请方在补充信息后，可要求环保部复核该申请。采矿、港口兴建等特殊项目采取两级审查程序，项目申请人需先取得场地许可，方可申请环保评估申请。

巴基斯坦

（1）土壤保持。促进有机农业；防止土地退化；综合防治病虫害，防止滥施化学肥料、农药；实施《国家抵制土地沙化和风化行动计划》；建立国家控制沙化基金；鼓励发展生态和谐的农作物体系。

（2）森林保护。实施森林保护政策；保护残存和特殊森林生态系统；鼓励保持及恢复濒危生态系统；以天然气、太阳能、小水电等形式替代木材燃烧；加强对现有森林的研究，增加科技人员力量。

（3）大气污染防治。制定并实施室内外空气质量标准；依法保证降低有害物质排放；提升燃料规格；淘汰两冲程机动车；提高主要城市间公共交通效率；发展市区内非机动车交通；鼓励保护臭氧的先进技术；加快国家空气清洁法立法工作。

（4）水体保护。增加供水和水处理装置；建立水质监控体系；提升城乡雨水利用的科技水平；鼓励干旱、半干旱地区重填地下水；完善用水计量制，避免工业用水和城市用水混杂；监控流入海洋的淡水；建立地表水体划分标准；实施水体清洁水质升级阶段性计划；加快水体保持法立法和有关标准制定工作。

污染事故处理或赔偿标准：可处最高100万卢比罚款，事故危害期间可并处每天10万卢比罚款；有此类犯罪前科的，可并处2年以下有期徒刑；关停、收缴其工厂、设备等；强令其赔偿受害人损失，恢复环境等。

阿富汗

阿富汗《环境法》在承认阿富汗当前环境状态的同时，为持续改善和管理环境提供了一个框架性法规。该法阐明了国家环境保护局和各省环保局以及地方环保局的职责和相互协调的关系，列出了管理自然资源和保障生物多样性、保护饮用水、环境污染控制和环境教育的框架，为环保执法提供了依据和工具。《环境法》要求各单位遵照《环境法》的附件"环境影响评价法规"，对投资或承包工程项目进行环评。"环境影响评价法规"对申请环评手续、费用、时间等作出了具体规定。

孟加拉国

由于地理、自然环境以及人口众多等因素，孟加拉国是受环境影响较大的国家之一，对环境保护较为重视。孟加拉国环境保护法律、法规比较健全，特别是对设立工业企业以及实施项目工程的规定较为详细，对企业按照行业、对环境的影响等进行分类监管，核发不同级别的环评证书。对于调查取证、处罚、申诉的程序作了较为详细的规定。但由于人为的因素，法律执行效率不高。

孟加拉国的大气环境、水资源、土地和森林等都是其环境保护的核心内容，特别是对红树林自然保护区等关键地区的保护更为重视。按照法案规定，孟加拉国不允许使用塑料购物袋，机动车必须安装尾气净化器；任何经济主体都有责任消除对环境的有害影响，如企业违背环境保护法律，孟加拉国环保法院可根据情况判处最高5年刑期和/或处以1470美元以下罚款；任何工业企业或工程未获得环境清洁证书擅自开工的，可以判处3年以下有期徒刑或者罚款不超过30万塔卡，或者判处有期徒刑加罚款。根据孟加拉国1997年《环境保护条例》，所有工业项目和工程必须获得环境局核发的环境清洁证书。

斯里兰卡

斯里兰卡环保法规要求在商业活动中注意对陆生和水生的动植物、水资源、土壤等各种自然资源的保护，并制订了海啸、洪水等自然灾害的应对。

《森林保护法》规定了森林保护区划定和变动，森林保护区/保留林地内禁止行为（如非法出入或停留、砍伐或销售树木、阻断水道、杀伤动物、设置陷阱、点火、建设道路等）和相应处罚（例如，7年以下徒刑和20万卢比以下罚款/5年以下徒刑和10万卢比以下罚款），从事木材行业需要获得准证以及相关具体规定。

《动物疾病法》规定了对动物及动物制品进出口的许可范围、相关手续、健康认证、动物传染病控制及处罚条款。违反此法律将被处以6个月以下监禁或5000卢比以下罚款（相应部门可通过发布公告调整处罚期限和金额）。

《野生动物保护法案》规定设立锡兰野生动物保护协会来对斯里兰卡的野生动物进行保护。

《水资源委员会法案》规定设立水资源委员会负责整个国家的水资源管理，水污染防治，制定水资源保护和利用计划等。

《海岸防护和海岸资源管理法案》规定了海岸资源的管理部门，海岸开发准证申请程序，公布受影响区域，海岸公园和保护区等。

尼泊尔

尼泊尔环境保护法的主要规定包括：保护环境，尽可能减少环境恶化，降低对人类、动物、植物和大自然的不利影响；实施初步环境审查（IEE）和环境影响评估（EIA）。任何企业和个人不得污染环境、危害公共健康、产生噪音、产生有害射线和废弃物，有关机构可制止产生或可能产生这些危害的行为。政府可以公告禁止使用任何对环境产生或可能产生不利影响的物质、工具和设备。

任何人违反本法规定，有关机构可立即制止，并处以10万卢比以下的罚款。

任何人违反本法派生的法律和规定，有关机构可立即制止，并处以5万卢比以下的罚款。

根据相关环保法律法规，外资企业在尼泊尔投资工程需要提交项目的环境评估报告。

马尔代夫

目前，马尔代夫环保评估主管机构为环境与能源部下属的环境保护局。马尔代夫环评法规主要为2007年住房部出台的《环境影响评估规定》。该规定就环评报告的范畴、申请程序、项目规划、法定责任等——作了规定。根据该规定，申请人（本国与外国企业）在马尔代夫开展投资或工程承包前，向具有资质的环评顾问提供材料，请其就项目对环境与生态系统的累积影响等出具鉴定意见，而后申请人将鉴定意见与其他材料提交至环境保护局，环境保护局于5个工作日内召开会议审核材料，并确定是否需要做现场勘查，审核后在2周内向申请人签发环境决定声明，对申请人的项目或行为是否会对环境与生态构成严重影响或威胁作出结论，申请人需负担期间所有费用与支出，并向环保局支付一定的管理费用，费用金额视项目规模而定，需提前缴纳，且不能退还。

哈萨克斯坦

哈萨克斯坦政府环保与生态问题的关注焦点是：大城市和工业中心空气污染，里海和巴尔喀什地区的污染；地表水、地下水和跨界水污染问题；土地荒漠化；咸海生态灾难和塞米巴拉金斯克地区（苏联核试验场）历史遗留污染问题。

环保法规主要涉及以下几个方面：

（1）禁止在国家林场砍伐成材林

《森林法》第24条规定，禁止在国家林场砍伐成材林。采伐权必须经过程序严谨的招标和申领许可证获得（《森林法》第29和第89条）。树木砍伐必须是保护性的，砍伐与种植结合，做到砍伐与种植并举（《森林法》第91条）。未取得许可非法使用林地用于建设其他建筑物、加工木材、修建仓储设施的，对自然人处以5倍月核算基数的罚款；对公职人员、个体企业主、中小企业法人以及非商业组织处以10～15倍月核算基数的罚款；对大企业处以100～150倍月核算基数的罚款（《行政违法法典》第282条）。非法砍伐和破坏林木和灌木林的，对自然人处以10～15倍月核算基数的罚款；对公职人员、个体企业主、中小企业法人以及非商业组织处以30～40倍月核算基数的罚款；对大企业处以100～150倍月核算基数的罚款，并没收非法砍伐的林木，以及交通运输工具和其他违法设备（《行政违法法典》第283条）等。此外，情节严重的将追究刑事责任。

（2）违反生态保护法的赔偿责任

《森林法》第321条规定：凡违反生态保护法的人，必须依法进行损失赔偿。损害赔偿包括环境、公民健康、公私财物等，具体包括：自然资源的灭失和损害；对自然资源肆意浪费；肆意污染环境，丢弃危害物质和随意放置生产和生活垃圾；超标排放和污染。对埋藏有害物质、放射性废料和排放污水进行国家登记（《森林法》第165条）。

（3）禁止油气开采企业放空燃烧

哈萨克斯坦《地下资源和地下资源利用法》规定，从2005年1月1日起，在石油开发业务中禁止放空燃烧伴生气。在未对伴生气和天然气进行有效利用的情况下，禁止对油气田进行工业开采。不符合大气环保的企业投入生产的，对公职人员、个体企业主、中小企业法人以及非商业组织处以50～60倍月核算基数的罚款；对大企业法人处以70～100倍月核算基数的罚款（《行政违法法典》第248条）。在仓储和焚烧工业废物和日常生活所产生的废物时未遵守大气环保和防火安全的，对自然人处以3倍月核算基数的罚款；对公职人员、个体企业主处以30～40倍月核算基数的罚款，对中小企业法人以及非商业组织处以50～70倍核算基数罚款；对大企业处以100～120倍月核算基数的罚款（《行政违法法典》第249条）等。

（4）加强水体保护

严格限制企业向自然水域排放污染物；保护地表水，对地表水和土壤易造成污染的工业废弃物必须进行封存处理；污水处理必须依法进行。污染或耗尽地表水、饮用水源的，违法水库水保护规定造成其污染以及其他有害后果的，对公职人员、个体企业主、中小企业法人以及非商业组织，处以30倍月核算基数的罚款，对大企业处以100倍月核算基数的罚款。如果企业未建设相关设施，防止污染水以及导致其他有害后果的，对自然人处以5倍月核算基数的罚款；对公职人员、个体企业主、中小企业法人以及非商业组织处以50倍月核算基数的罚款；对大企业处以100倍月核算基数的罚款（《行政违法法典》第276条）等。此外，情节严重的将追究刑事责任。

哈萨克斯坦将环保评估对象分为四类：（1）工业防疫分类1级和2级危险度活动以及矿产勘探开采（常见矿物除外）；（2）工业防疫分类3级危险度活动、常见矿物勘探开采、森林和水资源利用；（3）工业防疫分类4级危险度活动；（4）工业防疫分类5级危险度活动、野生动物利用（业余和体育渔业及狩猎除外）。评估内容包括大气环境、水资源、土壤、植被、动物、社会经济环境影响等十多项内容。外资企业开展投资和承包工程如果产生废水、废气、废渣等固体废物，涉及对土壤、植被、动物等可能带来影响的，均要进行环保评估，其中炼油厂、火电厂、核燃料加工企业、钢铁厂等一般须经过全面评估。

环境评估由取得相关许可证的法人或个人进行，评估对大气、地表水和地下水、土壤、居民健康等环境的影响。环境评估需经哈萨克斯坦能源部生态调节委员会和地方各州（直辖市）政府相关部门审核。首先项目文件需经过预审，时间不超过5个工作日；一类项目审核时间自受理之日起不超过2个月，二类至四类项目审核时间自受理之日起不超过一个月；一类项目重审时间自注册之日起不超过一个月，二类至四类项目重审时间自注册之日起不超过10个工作日。

吉尔吉斯斯坦

《生态保护法》旨在建立生态环境保护、自然资源使用的政策，协调法律关系。该法第4节内容对经济与其他类型活动生态保护作出规定，包括国家生态鉴定规则。

《生态鉴定法》旨在调控生态鉴定的法律关系，杜绝经济活动对生态造成不良后果。国家生态鉴定参照以下文件实施：调控经济活动的法规草案、技术章程、方法指导以及其他文件。可影响生态环境的建筑、改造、扩建、技术更新项目规划与可研报告。

根据吉尔吉斯斯坦相关法律规定，在吉尔吉斯斯坦从事道路建设、矿山开发等野外作业项目的企业需在项目实施前到吉尔吉斯环保和林业署办理相应环保评估手续，审批时间根据项目不同而从两周到数月不等。此外，从事矿山开发的企业还需到吉尔吉斯工业、电力和矿产利用委员会办理环保审批。

塔吉克斯坦

所有企业和个人对待环境的基本原则：环境应适合人的生活和居住，有利于居民的生活、劳动和休息；必须遵守《环境保护法》的规定并履行责任，对破坏环境的行为要承担相应的法律责任。

有偿使用国家的所有资源，包括：水、森林、土地、植物、动物等。有偿丢弃污染自然资源和对环境有不良影响的废料、废弃物、边角料及其他有害物。

对环境有影响的项目要得到国家批准并获得许可证，各种管道、输电线、电信系统、运输、能源设备的安装和建设必须符合环保要求，保证附近居民的安全，合理使用资源，如果在施工中破坏了环境，项目将被停止，或停工整改。对环保部门确认破坏环境的加工企业，如要生产立项，必须经过议会的讨论通过。

任何企业和个人都应保护周围的环境以利于居民身体健康。任何项目在未得到国家的批准之前，禁止擅自开工，不能擅自更改环保内容，同时必须采取措施保护周边环境不被破坏。

生产废料、丢弃物、必须经专家确认符合国家的标准，使其不污染周边环境。

国家自然保护区内禁止一切生产活动和其他商业活动。

法人和自然人，因污染环境，耗竭、损坏、毁灭、不合理利用自然资源，使自然生态系统、自然综合体和自然景观遭受退化和破坏及其他违反环境保护法规的行为给环境造成损害的，必须依法予以赔偿。

对违反环境保护法规造成的环境损害的赔偿，自愿进行或者根据法院或仲裁法院的判决进行。因违反环境保护法规造成的环境损害数额，根据用于恢复被破坏的环境状况的实际费用并考虑受到的损失（包括失去的应得利益），以及复垦和其他恢复工程的方案予以确定，在没有这些项目时，依照实施国家环境保护管理的执行权力机关批准的环境损害数额计算表和方法予以确定。

塔吉克斯坦环保法规定，环境评估是在法人或自然人所计划的经营行为或其他行为有可能直接或间接影响周围环境，包括居民健康的情况下进行。环境评估是必须的程序，并在经营或其他行为前进行，同时要吸收社会团体参加评估。有关环境影响评价的资料要求，及相关手续、费用等规定，由塔吉克斯坦政府根据不同项目内容具体确定，环境评估的时间约在30～45天。塔吉克斯坦环境保护委员会是塔吉克斯坦负责环境评估的政府部门。

乌兹别克斯坦

2006年2月6日，乌兹别克斯坦内阁第15号《关于完善特殊自然资源利用支付体系的决议》规定了排放工业废料赔偿标准、燃烧排放污染标准和向水体及山地排放污染物赔偿标准。

1990年12月10日（独立前），乌兹别克斯坦最高苏维埃主席团批准了《共和国国家环境保护委员会条例》。乌兹别克斯坦独立以来，在环保委员会专家直接参与下，通过了逾35部直接或间接涉及环保的法律以及55个法律框架下的法规。1992年12月，乌兹别克斯坦共和国议会通过的首批法律文件中包括《自然保护法》。以上两个文件奠定了乌环境保护的法律基础。

为了解决自然资源利用的经济问题，1992年乌兹别克斯坦通过了《乌兹别克斯坦共和国内阁关于环境污染超标企业、单位缴费的决议》，并在环保委员会系统内部成立了地方及共和国自然保护基金会，引入了环境污染付费机制。

为了寻找科学解决生态问题的方法，并把这些方法运用到生产过程以降低污染程度，以及为本国企业提供科学依据支持，1993年环保委员会成立了大气科研设计工艺研究院，之后又成立了单一制水业生态科研企业。

根据1995年6月21日乌兹别克斯坦内阁通过的《乌兹别克斯坦经济过渡为自然资源有偿利用大纲》及"在乌兹别克斯坦共和国自然资源利用实施科学经济及法律机制"的设想，第2阶段实现了自然环境全污染（即污染物及废料向大自然排放总量）付费。环保基金会收集的资金可以向环保措施、优先科学研究和考察、编制环保及自然资源利用领域现代标准系统文件工作提供资金，这些费用此前由国家预算提供。

考虑到本国生态状况的变化及日益增长的环保服务需求，1996年4月26日，乌兹别克斯坦议会通过了新修订的《共和国国家环境保护委员会条例》；2002年4月5日，通过《废料法》。

根据《乌兹别克斯坦共和国大气保护法》，企业、机关及组织在大气保护方面的义务包括：对企业及交通干线地带影响环境和居民健康的有害物质进行评估。影响大气状况的企业、设施、交通干线及其他项目建设定址、设计、建设及改建应与地方政府部门、环保委员会及乌兹别克斯坦共和国卫生部协商。

土库曼斯坦

（1）土壤保持：土地所有者、使用者和租赁者应采取有效措施，确保合理使用土地资源，提高地力，防止风和水对土地的侵蚀，防止土地荒漠化、盐渍化和土地污染。在实施或推广可能对土壤造成危害的项目或技术前，必须按法定程序报国家土地资源主管机关、环保部门等机构进行审批；在项目实施以及新技术推广前，必须预先规划并切实采取土壤保持措施，确保符合生态、卫生以及其他有关要求；未采取土壤保持措施以及未通过国家生态鉴定的项目、技术不得实施或推广。国家土地资源主管机关统一负责全国土地利用和保护的管理和监督工作。对不采取土壤保护措施，造成土壤状况恶化、盐渍化、污染等后果的，以及非法实施项目并对土地造成破坏的行为，国家土地资源主管机关依法采取处罚措施。

（2）森林保护：在林区内设置必要的防火设施；制止非法砍伐等破坏森林资源的行为；防止林区遭受污水、化学品和生产生活垃圾的污染；保护为林业服务的标志，保护对森林资源有益的动物群；做好森林病虫害防治工作等。进行各项建设工程时，应当不占或者少占林地；必须占用或者征用林地的，应按法定程序报地方行政主管机关、国家环境保护和土地资源委员会和其他相关机构审批，且必须通过国家生态鉴定，未经审批部门审查或者审查后未予批准的项目不得建设；在实施此类项目前，应预先规划并切实采取防护措施，避免森林遭受污水、化学品和生产生活垃圾的污染；管理部门有权要求未采取必要护林措施的项目中止或停止；禁止实施对森林资源有不利影响的项目。在林区进行勘探、矿产开发等与林业无关的活动，须事先征求地方行政主管机关、国家环境保护和土地资源委员会和其他相关机构的意见，获同意后方可进行。企业、团体、个人如违反相关规定，造成森林、树木受到毁坏的，须依法进行赔偿；对违法情节严重者，还将依法追究刑事责任。

（3）大气污染防治：全国实行统一的排放标准；如有必要，将对某些特定地区实行更为严格的排放标准。从事业务与向大气排放污染物有关的法人有义务：采取必要减排措施；对排放数量、污染物组成进行统计，并及时、准确提供统计数据；对所拥有的污染物排放企业进行注册；按规定缴纳排污费等。禁止进口、制造、使用超过排放标准的设备和交通工具。新建、扩建、改建向大气排放污染物的项目，必须遵守国家有关建设项目环境保护管理的规定。必须预先规定防治措施，并按照规定的程序报环境保护行政主管部门审查批准。建设项目投入生产或者使用之前，其大气污染防治设施必须通过国家生态鉴定，达不到国家有关建设项目环境保护管理规定要求的建设项目，不得投入生产或使用。无论是土国自行生产、还是自国外进口的化学品（药品除外）都需经过测试，并进行登记注册；注册费用由生产者或进口商承担；禁止生产、进口、储存、使用未经注册以及不在被允许使用的化学品清单内的化学品。固体工业废物、生产生活垃圾必须经过加工处理后才能填埋或储存在经特殊处理的地点；污染环境的液体垃圾必须经过处理和清洁；垃圾无害处理工艺必须经过国家生态鉴定。从事制冷技术、空调、灭火器材的生产、使用、服务的法人和自然人有义务采取必要技术手段和措施，保护臭氧层。国家环境保护和土地资源委员会负责建立大气污染监测制度，组织监测网络，制定统一的监测方法。对非法排放、超标排放等违法行为的当事人依法追究相应责任（具体处罚措施此法中未予明确）。法人和自然人如因违反规定造成大气污染的，须依法进行赔偿。

（4）水体保护（流域保护）：合理使用水资源；推广、实行节水减排技术；遵守相关排放规定；对排放数量、污染物组成进行统计，并及时、准确提供统计数据；采取必要的水资源防护措施；及时向环保部门通告污染事件等。新建、扩建、改建向水体排放污染物的项目，必须遵守国家有关建设项目环境保护管理的规定。必须预先制定防治措施，并按照规定程序报环境保护行政主管部门审查批准。建设项目投入生产或者使用之前，其防治水污染设施必须通过国家生态鉴定，达不到国家有关建设项目环境保护管理规定要求的建设项目，不得投入生产或者使用。禁止新建无水污染防治措施的各类严重污染水环境企业。向水体排放污染物的企业、团体应按规定缴纳排污费。禁止向水体排放、倾倒工业废渣、城市垃圾和其他废弃物；禁止向水体排放油类、酸液、碱液或者剧毒废液；使用农药，应当符合国家有关农药安全使用规定和标准，防止过量或不当使用对水体造成污染；兴建地下工程设施或者地下勘探、采矿等活动时，应当采取保护性措施，防止地下水污染。对非法排放、超标排放等违法行为的当事人依法追究相应责任（具体处罚措施此法中未予明确）。法人和自然人如因违反规定造成水体污染的，须依法进行赔偿。

第六章

投资合作的相关手续

一 公司注册

南亚和中亚各国公司注册的受理机构及主要程序如表6-1所示：

表6-1 各国公司注册受理机构及主要程序

国家	受理机构	主要程序
印度	设立代表处：由母公司或其委托人向位于孟买的印度储备银行提出申请。印度对中国企业在印度设立代表处（办事处）管控较严，审批时间很长，且在近年来的实践中极难获得批准 设立分公司：由母公司或其委托人向位于孟买的印度储备银行提出申请 设立私人、公众公司：由股东向印度公司事务部设在各地的公司注册办公室申请；私人公司最低注册资本1万卢比，公司名称后缀为Pvt.Ltd；公众公司最低注册资本50万卢比，公司名称后缀为Co.Ltd	（1）在网上（网址：www.mca.gov.in）申请临时董事代码（DIN），填写数字签名（DSC）申请表格。临时董事代码获批之后申请者会即刻收到DIN-1（永久董事代表申请表） （2）凭DIN号及DSC，核实公司名称 （3）起草公司章程（Memorandum）及实施细则（Article of Association），明确公司营业范围、股东人数、出资比例、董事会如何召集等 （4）向公司注册处（Register of Companies，ROC）提交公司章程及实施细则，申请"公司营业执照"（Certificate of Incorporation in India） （5）刻章（董事章及授权签名章） （6）收到"公司成立证明"之后，印刷"公司章程及实施细则"小册子（将COI置在首页）。 （7）向UTI Investors Services Limited申请永久账户号码（Permanent Account Number，PAN，也称"税号"）。UTI代表印度财政部税务局（Income Tax Department）处理此项申请。 （8）到银行开设往来账户 （9）向税务局评定处（Assessing Office in the Income Tax Department）申请税务代码（Tax Account Number for Income Taxes deducted at source，TAN码） （10）如果公司主营进口及批发贸易，需申请进出口代码（IEC Code）及TIN（Tax Identification Number），该号码代表中央销售税及地方销售税（需提供10万卢比银行保函） 如果公司主营服务业，则需申请服务税号（Service Tax Number）

续表

国家	受理机构	主要程序
巴基斯坦	证券与交易委员会（SECP）：管理证券市场及相关研究；公司法的执行监督、管理（包括公司注册）；除银行以外的信贷机构的管理；保险业的管理等 证券与交易委员会在首都伊斯兰堡、卡拉奇、拉合尔、白沙瓦、费萨拉巴德等地均设有办事处	外国公司在巴基斯坦开设分支机构，需在开设30天内向巴基斯坦投资委员会提出申请，然后到证券与交易委员登记注册，经登记注册后的企业应持有关批准文件到巴基斯坦税务部门（www.fbr.gov.pk）办理税务登记获取税号（NTN号码），以及到商业银行履行开户等手续 公司注册程序如下： （1）核准公司名称。公司注册的第一步是缴纳100卢比到公司登记处核准公司名称，以确定拟使用的公司名称未与其他公司重名或相似，也无欺骗或违背宗教义理 （2）审批程序。任何7个或7个以上的人为了合法目的，签署合约和公司章程，并向证券与交易委员会注册登记，就可以成立一个上市有限公司；任何两个或两个以上的人可以按相同的程序，成立一个私营有限公司 （3）在制造业领域成立公司无需政府审批，但金融行业需要经过相关部委的预先批准 （4）公司注册所需文件： 如要注册公司，建议登录证券与交易委员会网站（www.secp.gov.pk）查询和了解有关程序和事项 所需文件如下： ①私营有限公司（Private company） —由发起人签字的公司章程一式四份，一份盖章 —填写公司法规定的指定表格，由一名董事或律师或注册会计师签字 —填写公司地址表格 —填写公司经理、董事和其他人员情况表 ②上市有限公司（Public company or Listed company）： 除了私营有限公司注册所需的上述文件外，还需要填写同意出任首席执行官和董事人选的两个指定表格 ③开设项目办公室或办事处、联络处： —拟在巴基斯坦从事出口活动的外国公司不需任何手续即予以注册 —拟在巴基斯坦设立联络处以推销产品和服务的，需要取得巴基斯坦投资委员会的许可 —外国公司拟在巴基斯坦开设分支机构、联络处或代表处的，需填表向巴基斯坦投资委员会申请许可，投资委员会将在6~8周内做出决定
阿富汗	阿富汗商业注册中心，网址：www.acbr.gov.af	拟申请营业执照的公司必须提交以下材料： （1）详细填写申请表格并附三张申请人照片 （2）由申请人所在国的相关机构出具的申请人无犯罪记录证明 （3）拟成立公司的名称、成立日期、投资金额以及国内公司的通讯方式 （4）由本国银行出具的无不良记录证明 （5）由本国母公司或商会出具的担保证明 所有上述文件须由阿富汗驻外使馆认证并加盖本国驻阿富汗使领馆的印章，由阿富汗外交部转阿富汗投资促进局审核

国家	受理机构	主要程序
孟加拉国	孟加拉国股份公司注册处（Registrar of Joint Stock Companies & Firms）负责新成立外资公司或办理已在国外成立的外资公司在孟加拉国注册等手续	申请合资或独资企业：投资企业向孟加拉国投资局或加工区管理局提出注册申请，提交申请表（可到网站下载）、原公司注册证书、备忘录（MOA）和公司章程（AOA）、土地购买或租赁证明、公司负责人姓名、永久住址、职位及国籍、公司所需机械数量及价格、汇款证明等。注册手续完成后，再申请水、电、气的接入及办理税号、雕刻公章及申请工作许可等 申请股份有限公司：在孟加拉国设立投资企业须先提供股东名册（注明每位股东持股比例）、负责人姓名、投资金额、股东会议记录及公司3个备选名称前往孟加拉国股份公司注册处预审公司名称并办理名称登记。名称登记后，企业提交申请表、经孟加拉国驻中国使馆认证的公司章程、备忘录、注册证书等证明文件、公司主管名录、公司注册详细地址等到股份公司注册处办理注册登记 设立分公司、子公司或代表处、办事处：向孟加拉国投资局申请注册登记，须提交由母公司法人代表签名及盖章的申请表、备忘录和公司章程、公司注册证书、公司法人代表姓名及国籍、公司董事会决议、上一年度审计决算、分公司或代表处机构设置及项目计划等。所有材料须经孟加拉国驻中国大使馆认证
斯里兰卡	在斯里兰卡注册企业应向"斯里兰卡公司注册登记处（Department of the Registrar of Companies）"进行申请（查询网址：www.drc.gov.lk）	外国公司在斯里兰卡注册企业的程序为： （1）在"斯里兰卡公司注册登记处"领取表格 （2）在注册登记处数据库中查询拟注册公司名是否可用 （3）母公司的备忘录和协议 （4）申请人的申请信函 （5）母公司董事成员资料 （6）母公司的银行账户证明 （7）如果母公司在斯里兰卡有任何协议，应出示 （8）母公司近两年的年度报告 （9）授权书
尼泊尔	尼泊尔审批外资企业的机构是工业局，受理外资注册的机构是公司注册办公室。如果注册的企业属于"初步环境审查"或"环境影响评估"范围，还要在工业局进行行业注册	1. 审批。尼泊尔成立了一个"窗口委员会"，统一办理外商投资有关事宜，委员会由工业局局长主持，成员包括工业部、商业部和财政部主管官员。外国投资者须向工业局递交注册企业的申请，从该局获得批准证书。有关工业所享受的优惠和服务设施，在批准书中有明确说明 注册企业的主要审批程序有： （1）按要求向工业局提交申请和附件 （2）工业局外国投资部预审 （3）技术和环境部及注册发证办公室预审 （4）有关委员会写出推荐函 （5）如果固定资产小于5亿卢比，批准 （6）如果固定资产大于5亿卢比，交工业部工业促进委员会批准 （7）到工业局外国投资财务部交押金 （8）工业局外国投资部发批准证书 （9）到工业局公司注册办公室注册

国家	受理机构	主要程序
尼泊尔	（1）工业局网址：www.doind.gov.np （2）公司注册办公室网址：www.company-registrar.gov.np	（10）如果该行业属于"初步环境审查"或"环境影响评估"范围，由技术环境部批准，然后继续下列步骤 （11）工业局注册部进行工业注册 （12）在相关税务办公室注册永久账户 （13）退还押金 2.注册企业需提供的材料包括： （1）外商投资申请表 （2）投资项目计划书2份 （3）环境影响分析/初期环境检测报告2份 （4）协议书2份 （5）外国投资者的护照复印件和公司的有关证明（营业执照等） （6）外国投资者简历和公司简介 （7）银行出具的资信材料 （8）母公司授权书 由于注册程序比较繁琐，提交的文件容易出现内容遗漏、写错填错或投资者对填写要求不理解等问题，加上相关政府机构的部分官员工作作风较差，导致投资者自己很难办下来，应找一个熟悉注册程序的律师，确定相关费用和报酬，由其全权协助办理
马尔代夫	马尔代夫经济发展部以及旅游部负责受理外商投资企业的审批和注册事宜，这些机构的网址分别是： 经济发展部：www.trade.gov.mv 旅游部：www.tourism.gov.mv	外商在马尔代夫申请设立投资企业需要按照要求填写投资申请表，按要求支付有关费用，提交公司章程、公司董事会投资决议、投资项目的可行性研究报告、银行保函以及其他相关文件。马尔代夫经济发展部在接到投资申请后，10日左右完成审批，批准并完成注册后即颁发营业执照。详细程序和要求可在马尔代夫经济发展部网站查询
哈萨克斯坦	哈萨克斯坦国内各地受司法部委托的"居民服务中心"或主管机关负责审核登记文件，出具证明及决定是否颁发登记注册证	注册有限责任公司的基本条件和程序：在进行国家注册时不少于注册资金的25%，但不低于最低法定资本金，即10个"月核算基数*"，提交公司章程和创建协议（两个和两个以上合伙者），在创建文件中须注明公司所在地和详细通讯地址。所必需的文件：公司章程（俄语和哈萨克语）；创建协议（对两个或两个以上合伙者而言）；创建者关于创建公司的决议或全体合伙人会议纪要；关于公司法定地址的证明函；国家注册申请公司经理的税务登记号；注册手续费缴纳收据 外国法人注册有限责任公司还应补充的文件：经过认证的外国法人创建文件的副本；经过认证的证明创办者外国法人合法身份的工商登记注册或其他文件；哈萨克斯坦共和国税务机关出具的法人已纳、未纳税费或其他应纳费用情况的证明 外国自然人注册有限责任公司还应补充的文件：外国自然人护照复印件及经过公证的英语译文的其他能证明其身份的文件

续表

国家	受理机构	主要程序
哈萨克斯坦		注册费：20个"月核算基数" 所需时间： 司法部或下属地区机构（15个工作日） 税务登记（10个工作日） 统计登记（5个工作日） 对外经济活动登记（3个工作日） *月核算基数：哈萨克斯坦财政部规定的用于税收和其他财政应缴费的核算单位，根据国家财政政策和居民收入水平的变化进行定期调整，并公布在国家预算案中
吉尔吉斯斯坦	在吉尔吉斯斯坦设立企业应在以下3个国家机关进行注册：司法部（吉每个州区设有州区管理局）、国家统计委员会（负责将注册资料记入国家统一投资目录）、国家税务监察局。个体企业主只需在统计委员会与税务机构注册 外国投资者与吉尔吉斯斯坦投资者享有同等法律地位，可作为独资外企，或与吉尔吉斯斯坦、其他外企成立合资企业从事有关活动。外国人可购买吉尔吉斯斯坦公司股票或其他有价证券，并可参与有关私有化规划	注册包括在吉尔吉斯斯坦司法部法人地位注册、统计委员会与税务机构注册、获取从事固定行为类型许可证（有关类型在吉尔吉斯斯坦许可证法第9条中有具体规定）以及与企业行为类型有关的许可 1. 法人注册：包括检查创办法人单位文件是否符合吉尔吉斯斯坦法律规定，向企业颁发带有注册号码的国家注册证书，将法人注册资料列入国家统一目录 在吉尔吉斯斯坦司法部注册时，公司代表或承办人本人应提供如下文件：（1）注册申请；（2）取决于公司形式的其他文件 注册股份公司时，创办人应出具确认提交50%注册资金的银行证明。外国公民作为创办人，应出具其本人护照复印件，或其他个人证明文件（应附带有注明签证日期标注）；注册登计卡应在吉尔吉斯斯坦国家统计委员会领取，办理时间为2个工作日。所有注册文件均应附带经公证的吉、俄文译文 2. 个体业主注册：吉尔吉斯斯坦国家统计委员会及其地区机构负责对个体业主按照其所在地进行注册。注册依据业主护照和注册申请进行。注册后统计机构颁发注有单独登记号码的注册证明 3. 分公司与代表处注册：分公司与代表处注册程序同法人注册相似。应另提交的补充文件包括：分公司或代表处总则、分公司或代表处组建人的注册文件复印件。外国企业或自然人应出具证明分公司或代表处的组建公司合法法人地位文件，以及确认其支付能力的银行证明。所有文件应附带经公证的吉、俄文译文 4. 自由经济区企业注册：自由经济区企业注册实行特殊规定。企业应在自由经济区经理委员会注册。所有企业及个体业主均应在吉尔吉斯斯坦国家税务总局或在其所在地税务分局登记。 在吉尔吉斯斯坦国家税务总局登记应提供如下文件： 法人应提供：企业创办文件复印件、国家注册证明以及其他相关文件。自然人应提供：注册登记卡、护照及其他必要文件。作为纳税人应填写税务登记卡一式3份，登记后，纳税人可获取单独税号，供填写所有财会、报关文件之用。如纳税人首次进行税务登记，国家税务总局应向其提供纳税人应缴纳所有税种、支出与义务的信息清单

国家	受理机构	主要程序
塔吉克斯坦	2009年，塔吉克斯坦在欧盟和美国国际合作局的技术援助下建立并启动了"统一窗口"机制，在此框架内企业只需一次提供所需文件即可办理注册等事宜。目前在塔吉克斯坦注册公司、代表处等机构一律到国家税务委员会及地方税务机关注册登记	外资企业在塔吉克斯坦境内的登记注册依照塔吉克斯坦《外资法》及《企业注册法》等进行。自登记注册之日起，外资企业即获得法人资格。注册须提交下列文件和资料： （1）由外资法人代表签署确认的请求企业注册的书面申请，申请应由创办人或其授权委托人提交 （2）经分公司领导层或外资法人代表批准授权的关于在塔成立分公司或代表处的决议 （3）提交企业注册申请文件的企业执行人员或授权人的身份证明文件复印件 （4）外资法人代表或企业领导身份证明文件的复印件 （5）境外企业注册文件复印件或具有同等法律效力的其他文件复印件 （6）已缴纳注册手续费的收据 企业在注册时需提交注册资本到位文件，有限责任公司注册资金不于500索莫尼，开放式股份公司注册资金不少于5000索莫尼，封闭式股份公司注册资金不少于3000索莫尼。外国人或企业注册公司所提交的文件应翻译成官方语言——塔吉克语，并经公证处公证 塔吉克斯坦国家注册部门应在5个工作日内对企业申请做出回应，已登记注册的外资企业会得到固定格式的注册登记证。负责外资企业登记注册的公证处在10日之内通报财政部有关该企业的注册登记。获得注册登记证是企业开立银行账户、刻章、申请统计代码和税号的基础
乌兹别克斯坦	乌兹别克斯坦《企业经营主体国家注册、办理登记及办理许可文件程序条例》规定，受理企业注册的机构为： （1）乌兹别克斯坦司法部 （2）卡拉卡尔帕克斯坦自治共和国司法部 （3）各州司法局 （4）区（市）政府所属企业经营主体注册检查局	乌兹别克斯坦《企业经营主体国家注册、办理登记及办理许可文件程序条例》规定了企业注册程序： （1）注册文件准备（可由乌兹别克斯坦工商会或咨询公司提供协助） （2）注册文件提交给注册机关 （3）注册机关对文件进行审核并做出是否同意企业注册的决议（同时交税务局、统计局办理登记），同时在内务部获取刻制企业印章和印记许可 （4）注册机关发放企业经营主体注册证及内务部关于刻制企业印章和印记的许可证 注册时需提交以下文件： （1）申请（附件1为固定格式，主要内容包括：法人全称及缩写、所有制形式、法律组织形式、拟在册人数、主营业务、邮政地址、邮编、联系电话等） （2）注册文件原件一式两份（章程和/或注册合同，用乌兹别克斯坦文书就） （3）缴纳定额国税或注册费的银行付款凭证 （4）不存在公司名称相同或混淆情况的证明原件 （5）企业印章及印记草图一式三份 （6）按规定程序在乌兹别克斯坦驻外领事机构或注册人所在国驻乌外交机构核准的外国注册人在法人注册地贸易注册簿里的摘要

续表

国家	受理机构	主要程序
土库曼斯坦	土库曼斯坦财政经济部法人和投资项目国家注册管理局是注册企业的受理机构	向受理机构提交正式注册申请（须注明在土拟从事经营活动的目的，并提供公司简介及实际经营活动介绍），并按其规定提供相关的注册文件，主要包括：企业在土库曼斯坦注册批准函，注册企业章程，企业负责人履历和授权委托书，总公司章程和在中国国内注册的相关文件，银行资信证明等 注册申请受理后，注册机构将申请材料转交土库曼斯坦外交部，由土库曼斯坦外交部通过土库曼斯坦驻当地使馆对申请公司的情况进行核查。核查无误后，由注册机构颁发临时注册证明，以便企业凭此办理其他必要手续，如申请统计代码、税号、开立银行账户、刻制印章等。待以上手续全部办妥后，注册机构颁发正式注册许可 注册审批时间原则上在1～3个月，注册费用3000美元（不包括其他杂费）。考虑到土库曼斯坦当地法律法规变化较快且不可预见因素较多，建议中国企业聘请有经验的当地律师协助办理注册手续 外资企业在土库曼斯坦准入门槛高、注册周期长、限制多，近年来鲜有中资企业在土库曼斯坦注册成功

注：不丹相关资料暂缺。

二 商标注册

印度

印度商工部下属的专利、设计和商标局负责专利、设计和商标的注册工作。其总部位于孟买，在德里、加尔各答和钦奈分别设有办公室（阿穆德巴德设有商标注册办公室）。企业申请注册商标需到各邦商标注册办公室办理。

1. 申请人资格

任何在印度使用或打算使用商标的人均有权申请商标注册。打算使用不一定仅限于申请人。如果申请人没有使用或没有打算使用该商标，但是如果一家公司即将成立且申请人打算在商标公告之日起6个月内将该商标转让给这家公司，该商标即可以得到注册。如果两个或两个以上的申请人均打算注册该商标，且任何一人在没有得到他人同意的前提下无法使用该商标，那么这些申请人可以作为共同申请人来申请注册商标。国外申请人必须提供印度当地的通讯地址。

2. 可注册商标的构成要素

印度商标注册簿有A簿和B簿之分。

（1）A簿。下列要素在不需要提供使用证据的情况下可在A簿取得注册：由文字、图形或其组合；品牌，标题，标签，票据，姓氏名称，个人 、公司或企业名称，臆造文字，具有显著性的标志，由数字、字母或其组合构成并用于纺织品（印度本国分类第22类至第27类）的标志，均可在不需要提供使用证据的情况下在A簿取得注册。

（2）B簿。在B簿可注册商标的构成要素包括：由4个商标文字或数字或其组合构成的商标，可无须提供商标的使用证据，在B簿取得注册；在A簿未取得注册的商标，可在B簿申请注册；在A簿取得注册的商标，可同时申请在B簿取得注册；极少使用的姓氏名称，在无须提供使用证据的情况下，可在B簿取得注册；由4个英文字母或数字所组成的臆造词，在无须提供使用证据的情况下，可在B簿取得注册。生者的姓氏名称，在本人同意的情况下，可在B簿取得注册；逝者的姓氏名称，在逝者辞世后的20年内，在其继承人或法定代理人同意的情况下，可在B簿取得注册。

3. 不可注册商标的构成要素

在相同或近似的商品上与在先注册的商标相同或近似的；欺骗消费者或易在消费者中造成混淆的；与印度其他法律相悖的；侮辱、诽谤他人的；在印度境内与公民的宗教信仰相悖的；商品的通用名称；化学元素符号；原产地名称；在纺织品上，单一字母、标题不可以注册；字母或数字或其组合必须在一定条件或限制下方可取得注册；药品的名称。

4. 申请所需文件

申请者须向注册管理部门提交以下材料：

（1）申请人的姓名、地址、国籍，若申请人为合资企业，则此企业的所有董事和股东的信息也应提供；同时还应提供公司的属地国国籍、地址和营业执照。

（2）用于申请商标注册的产品／服务清单以及相关类别。

（3）需注册商标的电子版。

（4）若商标中包含了非英文单词，此单词的英文翻译也需提供。

（5）首次在印度境内使用此商标的日期，若未在印度境内使用，则标明"未使用"。

（6）由申请人签署的委托书，无需进行公证认证。

5. 主要程序

在印度申请注册商标，需要经过以下流程：

（1）提交申请：获取申请回执及申请号。

（2）申请审查：根据法律审查商标是否具有可注册性、是否与在先注册的商标相同或近似、是否违背商标法的禁用条款。对于不通过审查的商标，审查官将书面通知申请人，并告知驳回理由。申请人在接到该驳回通知之日起的3个月内可提交复审，否则，该申请将被视为放弃，申请日和申请号均不予保留。申请人在交纳延期费的情况下可以申请延期。商标审查官可以有条件地接受某些商标注册申请，并可以要求申请人放弃商标中某一文字或图形的使用权。

（3）公示：经过审查之后无其他异议，商标注册局会发出一封验收函（A Letter Of Acceptance, 即 TLA Order），之后该商标将公示在官方商标公告上，公示期间四个月内无其他人提出反对意见，则商标注册局会将发出注册证书。注册商标是一个繁琐的过程，大约需要24～36个月完成整个流程，申请一旦递交成功，会立即获得申请号，优先权也从申请当日起算。一旦商标注册成功，有效期为10年，从递交申请当日起算，以后每10年可在缴纳了相关费用前提下进行无限更新。

巴基斯坦

注册巴基斯坦商标需提交的申请文件：商标申请书、商标图样、委托书（如通过代理申请）、商标注册申请费（1000卢比，不收现金）。

申请巴基斯坦国内商标，应到"巴基斯坦知识产权组织商标注册处"办理，该注册处设在卡拉奇，另外在拉合尔设有代表处。在巴基斯坦未注册的外国企业须通过当地商标注册代理进行申请。

申请国际商标保护，可通过巴基斯坦商标注册处向设于瑞士日内瓦的世界知识产权组织办公室（WIPO）国际局申办。

阿富汗

阿富汗商工部正在起草《商标法》并拟成立商标办公室，负责有关商标注册事宜。

孟加拉国

任何宣称对商标拥有所有权、正在使用该商标或准备在孟加拉国使用该商标的企业或个人都可以向孟加拉国专利、设计及商标局申请商标注册。申请注册需提交经企业负责人签名盖章的申请书，列明申请人姓名、国籍、地址、企业类型、使用商标所生产的产品或服务名称以及商标使用的范围。商标注册部门一般在3个月内予以回复。商标注册有效期为7年，从申请日计算。第7年需进行续展，商标续展注册有效期为10年，续展费必须在有效期满之前支付。此后每10年续展一次。

斯里兰卡

商标注册事宜按照"斯里兰卡知识产权保护法律（知识产权保护第36号法律）"向知识产权保护办公室申请，也可委托知识产权保护办公室许可的相关代理机构进行申请。

尼泊尔

根据《商标、专利设计法案》和《外资和技术转让法案》，注册商标的管理机构是工业局。提交文件包括：

（1）公司注册证明和企业成立证明；

（2）商标使用文字/符号复印件；

（3）商标代表的产品或服务的名字；

（4）商标创意声明；

（5）如果是外国商标在尼注册，须附带本国商标注册证明、申请书、委托书和4份商标说明书。

马尔代夫

经济发展部是马尔代夫商标注册的主管部门，申请注册商标的个人或单位需按要求向经济发展部提交申请表及其他相关材料，并支付相关费用。

哈萨克斯坦

按照哈国有关法律，哈知识产权局通常不直接受理外国人的商标注册申请，外国申请人需首先向当地知识产权事务所办理相关手续，凭借事务所出具的证明方可到阿斯塔纳知识产权局办理注册手续。办理商标注册登记需12个月，注册费用为300~350美元。办理注册机构为哈知识产权保护局。

提交注册申请时需提供必要的文件和已纳税证明，之后，要经过注册机关对注册产品进行两个月的初验。

吉尔吉斯斯坦

吉尔吉斯斯坦商标注册管理局是国家商标注册指定单位。企业注册商标时应提交注册申请，注册申请包括申请单位情况、拟注册商标的商品或服务产品清单、完税证明、单位介绍信等材料。根据吉尔吉斯斯坦相关法律，商标管理局在1个月内进行初步鉴定，若符合商标法规定，即给予商标注册。

塔吉克斯坦

塔吉克斯坦《商标法》自1991年12月23日起即已存在，于1994年施行新《商标法》。商标由文字、图形、三维图形和其他显著性要素组成，可指定颜色。

不可注册为商标的范围包括：

（1）与他人相同或类似服务上的商标相同或近似；

（2）受塔吉克斯坦作为成员的国际条约保护的未注册商标（如受巴黎公约保护的驰名商标）；

（3）在一定条件下类似商品的在先商业名称；

（4）受保护的外观设计、版权或个人姓名。

注册商标需要提供的材料包括：申请人中英文名称及地址、商品或服务项目和商品图样。

在塔吉克斯坦注册的商标有效期为10年，期满后可在6个月宽展期内续展，每次可续展10年。若商标注册失败，任何人在该商标失效后3年内不得注册。如注册后在任何5年内未予使用可能应第三方要求撤销；广告可作为使用证据。

对任何官方驳回决定，申请人可在收到官方通知之日起3个月内向上诉委员会上诉；如不服上诉委员会裁定，可于6个月内向法院上诉。

转让和许可使用商标必须向专利局备案。

目前，企业申请注册商标可致函塔吉克斯坦经贸部下属专利局，由专人负责办理此业务，按要求支付相关办理费用即可。

乌兹别克斯坦

乌兹别克斯坦《商标、服务标志及商品原产地名称法》第36条规定，外国法人和自然人享有本法规定的与乌兹别克斯坦公民同等的权力，或遵循互惠的原则。也就是说，外国人也应到乌兹别克斯坦国家知识产权署申请注册商标。

土库曼斯坦

注册商标需到财政经济部专利事务局办理相关手续。主要程序包括：递交申请；主管部门审批（分文件审查和实物审查两阶段）；商标注册、发放证书；对外公示。

三　专利注册

印度

印度商工部下属的专利、设计和商标局负责专利、设计和商标的注册工作。企业申请专利需到各邦专利注册办公室（Patent Office Branch）办理。申请专利流程如下：

（1）提交申请材料

申请表、发明人宣誓书、说明书、图示、发明摘要（若说明书非正式版本，则须在提交申请后12个月内补交正式说明书）；其中专利说明书建议由相关知识产权法专家起草，以确保所有条款均适用相关法律。

（2）公示

申请提交日起18个月后进行公示；

申请人可请求优先公示，以提早结束公示。

（3）申请审查

提交申请当日起48个月内请求对申请进行审核；

申请人可请求优先审核，以提早结束审核步骤。

（4）审查

对申请材料产生异议，会下发第一次审查报告（FER），申请人需在发文日起12个月内回应，若申请人不服驳回理由，有权要求开听证会。

（5）授权

专利局核准专利后，该申请案可获得专利号并予以公告。

（6）驳回

若申请人不服专利局的驳回决定，可在三个月内向知识产权上诉委员会（IPAB）提起上诉。

（7）授权后异议

此专利在公告一年内，任何人有权对该专利内容提出异议。

巴基斯坦

巴基斯坦知识产权组织专利办公室是巴基斯坦受理专利申请的主管部门。

需提交的申请文件主要包括：申请书、委托书（如通过代理申请）、专利说明书，并缴纳专利申请费。

申请程序：①提交申请；②审查和核准；③如未通过审查，将要求申请人补充或修改材料；如通过审查，则在官方公报中发布受理通知；④颁发证书。

阿富汗

阿富汗专利管理机构为商工部商标注册办公室。根据阿富汗《外国专利登记法》，阿富汗可为过去在其他国家获得过的专利提供当地注册，申请时间必须在原批准国批准该项专利的2年之内。申请专利时需提交文件如下：

（1）申请人和发明人资料，包括名字、地址、联系方式、身份证明等；

（2）如外国人申请专利，需出示原批准国的相关资料；

（3）相关技术资料；

（4）图片或照片等。

此外，需要在商标注册办公室填写申请表格（一般可委托当地律师代为办理）。

孟加拉国

孟加拉国专利、设计及商标局是负责专利、设计及商标注册和管理的主管部门，隶属于工业部。专利申请可以一人申请或多人联合申请，提交材料包括申请人姓名、国籍、住址、两套说明书、图纸、授权函及在第三国获得的专利证书复印件等。专利有效期16年，从第四年开始每年需要申请延期。

斯里兰卡

外国公司或个人若要申请专利，需按照"斯里兰卡知识产权保护法律（知识产权保护第36号法律）"向知识产权保护办公室申请，也可委托知识产权保护办公室许可的相关代理机构进行申请。有资格代理申请专利或商标的机构可向斯里兰卡知识产权保护办公室查询（网址：www.nipo.gov.lk）。

尼泊尔

根据《商标、专利设计法案》和《外资和技术转让法案》，专利管理机构是工业局。申请应该提交下列文件：（1）申请书；（2）权力要求书；（3）专利说明书、摘要及必要的附图。

马尔代夫

在马尔代夫受理专利申请的政府部门是经济发展部。申请专利需委托国际或当地代理机构。需要提交的资料主要包括：

（1）申请专利指令信，详细写明：申请人的名称（姓名）和地址；发明人的姓名和地址；指明申请专利的种类；拟提出申请的国家或地区；曾在国外申请专利的情况；是否要求优先权；委托人的联系电话、地址等，其指令信的书写形式可由律师事务所提供。

（2）该专利在母国申请的请求书复印件。

（3）该专利在母国申请受理通知书复印件。

（4）该专利在母国申请文件，包括：说明书；说明书摘要；权利要求书；说明书附图。现有技术资料是指就申请人所知的与发明相关的专利文献、科技文献、外国专利局的检索报告或审查结果。

（5）代理人委托书，该委托书书写形式由律师事务所提供。

国外专利申请表需要申请人在该表上签名，书写形式一般由律师事务所提供。

哈萨克斯坦

哈萨克斯坦实行专利公开检验制度。根据这一制度对发明和工业样品发放两种类型的保护许可证书：最初按公开体系，即初步专利证书。之后，申请人如果愿意继续保护该项目，就应该申请进行实质性评估，授权机关根据其评估结果决定是否发放专利证书。

对实用新型和育种成果直接发放专利证书。这些保护证件用于证明申请人的优先权、具体自然人发明权以及被保护项目业主的使用特权。

专利注册可到知识产权事务所进行登记，程序同商标注册（网址：www.intellectual.kz）。

吉尔吉斯斯坦

在吉尔吉斯斯坦专利注册、工业或知识产权保护程序规定，任何国籍的法人、自然人均可向吉尔吉斯斯坦政府国家科学与知识产权署（吉尔吉斯斯坦专利局）递交有关专利申请。

塔吉克斯坦

塔吉克斯坦申请专利的管理机构是塔吉克斯坦经济发展和贸易部下属的国家专利信息中心。企业如需办理专利申请，须向上述机构提交相关文件。

根据塔吉克斯坦相关规定，在塔吉克申请专利须提交以下文件：

（1）专利申请。标明专利名称、发明者姓名、以谁的名义申请专利保护文件、发明者和专利申请人常住地址和现在居留地等。

专利申请人可以是自然人或法人，外国人在塔吉克申请专利须指定专利代理。

（2）发明的具体描述，须信息完整能够使专业人员按此操作。

（3）关于发明的构成和本质的描述。

（4）发明简介。

（5）图纸及其它可说明发明物品本质的材料。

（6）按规定缴纳专利申请费用的单据。

乌兹别克斯坦

乌兹别克斯坦知识产权署是申请专利的管理机构。申请专利需要提交的文件主要包括：

（1）专利申请书，须指明发明者（合伙人）的姓名，专利申请人的姓名，居住地或所在地。

（2）发明描述，其内容可用于全面实施。

（3）发明公式，可表明发明本质及符合相应的描述。

（4）图纸及其他材料，如果这些是理解发明本质所必需的。

（5）有关发明的论文。除此之外，专利申请书上还须附上按规定缴纳专利税的证明文件。

在乌兹别克斯坦申请不同种类专利，申请手续和程序略有不同，相关具体规定请登录乌兹别克斯坦知识产权署网站（www.ima.uz）查询。

土库曼斯坦

土库曼斯坦政府主管专利申请的部门为财政经济部专利事务局。中国企业在土库曼斯坦申请专利需向该机构递交正式申请，并根据其要求提供相关文件、资料，包括专利技术描述、图纸等。申请被受理后，还需依次通过主管部门审查（分初审、复审和专利审查三个阶段）、公示等环节。待全部程序履行完毕并获批准后，申请人才能领取到该机构颁发的、且在土库曼斯坦正式注册的专利许可证。

中国企业可聘请当地拥有正规执照、在专利主管部门登记注册的专利事务委托人代为办理申请手续。

四　劳动许可

印度

印度工作签证的申请接收部门为印度驻外使（领）馆；印度工作签证的

审批部门为印度驻外使（领）馆和印度内政部。外国人进入印度后须向居住地所在的外国人注册办公室（FRRO或FRO）申请居住许可并申请延期；工作签证延期的审批部门为邦内政部和中央内政部。

1. 工作许可制度

外国人在印度工作必须事先获得工作签证（Employment Visa）或新近针对电力和冶金项目设立的项目签证（Project Visa）。

工作签证的申请人必须是有专业资格的高技术/高技能专业人员，从事日常事务性工作、秘书或文书工作、办事员等无需专业技术或高技能的相关人员，不在工作签证申请的受理范围内。印度公司所担保的外籍公民在该印度公司的年收入需在25000美元以上。此要求不适用于从事以下领域工作的人员：中餐厨师，语言教师（英语语言教师需符合年收入25000美元以上的要求）、翻译、为相关国家驻印度使领馆工作的人员。

工作签证的签发对象：

（1）前往印度将在某公司或者某组织内（于印度注册）工作的外籍公民，或者从事由某外方公司/组织运作实施的某项工程中的相关工作的外籍公民。

（2）依照双方签订的设备/机器/工具器具等的供货合同，前往印度安装、调试机器、设备或工具器具的外籍工程师或技术人员。

（3）被授权前往印度、向已缴付使用费等各项费用的印度公司提供技术支持、技术服务、传授技能或者提供各类服务的外籍人员。

（4）依照合同，前往印度从事顾问工作，并由印度公司支付固定酬金（不可以月薪的方式支付）的外籍人员。

（5）依照与印度宾馆、饭店、俱乐部或其他单位/组织签订的合同，在合同期内，定期在以上单位从事表演活动的外籍艺术家。

（6）前往印度国家级或邦级运动队或者知名体育俱乐部从事教练工作的外籍公民。

（7）与印度体育俱乐部或体育组织签订固定期限合同的外籍运动员。

（8）作为独立技术顾问，前往印度从事工程、医疗、财务、法律或其他领域高技能服务的自雇外籍人员。如果印度法律不允许，外国人不能在印度从事该领域的工作。

（9）中文和其他语言的教师或口译。

（10）中餐专业厨师，其他国家餐饮的专业厨师。

依据中印两国2003年6月签订的关于简化签证程序的谅解备忘录，针对中国公民可签发的工作签证类别如下：

（1）3月期单次往返工作签证（适用于在印度开设办事处、在印度工作，含承包某项工程的工作）；

（2）3月期工作人员随行家属单次往返探亲签证；

（3）3月期非工作人员随行配偶/子女/亲属单次往返旅游签证。

（提示：商务签证或任何其他种类的签证不允许转成工作签证。希望获取工作签证的外籍公民必须返回他们拥有永久居留权的所在国，向印度使/领馆申请工作签证，并提供签证所需的所有相关文件。）

项目签证签发对象为前往印度从事电力或冶金项目工作的外籍公民，具体要求包括：

（1）签发对象仅为高级技术人员或熟练技术人员，半熟练和非熟练技术人员不在签发对象范围内；

（2）项目签证持有人在签证有效期内只能在印从事该项目工作，不得参与同一家公司的其他项目工程，亦不得参与其他公司项目工程；

（3）项目签证持有人活动范围仅限该项目所在地；

（4）签证有效期与该项目合同期等长，但最长为1年，多次往返；

（5）每个外籍公民在某印度公司从事同一项目工作不得超过2年（从该项目开工之日起算）；

（6）项目签证申请人须提交相关申请材料，证明某印度公司或组织已与某外方公司签署项目合同；

（7）每个项目只允许派遣最多两名厨师和两名翻译；

（8）印度公司须担保前往该公司从事项目工作的外籍人员在签证有效期满前离开印度；

（9）签证有效期超过180天的项目签证持有人须在抵印后14天内前往当地外国人登记注册办公室（FRO/FRRO）办理登记注册手续。

2．申请程序

工作签证须由申请人或申请人所在的机构向印度驻华使（领）馆直接申请。印度驻华使（领）馆需先向印度内政部、劳工部等部门报批，印度驻华使（领）馆根据这些部门的"签证通知书"及相关中资机构或工程项目公司在印度获准设立的印度政府批文，或中方受雇人员提供的印方公司的任命书以及印方工程部门出具的对工程和确有需要雇用中方人员的确认书等，一般可办理有效期为3个月的1次入境工作签证。随行家庭成员在提供亲属关系证明及雇主邀请函后，可获得有效期为3个月的1次入境签证。上述人员应在入境后14天内且其签证失效60天前，到所在地FRRO或FRO注册登记、依次申请居住许可和签证延期，延期申请审批通过后，原先3个月1次入境签证可延为1年多次入境签证。外国人居住许可和多次出入境签证每次延期的申请时段不超过1年，并且一次工作许可允许的总工作时长不能超过5年。如申请者在印度工作超过5年，则需要重新申请新的工作签证。申请工作签证通常需8个星期或更长时间，工作签证的延期审批通常需4个星期或更长时间。

目前，印度对中国公民在印境内务工掌握极严，一般管理人员和工程技术人员极难获得工作签证，普通工人更是无法获得相关工作签证。

3．提供材料

工作签证申请需要提交的材料：

（1）印度公司聘书及双方所签合同的复印件；

（2）申请人简历；

（3）教育/专业经历证明；

（4）专业技能证书；

（5）印度公司根据《公司法》规定办理的登记执照，或该公司在印度某邦的工业部门或者出口促进委员会已注册登记的证明；

（6）公安局签发，公证处公证的无犯罪记录证明；

（7）签证审核表中要求提交的其他文件。

项目签证申请需要提交的材料：

（1）与中方公司或机构签订了工程合同或项目合同的印度公司出具的证明信函（原件或者传真件），其中应包括以下信息：

①中方公司全称；

②中方公司的登记注册地址；

③工程/项目名称；

④该项目在印度的详细地址：邦、区、镇、村；

⑤项目合同工期（总天数）；

⑥分别列出前往印度从事该项目的以下中方工作人员的人数：

高级技术人员；

拥有理工类专业学士或以上学位或理工类专科学历证书的熟练技术人员；

拥有中等专业学历证书的熟练工人。

（2）印度公司致相关印度驻外使/领馆的信函（原件或者传真件），其中需明列以下信息：

①印度公司担保前往该公司从事工程、项目工作的中方公司及中方工作人员在印度的一切行为；

②印度公司全责担保中方工作人员在印度遵守印度的法律、法规（需要相关中方人员的姓名，护照号，出生日期）；

③印度公司担保前往该印度公司从事工程、项目工作的中方工作人员在签证有效期满之前离开印度。

（3）中方公司出具的证明文件，需简述该印度项目或工程的性质及相关中方工作人员在该项目中的工作内容。

（4）申请人的简历。

（5）教育资质证明。

（6）专业技术资格证。

（7）印度公司根据印度《公司法》的规定办理的登记执照，或该公司在印度某邦的工业部门或者出口促进委员会已注册登记的证明。

（8）由公安局/派出所出具并公证的无犯罪证明公证书。

（9）填写附加表格并及时将该表格的电子版（以Word格式）发送至电邮：fsvisa@indianembassy.org.cn。

巴基斯坦

外国人赴巴基斯坦工作不再需要获取工作许可，只需申请工作签证。巴基斯坦负责外国人工作签证的管理部门是投资局和内政部，投资局负责工作签证的申请或延展，内政部负责授权和签发。巴基斯坦政府最新规定，巴基斯坦驻外使领馆将只被授权向中国公民发放有效期为一年的多次赴巴基斯坦工作签证，且签证发放机关需事前证实其参与项目的真实性，并获得中国官方出具的安全许可。工作签证延期办理只能由巴基斯坦内政部批准，相关办理人员届时需递交其雇佣单位的延期申请以及相关文件。

1. 工作许可制度

外国人赴巴基斯坦工作必须申办工作签证，持工作签证的外国人须在巴基斯坦警方登记备案。原先对于外国投资者或雇员申请由商务签证换发工作签证的，内政部将根据巴基斯坦投资局的核查结果予以受理。但从2010年起，巴基斯坦内政部原则上不再受理商务签证更换工作签证的申请。

2．申请程序

外国人赴巴基斯坦工作签证需由雇用单位向巴基斯坦投资局（BOI）提交相关资料，包括护照信息、专业资格证书、雇用单位资信证明文件等，BOI审批通过后将出具同意函，申请人持函向巴基斯坦内政部申办工作签证。详情可查询BOI网站：www.pakboi.gov.pk。

3．提供资料

工作签证申请具体程序和各项材料要求可查询BOI网站：

www.pakboi.gov.pk/index.php?option=com_content&view=article&id=97&Itemid=57

4．签证资料

中国与巴基斯坦签有互免签证费协议和互免外交、公务及因公普通护照签证协议。外交、公务及因公普通护照持有人赴巴基斯坦无需办理签证，在巴基斯坦可逗留30天。后两种护照持有人若欲超期停留，则需提前办理延期手续。因私护照持有人需办理签证，但免交签证费。

因私护照持有人赴巴基斯坦经商考察，要求由巴基斯坦有关单位（公司）出具邀请函并由巴基斯坦市一级工商协会加盖认证章，然后持有效护照、护照复印件、签证申请表、照片等到巴基斯坦驻华使（领）馆申办。

巴基斯坦为鼓励经贸合作和方便游客进入，规定经贸人员持由巴基斯坦市一级工商协会加盖认证章的邀请函，或由巴基斯坦旅游公司接待的旅游团体和个人可在机场办理落地签证。但操作起来有不确定因素，建议出行前先办妥签证。

入境后签证延期手续由巴基斯坦内政部护照签证处或各省的内务部门负责办理。如果签证已经过期，应尽快到巴基斯坦内政部护照签证处或各省的内务部门缴纳一定罚款，申请办理签证延期手续。

阿富汗

外国人在阿富汗工作须获得阿富汗劳工部门颁发的工作许可证。阿富汗实行工作许可证制度，外国人凭工作证才能办签证延签。

外国雇主和雇员申请工作证，需携相关资料，经就业和社会事务部、内政部审查，并缴费后获得。进入阿富汗后，从申请到获得工作证，一般需要1个月以上。中国人办理工作证申请流程和所需材料如下：

（1）在阿富汗驻华大使馆申办入境签证；

（2）在阿富汗驻华大使馆进行资质认证（毕业证、职称证等）；

（3）申请人携带护照、资质认证书到阿富汗劳动、社会事务和残疾人部外国人居留事务办公室递交工作申请，领取表格，填写个人简历并提交；

（4）申请人将外国人居留事务办公室发放的"资信调查函"呈交给阿富汗内政部刑警司，如无犯罪记录，刑警司完成调查后，在"资信调查函"上加注"无犯罪记录"；

（5）申请人将"无犯罪记录"的"资信调查函"指令函交回外国人居留事务办公室，办公室据此开出缴费通知单；

（6）申请人到阿富汗中央银行缴费，并取得缴费票据；

（7）申请人将银行缴费票据交给外国人居留事务办公室，一般一周内可获得工作签证。

孟加拉国

外国人在孟加拉国工作必须先申请工作许可证，要获得工作许可必须符合下列要求：申请人必须是孟加拉国政府承认的国家的公民，且年龄超过18周岁；雇用外国人的企业必须在孟加拉国合法注册，雇用工种必须是孟加拉国所不具备该类技术人员的工种；外国雇员总数不能超过公司雇员总数的5%；孟加拉国内务部证明该外国人在孟加拉国无犯罪记录。孟加拉国本土劳动力失业率较高，对外籍劳务需求极少。因此，不是特殊工种的外籍劳工很难获得当地政府的就业审批。

斯里兰卡

斯里兰卡是劳动力大国，严格限制各类企业雇佣外籍劳务。除承包工程项目或投资项目项下协议规定外，其他领域基本上不允许外籍劳务人员进入。

外国人在斯里兰卡工作需遵守斯里兰卡外籍人员就业管理局的相关规定。外国人在当地工作应按照程序办理入境和居住签证手续。居住签证的时间最长为1年。到期若需要继续工作，应由其就业的公司向政府部门申请续签。

政府对从事外籍劳务输入的公司进行管理，颁发执照。若外国公司和当地公司违反外籍人就业规定，将会受到罚款、限期离境、限制入境等惩罚。

尼泊尔

主管部门是尼泊尔劳动雇用促进局、工业局和移民局。在尼泊尔企业根据本地某些技术劳务不足，可向劳动雇用促进局申请雇用外国人的工作许可证，每个外国人一次可得到1年的非旅游签证，最多续签5年。签证费：第一年60美元/月，第二年起100美元/月。

在尼泊尔工作的外国人，通过用人企业向劳动雇用促进局和工业局申请，获准后才可把工资、津贴和报酬等收入的75%兑换成可兑换货币汇回本国。

外国人赴尼泊尔工作申请程序包括：（1）用人企业向劳动雇用促进局申请，取得推荐函和工作许可证；（2）用人企业向工业局申请，取得推荐函；（3）在上述基础上，从移民局获得非旅游签证。

提交申请应附下列文件：

（1）企业和受雇外国人的协议；

（2）企业发展报告；

（3）受雇外国人简历（主要描述有关技能和经验）和学历；

（4）受雇外国人最近的签证和最新护照相片；

（5）准备接受该外国人培训的尼泊尔人名单；

（6）企业注册证明；

（7）企业在政府报纸刊登的招聘广告。

劳动法中涉及外国人的规定主要包括：

（1）任何单位（含外资企业）招聘、雇用职员或工人，尼泊尔人有优先权；

（2）任何单位（含外资企业）雇用的外国雇员或工人，应具有尼泊尔人没有或不能相比的专长或经验；

（3）用人单位雇用外籍员工，应通过劳动雇用促进局为其获取工作许可证；

（4）企业解雇人员时，首先应解雇外国人而不是尼泊尔人；

（5）在尼泊尔工作的外国人需由用人单位为其到移民局申请和续签工作签证；

（6）在尼泊尔工作的外国人在劳动雇用促进局批准后可把收入所得的75%汇回本国。

外国人必须遵守的移民条例规定主要有：

（1）无许可证不得进入徒步旅行区，进入这些地区必须遵守规定；

（2）不准参加政治活动；

（3）不准参加法律禁止的活动，不准使用和保留法律禁止的物品；

（4）不准从事或纵容他人从事与当地传统和习俗相悖的活动。

尼泊尔是劳务输出国家，对外籍劳务人员的签证管理较为严格，原则上仅为具备尼泊尔人没有的专长或经验的外籍人员发放工作签证和商务签证。即使如此，获得签证的审批流程和时间均较长。

2013年3月尼泊尔出台一项新的签证政策，如果满足以下四个标准之一，外国个人投资者和公司可分别获得一个和两个5年期商务签证：

（1）在连续的3年里，通过银行渠道在尼泊尔投资额达20万美元及以上；

（2）在连续的3年里，每年向尼泊尔政府缴纳的平均所得税达20万卢比及以上；

（3）雇用超过50名本地员工；

（4）在连续的3年里，每年完成出口额2千万卢比及以上。

如外国投资企业在尼泊尔经营期不满3年，则只需满足条件（3）或投资额超过20万美元即可。对于投资额在100万美元以上的大型项目，尼泊尔政府将在项目执行前为投资个人或公司签发此类签证。对于投资额在500万美元以上的特大型项目，尼泊尔政府将在项目执行前为投资公司签发最多5个此类签证。此外，外国投资公司在上述投资额标准之上增加10万美元投资，可多获得1个5年期商务签证；外国投资公司缴纳的所得税每增加10万卢比，可多获得1个5年期商务签证。

马尔代夫

马尔代夫青年和体育部及移民局是负责外籍劳工工作准证的政府主管部门。根据马尔代夫法律规定，外国公民必须获得马尔代夫政府批准的工作许可方能赴马尔代夫工作。

外国人赴马尔代夫的工作许可由在马尔代夫的雇主作为主体申请办理，申请主体可以是马尔代夫企业，也可以是外国在马尔代夫投资的独资、合资企业。

当地企业雇主申请外籍雇员的条件是业主在马尔代夫当地难以招聘到的技术或管理岗位，才可以从国外聘用。根据马尔代夫政府对外商投资提供的优惠条件，外国投资企业可以自由聘用外国管理、技术和非技能性劳务人员。

在马尔代夫申请工作许可证需要向签发机构提交的文件或资料包括申请表、雇主信息、拟申请聘用的外国人持有的学历证书、执业技术资格、工作简历。

获得工作许可批准的外国人只能持工作许可副本（原件由马尔代夫境内的雇主保存），为便于此类人员顺利出境赴马尔代夫，马尔代夫驻华使馆负责对其工作许可副本进行确认，确认后使馆官员将在工作许可副本上签名并加盖印章。

哈萨克斯坦

哈萨克斯坦劳动和社会保障部负责哈萨克斯坦劳务政策的制定和管理。为保障本国公民就业，哈萨克斯坦限制外国劳务进入，但本国人员不能完全胜任的工种或者缺乏的人才除外。因此，哈对使用外国劳务有严格的配额制度，且获取签证十分困难。虽然哈每年的劳务配额不少，但由于对劳务的严格控制和签证手续的繁琐，劳务配额的使用额度较低。此外，劳动配额不适用于俄罗斯、白俄罗斯、吉尔吉斯斯坦和亚美尼亚公民，因欧亚经济联盟成员国公民在联盟区域内已可以自由从业。

1. 工作许可制度

哈萨克斯坦有关法律规定，每一位进入哈萨克斯坦工作的外国公民都必须获得当地劳务许可，"进入哈萨克斯坦从事劳务活动的外国人和无国籍人士如未获得主管机关颁发的许可证，且两国间未签订其他解决程序协议，可将其驱逐。"

哈萨克斯坦政府根据本国人力资源储备状况每年发布引进外国劳务配额。目前，"俄罗斯、白俄罗斯、哈萨克斯坦关税同盟"内部劳动力已无需配额可以自由流动。

无需办理劳务许可人员：外国公司的负责人，外国公司代表处和子公司的负责人；来哈短期出差人员，连续停留时间不得超过45天；与哈萨克斯坦签订有5000万美元以上的投资合同的外国公司负责人；在哈萨克斯坦经济优先领域进行投资活动并与国家授权机关签订投资合同的外国法人代表；外国银行和保险公司的负责人；在哈萨克斯坦注册的外交、国际组织和领事代表处的工作人员；来哈从事人道与慈善援助人员；在哈萨克斯坦注册的外国传媒代表；外国组织的海洋、河船的全体乘务人员和航空机组人员，铁路和交通乘务人员；演员和运动员；持有哈萨克斯坦居住身份证者；难民或在哈萨克斯坦获得政治庇护的避难者。

2．申请程序

为首先解决哈萨克斯坦本国居民就业需要，本国居民无相应专业或无人应聘的，可从国外引进。

寻找当地工人：向就业中心提交职位空缺资料；在劳动部的网站资料库中寻找所需专业工人。

雇主向当地就业主管部门提交附带以下文件的引进劳务申请：

（1）上一年及当年所颁发许可证到期时特别条款履行信息。

（2）拟引进外国劳务人员个人信息，须写明姓名（用拉丁字母）、出生日期、国籍、护照（证明身份的证件）编号及颁发机关和日期、常驻国、离境国、文化水平、专业名称、符合哈萨克斯坦共和国采用的《领导、专家及其他工作人员技能资格指南》《单位领导、专家及其他工作人员职务标准技能评定》《工人工种及职业技能工资统一指南》《工人技能工资评定》及中央执行机关批准的《哈萨克斯坦共和国01-99工种国家分类目录》的技能。

（3）拟引进外国劳务人员职业技能证明文件：

①依照哈萨克斯坦共和国法律程序认证的学历证明公证翻译件（用哈萨克语或俄语填写的复印件），哈萨克斯坦共和国所加入的国际法规定的情况除外。

②工作履历信息，须附上劳务人员原单位公函纸填写的工龄证明（从事专业技能时间）或哈萨克斯坦共和国承认的其他证明文件。

（4）哈萨克斯坦共和国中央教科执行机关在引进外国人及无国籍人士任职高校及科研机构教师及科研人员时对外国专家相应职业水平作出的结论。

（5）雇主与引进外国劳务人员之间签订的劳动合同之证明无误的副本公证件（翻译成哈萨克语或俄语）。

（6）工程、服务合同之证明无误的副本公证件（翻译成哈萨克语或俄语）。

（7）员工中哈方员工比例信息。

（8）无犯罪纪录证明。

（9）无妨碍拟从事职业疾病的体检报告。

（10）医疗保险。

当地就业机关应在10日内发放许可证，但不包括以下情况：申请人没有提供某些或全部必须的文件；申请人没有完成过去所发许可中规定的附加条件；所在地区的额度已满。

2005年以后，哈萨克斯坦劳动与社会保障部将外国人劳务许可证配额的发放权利下放到各州，由各个州的劳动社会保障局执行。

哈萨克斯坦劳务许可证制度有别于其他国家，许可证只发给雇主，而不是工人本人，许可证不能转让第三方。因此雇主对获得劳务许可负有直接责任。

申请劳务许可的外国人员年龄不能低于23岁，男性不能高于63岁，女性不得高过58岁；对外国工人的技能指标和评价要客观公正，并确实优于哈萨克斯坦当地的同专业人员；外国申请劳务许可人员的所属公司需有使用哈萨克斯坦本土劳动力的计划，尤其是工程技术和管理人员，列出本地人员替换外国工人的计划和培训本地人员专业技能的计划等。

3. 提供资料

法人和自然人申请劳动许可应提供的文件包括：标准格式的申请书；申请者符合从事该项经营所需专业要求的证明文件；已交付从事某行业所需费用的证明文件。

外国公民由哈萨克斯坦企业（雇主）代为申请劳动许可时所应提供的文件包括：外国劳务人员个人信息，须写明姓名（用拉丁字母）、出生日期、国籍、护照（证明身份的证件）编号及颁发机关和日期、常驻国、离境国、文化水平、专业名称、符合哈萨克斯坦共和国采用的《领导、专家及其他工作人员技能资格指南》《单位领导、专家及其他工作人员职务标准技能评定》《工人工种及职业技能工资统一指南》《工人技能工资评定》及中央执行机关批准的《哈萨克斯坦共和国01-99工种国家分类目录》的技能。

外国劳务人员职业技能证明文件：依照哈萨克斯坦法律程序认证的学历证明公证翻译件（用哈萨克语或俄语填写的复印件），哈萨克斯坦共和国所加入的国际法规定的情况除外。

工作履历信息，须附上劳务人员原单位公函纸填写的工龄证明（从事专业技能时间）或哈萨克斯坦共和国承认的其他证明文件。

哈萨克斯坦中央教科执行机关在引进外国人及无国籍人士任职高校及科研机构教师及科研人员时，对外国专家相应职业水平作出的结论。

无犯罪纪录证明。

无妨碍拟从事职业疾病的体检报告。

医疗保险。

申请劳动许可应缴纳的费用：相当于20个"月核算基数"的许可费；补偿费用：在哈工作的每个专家每月应缴纳相当于3个"月核算基数"的补偿费用；工作人员每月应缴纳相当于4个"月核算基数"的补偿费用；高于回程机票金额20%的保证金，如本人持有回程机票，则无须缴纳保证金，但必须提供回程机票复印件；每人应缴纳1000美元保证金（按当时比价兑换成坚戈），离开哈萨克斯坦国境时返还。

吉尔吉斯斯坦

到吉尔吉斯斯坦以从事劳动行为为目的的外国公民、无国籍人士需在劳动、就业和移民部登记。按规定程序取得工作许可，在企业工作，以及从事个体商业行为的外国公民、无国籍人士，由劳动、就业和移民部授予工作许可证。

1. 工作许可制度

招收外国劳动力许可证有效期应不超过1年，过期后许可证的延期应由委员会审批，同时，雇主应缴纳与办理招收外国劳动力许可证等额的费用。

如雇主违反招收、使用外国劳动力的规定，国家移民与就业委员会将对其提出警告，并要求限期纠正。如未履行有关要求或重复违规，国家移民与就业委员会可注销外国劳动力许可证，或可暂停其有效期直至纠正违规行为。

企业外籍领导人、外国专家的工作许可证有效期为1年，并允许逐年延期。外国职业工作人员的工作许可证总有效期不得超过2年，外国个体企业主不得超过3年。劳动、就业和移民部自申办所需文件全部递交之日起，15天内应做出颁发或拒发工作许可证的决定。

2. 申请程序

雇主应向州移民与就业委员会递交招收外国劳动力许可证办理申请，申请所附文件清单与许可证格式由国家移民与就业委员会确定。在个别情况下，应提供吉尔吉斯斯坦有关国家机关确认的关于招收具体专业人员的情况说明。申请人应对办理许可证申请内容的真实性承担责任。

3. 提供资料

（1）按规定格式填写的吸纳外国劳动力申请表；

（2）雇主吸纳外籍劳动力的说明信；

（3）外国公民就业许可申请。包括个人履历表、护照签证复印件、劳动合同、艾滋病验血医疗证明；

（4）雇主身份证明；

（5）单位介绍信；

（6）企业员工编制和当地员工名单；

（7）企业从业许可证；

（8）企业厂址证明文件；

（9）经公证的企业注册证明复印件；

（10）创办章程；

（11）劳动许可延期应提交许可证原件；

（12）简易文件夹；

（13）办证交费单据。

塔吉克斯坦

塔吉克斯坦劳动和社会保障部（简称劳动部）是管理外国劳工的专门机构。外国人赴塔吉克工作必须获得工作许可。企业法人向塔吉克斯坦劳动和社会保障部提出办理工作许可申请，劳动和社会保障部同意后向企业发放劳务许可总单。企业获批准后到塔吉克斯坦外交部备案。塔吉克斯坦驻外使馆凭塔吉克斯坦外交部认可和对个人的邀请函办理签证。劳务人员到达塔吉克斯坦后，由企业统一到移民局为职工办理工作许可证（俗称打工卡）。外来务工人员需办理工作许可证，一年费用3510索莫尼。外国劳工许可证期限一般为1年、2年和5年。按照塔劳动部和移民局规定，用工许可期限不得少于签证期限。

根据中塔两国1993年3月签订的《中华人民共和国政府和塔吉克斯坦共和国政府关于互免公务旅行签证的协定》，塔吉克斯坦对持有因公普通护照和公务护照的中国公民实行免签证制度，但停留日期不得超过30天；超过30天者应在塔吉克斯坦外交部领事司办理签证，并办理居留手续。持因私护照者凭塔方邀请函在塔吉克斯坦驻华使馆办理签证手续，入境后需到塔吉克斯坦外交部和内务部办理临时居留手续，时间通常不超过一年，超时可办理签证延期。

1. 许可证管理

塔吉克斯坦对雇主聘用外国劳工实施配额许可及担保押金制度。

雇主要雇用外国劳工须事先从劳动部获取配额及许可；劳动部在核发外国劳工就业许可证时会遵循保护国内劳动力市场和国家利益的原则，按规定，项目中方人员和塔方人员用工比例一般为1：9，企业也可根据项目具体情况就用工比例与塔劳动部进行协商。塔劳动部一般在年初公布对每家国外企业用工配额，该配额按人次计算，企业需合理安排利用该配额，避免出现配额不足情况，影响项目进度。劳动部所发放的外国劳工就业许可证在塔吉克境内有效，许可证有效期一般与所签劳动合同期限一致。

2. 申领许可证的具体程序

（1）雇主先向所在地有授权的地方主管部门递交申请，后者在对有关材料进行核查后再向塔吉克斯坦劳动部转报。上报材料内容主要包括外国劳工的姓名、出生年月、国籍、专业等，同时须附所签劳动合同以及雇工的健康证明（一般为国内出入境管理部门开具的健康证明）等详细资料。

（2）拥有授权的主管部门将在2周内就雇用单位是否具备雇用外国劳工的可行性条件给予答复，同时将全部资料转交塔吉克劳动部。

（3）塔吉克劳动部在2周内对雇主提出的申请进行研究（对于小企业的申请在10天之内），决定是否发放雇用外国劳工许可证，并通知雇主领取许可证，同时向塔吉克内务部、外交部、国家边防委员会等相关部门通报许可证发放情况。

3. 提供资料

（1）书面外国劳工许可证申请；

（2）申请许可证人员姓名、出生年月、国籍、专业等有关情况；

（3）雇佣劳动合同；

（4）雇工健康证明。

根据塔吉克斯坦《劳动法》的明确规定，在塔吉克斯坦居住的外国公民可在塔吉克斯坦企业、机关及各种组织中谋求职位。为进一步规范外国公民在塔从业人员的管理，2001年12月，塔吉克斯坦政府颁布了《外国劳动移民实施办法》，使得对外国劳工的管理更为细化和有法可依。《外国劳动移民实施办法》规定：

（1）外国人（包括在塔境内的法人代表以及无国籍人士）可以依据同雇主所签订的劳动合同，在塔境内从事劳务活动，但法律规定的某些只能由塔吉克公民担任的职务或从事的特殊工种除外；

（2）外国劳工拥有并承担《外国公民权利法》中所规定的一切权利和义务；

（3）外国劳工进入塔吉克斯坦境内后，须持经授权的主管部门所出具的书面文件到居住地内务部门进行临时居住登记；

（4）外国劳工的具体工作程序由雇主同雇工所签订的劳动合同确定。劳动合同须包括下列内容：雇主和雇工的基本情况；合同对象；劳动报酬；工作及休息时间；健康及劳动事故保险；双方的责任与义务；劳动纠纷解决办法；雇主负责雇工返回原籍；有效期及解除期限；双方商定的其他条件；

（5）根据529号政府令，规定从2008年10月31日起，对外来劳工实行工作许可证制度；同时规定外资企业中外籍工作人员比例不能超过30%。2016年以来，对外国工作人员比例进行限制，基本达到1∶9的用工比例。

塔吉克为劳动力过剩的国家，在塔吉克斯坦工作的中国人多为项目管理人员和投资及工程承包项下的劳务人员。塔吉克斯坦对就业岗位和测试条件无特殊规定。2018年，塔吉克斯坦政府发放了7500个外国劳务配额。上半年，2800名外国人在塔取得了劳务许可。据塔总统命令，在国际协议框架下，为实施基础设施项目和工业项目的部分外国劳务数量不包含在上述外国劳务配额中。

乌兹别克斯坦

负责外国人赴乌兹别克斯坦工作的政府主管部门为对外劳务移民署。外国人必须获得工作许可。乌兹别克斯坦只接受本国没有或缺乏的专家或技术人员在当地就业。只给总经理职务的人员发放1年的工作签证，其他级别人员只给予半年的工作签证。

外国人必须通过雇主才能办理劳务许可。首先申请人须与雇主签订劳动合同，由雇主到涉外劳务移民署办理雇用外国劳务人员许可证，然后该雇主才有权为该外国公民申请劳动许可证。

在乌兹别克斯坦申请工作许可需要向签发机关提交的文件分两个阶段：一部分是申请时的文件，另一部分是到达当地后需要提交的文件。

1. 申请工作许可需要提交的文件：

（1）招聘外国劳务许可证原件；

（2）申请一式三份（格式-4，必须用乌兹别克斯坦文填写）；

（3）个人信息资料表一式两份（格式-5）；

（4）居民（所在地）劳动及社会保障总局的函；

（5）劳动合同方案。对于总经理、经理及其他人，需要企业注册人会议纪要及企业领导任职令复印件；

（6）外国公民的护照复印件；

（7）能证明与所任职务相符合的毕业证书、证明、建议或其他证件的复印件；

（8）银行付款（付款要求）单证复印件（在委员会对申请做出肯定决议之后）。

2. 到达当地以后需提交的文件包括：

（1）外国公民的护照复印件（附上有效落地签证）；

（2）艾滋病抗体诊断证明；

（3）照片2张；

（4）单方签字的劳动合同复印件。对于总经理、经理及其他人，企业领导需要任命书复印件（摘录）。

如果外国公民在提交文件时身处国外，则在委员会就其事项做出决议前不必来乌兹别克斯坦，否则对于他的申请将做出拒绝发放（或延期）的决定。在外国公民身处乌兹别克斯坦境内的情况下，则需要提交上述两部分清单的所有资料。

土库曼斯坦

土库曼斯坦移民局负责发放管理赴土工作准证，在土工作必须获得工作许可。土库曼斯坦对外国劳务许可管理十分严格。根据土库曼斯坦法律规定，外国公民在土库曼斯坦停留一个月以上，均须办理劳务许可。否则，将不予发放签证。土库曼斯坦法律还规定，外国员工数量不得超过企业员工总数的10%（即外籍员工和土库曼斯坦员工比例不高于1∶9），否则也将因额度限制而拒发劳务许可。

企业应将有关申请资料提交土方合作伙伴（业主），再由其转交移民局，以办理相关手续。移民局审批时间为1个月。

提供资料包括：劳务许可申请函、个人信息表（有规定格式）、护照复印件、最高学历证明、艾滋病检验证明、企业担保函、企业外籍员工和土方员工比例情况等。

《外国公民赴土库曼斯坦临时工作条例》规定，外国公民在土库曼斯坦工作必须办理劳动许可（由其雇主办理）；土库曼斯坦移民局按照土库曼斯坦公民优先补缺原则，以及外国雇工数量不超过员工总数10%的比例颁发劳动许可；许可有效期一年，如需办理延期，则雇主须在许可到期前一个月内按规定重新递交申请文件。顺延期限一般不超过一年；劳动许可不准转让其他雇主。临时在土库曼斯坦务工的外国公民从一雇主转投另一雇主必须经土库曼斯坦移民局批准；外国公民在劳动关系中享有与土库曼斯坦本国公民同等的权利，并承担与之同等的义务。

五　居住手续

印度

在印度经营的中资公司多选择租赁房屋、土地的形式开展经营。根据印度有关政策，在印度注册的外国公司子公司、分公司等可以购置不动产（包括土地、房产），但来自中国、巴基斯坦、孟加拉国、尼泊尔等8国的公司，购买不动产时必须获得印度储备银行的预先许可。此外，在实际操作过程中，要在印度购买土地或房产往往手续复杂，周期漫长且成本难以控制。

巴基斯坦

巴基斯坦各省政府均制定了本省的土地政策，在旁遮普省、信德省等地建立工业特区以吸引国内和国外投资。特区实行一系列优惠政策，如土地将出租给投资者50年，到期后还可延长50年等。

阿富汗

阿富汗禁止外籍人员购买土地。外商在阿富汗投资建厂，可以租用土地，最长70年。没有统一征地价格，需谈判确定土地价格。外商只可租用土地，没有所有权和处置权。

孟加拉国

孟加拉国不允许外国人以私人身份买卖孟加拉国土地，但在孟加拉国投资合法注册的公司可以购买土地。除非经过特殊批准外，原则上国有土地交易仅限于使用权的买卖，其最高使用年限（租期）为99年。

斯里兰卡

根据斯里兰卡现行法律，外国公司和个人均禁止购买土地，仅可通过租借形式开展投资活动，最长租期为99年但需缴纳100%印花税。如通过在斯里兰卡设立合资公司购买土地，其外资控股不得超过50%，但投资购买3层（不含）以上公寓住房，外国投资者可享受国民待遇（持有所属公寓的永久产权）。

尼泊尔

外国投资者在尼泊尔投资可以通过以下两种途径获得土地：

（1）在工业区投资获得土地。在工业区管理有限公司管理的11个工业区内，政府管理部门以合理价格提供开发的土地和厂房等设施，投资者可向该公司申请在工业区投资。

（2）在工业区外获得土地和厂房。

①投资者可自行在工业区外找地盖厂房，但限定于可以建立特殊企业的地区。

②外国自然人不得拥有土地，不得以个人名义建设厂房，须在公司注册办公室注册后，购买土地和以公司名义建设开发。

③可通过当地房地产商买卖土地，当地的合伙人、协会也可以提供帮助。得到土地后，须到当地土地税务局办公室注册。

马尔代夫

马尔代夫的外国企业或个人无权取得土地的所有权，但可通过租赁取得土地使用权进行开发。以居住为目的租赁土地最长年限为15年，可以续租；以商业开发为目的租赁土地最长年限为10年，可以续租。外国企业如需租赁马尔代夫土地，首先应与土地所有权人就土地位置、大小、租赁目的、租金、年限等达成协议，并提供至少两位独立担保人，然后在土地授予机构（通常为住房与基础设施部）注册，方可取得土地使用权。

马尔代夫宪法此前规定不允许外国人在该国购地，但土地对外租赁期可达99年。该修正案规定，外国人可通过投资超过10亿美元的购地项目永久拥有该国土地，但其中70%须是新生土地。目前，修正案还需总统批准。马尔代夫希望吸引大规模外国投资，进而促进经济转型，减少对旅游业的过度依赖。

哈萨克斯坦

哈萨克斯坦外国人和外资企业可以在哈租赁土地，但不得转让和买卖。哈萨克斯坦本国公民可以私人拥有农业用地、工业用地、商业用地和住宅用地，可以进行买卖。外国人和获得哈绿卡的人无权购买哈农用土地，只能进行租赁，农用土地租用年限由原来的10年延长至25年，具体规定如下：第37

条第5款规定，在哈萨克斯坦，本国公民可拥有10～49年的有偿临时使用权用于农业（农场）经营，外国法人有偿临时使用权为25年；本国非国有法人可拥有49年内的有偿临时使用权用于商品性农业生产，外国法人有偿临时使用权不得超过25年。

吉尔吉斯斯坦

吉尔吉斯斯坦禁止向外国人提供或转移农业用地所有权；外国人、外国法人可享有居住区用地临时使用权；居住区外土地临时使用权，除农业用地外，可由政府向外国人提供。其他情况下，居住区外土地可以提供、转交或特定继承权形式供外国人临时使用；外国人土地租赁费用，除农业用地外，按土地税税率，并采用吉尔吉斯斯坦政府确定的核算标准确定。

塔吉克斯坦

塔吉克斯坦《土地法》规定，土地属于国家，不许买卖，只能租赁，并按地区征收平均土地税。外国投资者和外国投资企业依法可以在一定期限内使用（包括租赁）土地。现行法律规定土地使用期最长为50年（《土地法》第13条和第25条，《外国投资法》第32条第一款）。塔吉克斯坦受特别保护的地区不向外资企业和外国公民提供。

塔吉克斯坦土地使用权需要进行国家登记，获得国家登记证书后，土地使用权正式生效。塔吉克斯坦土地使用是有偿的，每年缴纳的费用，主要包括土地税和土地租金，具体金额每年根据塔吉克斯坦相关法律确定。

乌兹别克斯坦

按照649号总统令，无论是乌兹别克斯坦国内法人还是外国投资者使用乌兹别克斯坦土地，都需要申请办理土地使用许可。按照282号内阁令，土地使用许可由乌兹别克斯坦地质部门组成委员会进行审查，由乌兹别克斯坦内阁批准。取得土地使用许可后，用地单位应与土地所有者签署合同，并向当地政府申请批准。当地政府以决议方式批准，批准费用数额，双方按要求签署文件，支付费用即可。按照736号内阁令，签署合同后，用地单位应到乌兹别克斯坦地质部门办理土地使用注册。

外资企业获得土地，按照用地时间，征地方式分为临时征地和永久征地。

临时征地：用地时间最长为3年。实际征地过程中，征地时间为1年，到期后办理延期。外国投资者可通过签署合同的方式取得土地使用权。使用土地的法人组织应按照合同向土地所有者支付费用。

永久征地：用地时间为3～10年。10年之后需要办理延期，办理方法同临时征地。不同的是，使用土地的法人组织应按照N282号内阁令的规定向税务部门纳税，而且应按照736号内阁令的规定，到有关国家机关登记注册。

在办理征地过程中，经常发生土地补偿费用之外的费用，土地所有人或农场主有时会索要更多的费用。如果所征用的土地处在城市，也会发生一些问题，如难以达成一致，则需签署补偿合同，得到政府部门审批等。

土库曼斯坦

在外国法人和自然人租赁使用土地方面，新修订的《土地法》规定：外国企业需在签订土地租赁合同且获得土内阁批准的条件下，租赁非农耕用地的土地使用权，租赁期限最长为40年，而且所租赁的土地仅限于以下使用目的：工程建设和其他非农业建设项目、临时工程设施。用于搭建营业点等临时设施的土地租赁期限不得超过5年。在实践中，地方政府土地管理部门提供的土地租赁合同通常不允许外国企业做任何修改，而且合同有效期通常为1年，之后每年续签。

第七章

贸易投资风险防范

一 贸易风险

中资企业在与南亚和中亚国家开展贸易合作时，应从维护中国形象与信誉的高度出发，坚持"以质取胜"，努力提高出口产品质量。遵守当地的相关法律法规，规范贸易秩序，避免双边贸易中存在不规范现象，为合作长期、稳定、健康发展打下良好基础。同时，中资企业也要加强自身风险防范意识，有效地规避风险，减少贸易纠纷。

1. 关注政治政策环境影响

印度政府为对本国市场实行贸易保护，频繁对外国进口产品发起贸易救济调查。印度已经成为近年来WTO成员中对外发起反倾销调查最多的国家，也是对中国反倾销立案最多的发展中国家。巴基斯坦政局动荡，经济受外界因素影响大，中国企业应随时关注巴基斯坦政治经济和安全形势、债务状况及国家和银行信用等级情况、通货膨胀情况及汇率变化等，减少经营风险。

2. 坚持合法合规经营

尼泊尔盛产虫草、石斛等珍稀草药产品，该类产品通过许可证管理，在经销此类产品时应注意合法经营。严格遵守尼泊尔进出口法律法规，禁止走私黄金、珍稀动植物制品等违禁物品。马尔代夫是旅游胜地，对环保要求很严。中国企业出口到马尔代夫的商品无论在成分还是外包装方面，都要符合马尔代夫的技术标准和相关要求。尤其是农产品、食品、动物及动物制品，要进行严格的检疫检验。

3. 避免合同模糊条款

中国公司要增强自我保护意识，要求双方签订购销合同，事先就付款条件、争议解决条款等进行明确约定，如果发生争议时，可以最大限度地保护自己利益。合同中要准确注明产品名称、型号、包装和交货期等。避免出现"货到付款"的条款，防止欺诈。明确违约时相应的补偿和惩罚条款、出现争议时的仲裁条款。

4. 调查合作企业信誉

中资企业在寻求新贸易伙伴时要对对方企业规模、运营状况进行实地考察，对合作方的资信状况做深入调查，不能轻信中间人所称其拥有的高层背景。在合作过程中应聘请律师作为法律顾问，做到公司行为有法可依，具有责任性质的相关事项尽量以书面形式进行确认。印度个别不佳企业经常实施欺诈。例如，当中国货物抵达港口后以各种理由不按时提货。根据印度海关规定，货物抵港后在规定期限内无货主提货，则该货物将被海关没收并拍卖。在中资企业货物被海关没收后，印商往往再以低价从海关将货物购回，往往给中资企业造成财物两空。

5. 规避信用证风险

孟加拉国部分银行经常不遵守国际贸易惯例违规操作，即使受益人单证相符、单单一致也常因进口商以货物质量原因等为借口而延迟付款或拒付。为此，相关投资者应严格做好信用证的审证工作，要求对方开具即期信用证，审单审证时注意做到没有不符点。如出现开证行违规拖欠付款的情况，应据理力争，要求对方严格按照国际贸易有关信用证的统一规则按期付款。印度进口商在选择支付方式时，经常采用T/T或D/P，而较少采用L/C付款方式。为规避收汇风险，中资企业应尽量要求对方接受L/C即期付款方式。如果印商坚决不同意，则最好采用T/T Advanced付款方式。中资企业自印度进口时，最好也采取L/C即期付款方式，以避免出现付款后无法按约定条件收到进口货物的情况。哈萨克斯坦国内经济不景气，大量中小企业资金周转困难，处于亏损状态。建议中资企业在与哈企业开展贸易时多利用信用证、抵押支付、保理等能够规避风险的金融手段进行支付。

二 投资风险

中资企业到南亚和中亚国家投资，应做好充足准备，深入进行可行性研究，充分了解当地法律法规和政府政策，谨慎选择合作伙伴，签订合同务求严谨，妥善处理好劳资关系，充分估计和应对面临的风险。

1. 充分进行市场调研，客观评估投资环境

中资企业应对当地市场作充分调研，充分了解当地的国家税收、劳工、外汇管理、环保和安全等法规和政策。孟加拉国投资环境相对宽松，劳动力资源充足且价格低廉，加之其产品出口欧美等发达国家可享受一系列免关税、免配额或关税减让等优惠，吸引许多国外投资者。但同时也要看到孟加拉国基础设施差、水电气资源缺乏、政府部门办事效率低下、处理不好易发生劳资纠纷、当地商人资信度低等问题。土库曼斯坦存在高度集权的政治经济体制，市场机制不发达，政府机构经常对外资企业或涉外合作项目进行行政干预和检查，曾经有土方在与外企产生合同争议情况下采取单边行动、强行终止外企经营的个案发生。尼泊尔资源匮乏，基础设施不完善，缺乏必要的公路、仓库、电力、生产和生活用水等基础设施，油料和燃气供应不能保障，供需矛盾突出，投资服务设施和配套政策也亟待改善。马尔代夫基础设施较落后，电力、交通等设施容量有限，岛屿分散，大大增加了项目投资成本和施工、经营难度。乌兹别克斯坦计划经济色彩浓厚，在经济生活中较大程度上仍保持行政干预手段，容易出现权力寻租现象。

2. 找准当地产业空白，优选投资合作项目

中资企业在选择投资项目时，应充分调研当地市场和国情，对于矿产开采、能源开发等项目应全面了解有关政策后，充分深入进行可行性研究工作，准确掌握有关信息，并应考虑市场容量等因素，避免出现产能过剩情况。当前中资企业赴印度开展产能合作日渐增多，但存在行业相对集中、对市场了解不全面的问题，如中国手机行业大举进入印度市场，导致中资企业同业竞争日趋激烈。部分中国企业拟赴印度开展电力投资，但印度燃煤供应紧张，上网电价较低，利润难以保证。塔吉克斯坦工业发展落后，本土制造产业较少，除少量食品类，大多数商品依赖周边国家进口。中国企业应充分研究塔吉克产业发展和市场需求，结合自身产能和技术优势，来塔吉克探讨产能合作。此外，在塔吉克斯坦建立合资公司应掌握企业生产运营销售等重点环节的主导权，保障企业发展和效益。

3. 严格合法合规经营，维护企业正当利益

中资企业在东道国投资须认真了解当地法律法规，严格遵守当地行政、税收、劳动、环境保护和技术标准等方面规定，按照当地政府部门审批程序合理把控投资节奏和生产秩序。投资过程中，中资企业应注重借助当地律

师、会计师等专业人士的协助，在做好合规工作的同时维护自身合法权益。中资企业投资阿富汗须遵守阿富汗政策法规，依法办事，照章纳税，不要采用贿赂等不法竞争手段，避免与当地利益集团发生利益冲突或竞争。中资企业在孟加拉国投资应依照相关法律规定办理投资和登记手续，投资限制性行业的应特别注意在开展具体经营活动前取得相关行政许可。塔吉克斯坦执法环境不尽理想，对法律的执行和解释较为随意，有意在塔吉克斯坦投资的企业应聘请当地律师作为法律顾问，处理与法律相关的事宜，保护自身利益。适当了解外资企业，尤其是中资企业在塔吉克斯坦投资方面的一些争议解决情况，通过典型案例来了解塔吉克斯坦法律条文的解释尺度、处理方法和执行情况，尤其需注意争议较多的税收案例。印度现行法律和税收体系较为复杂，涉及签署重要合同以及日常财务管理、税收申报等事项应聘请当地有资质、资信良好的律师事务所、会计师事务所等中介机构协助办理。对减免税政策的执行和解读标准不一。

4. 慎重选择合作伙伴，完善合同细节条款

对于合资项目，中资企业要全面调查和了解合作方的资信状况，切忌在对合资伙伴缺乏了解的情况下，贸然投入资金，以免上当受骗带来经济损失。塔吉克斯坦执法司法环境对投资者的保护不足，在出现分歧时中资企业更易处于被动地位。企业在与塔方合作伙伴签署合同时，应谨慎研究条款，充分维护自身利益和主动权。对合作伙伴的情况作全面深入的了解和分析，不要轻信合作伙伴的口头承诺，将所有谈判内容落实在合同中，同时对合同文本进行仔细推敲，做到每项条款的表达准确，责任分明，避免在后期交涉中陷入被动。马尔代夫与中国的工程、产品质量认定等标准有不一致的情况，因此在合同执行和认定过程中有可能出现争议，建议在考察前期充分了解相关标准体系和操作规程，完善合同细节条款。投资者与孟加拉国本地自然人或企业合资开展经营，应特别重视调查合作伙伴的资信状况，不与资信状况不佳或背景情况不明的自然人或企业合作，约定合理的合作期限，避免受骗上当。

5. 部分国家吸引外资政策执行不力，企业应科学计算成本

尼泊尔行政体系效率低下，吸引外资的政策尚不完善，现有优惠政策也无法充分落实。马尔代夫政府行政审批程序繁复，耗时较长，可能会延长工作预期时间。吉尔吉斯斯坦政府在引资方面持积极态度，却一直缺乏相应优

惠政策，现有政策也落实不力。乌兹别克斯坦当地的相关部门在落实对外资减免税政策时，对相关政策的执行标准不尽一致，时常走样，对相关法律的解读也不尽一致，容易造成企业因无法准确理解和执行增加运营成本和风险。塔吉克斯坦对吸引外资政策的执行力不稳定，如塔吉克斯坦1992年颁布的《投资法》中有塔方员工总数不得少于70%的规定，为吸引外资，塔吉克斯坦在2007年颁布的《投资法》中取消了这个限制。但在实际执行中，塔吉克斯坦政府通过投资协议等方式强行增加用工比例要求，且规定更高的塔方员工雇佣比例。另外，塔吉克斯坦政府近年来财政紧张，税务等部门存在对外资企业频繁检查和不合理征税现象，造成企业经营成本增加。土库曼斯坦《外国投资法》和新出台的《自由经济区法》均规定了一系列投资鼓励政策。但上述法律在具体实施中尚存在一些问题和未尽事宜，加之土方机构办事效率不高，随意性较强，因此要想真正享受到优惠政策还有工作尚待落实。中资企业对此应有充分的思想准备，适当调整对优惠政策的期望值，科学计算投资成本。

6. 尊重当地宗教信仰和习俗，实现员工本土化

南亚和中亚国家宗教、民族众多，对当地政治经济生活影响较大。中资企业在当地投资要充分了解和尊重当地宗教信仰和风俗习惯，引入适应当地的科学管理方法和当地可用人才，提高国际化经营能力。印度是宗教大国，宗教、教派众多，宗教对印度社会政治、经济生活影响深刻；巴基斯坦是伊斯兰国家，在巴基斯坦开展投资合作要尊重当地宗教习俗；阿富汗宗教、民族、部族和党派对社会生活影响较大，有必要处理好各种关系，争取多方理解和支持。孟加拉国普通员工大多英语沟通能力较差，中方管理人员如果不懂语言也不熟悉当地文化很难与之沟通，沟通不畅则容易引起矛盾而导致罢工。塔吉克斯坦为欠发达的传统社会，社区是当地居民与社会融合的主要方式，在塔吉克斯坦投资企业只有融入塔吉克斯坦当地社会和社区，才能为企业提供更好的生存环境，为企业进一步发展奠定基础。可通过吸收更多当地人力资源参与企业建设，与当地社会一起分享企业发展的成果来逐步实现。

7. 重视环保问题，积极履行企业社会责任

环境污染和文物保护是政治和社会敏感问题，易引起政治炒作，中资企业应给予高度重视，审慎处理。近年来，孟加拉国很多地方环境变差，当地居民意见很大，媒体也在不断曝光。针对此问题，孟加拉国政府已逐渐增强

对环境保护工作重视程度。目前环保部门和地方政府正通过完善有关法律法规、支持环保企业发展、迁移重污染企业、加大对违规排放企业处罚力度等多种方式，努力改善本国生态环境。因此，企业应高度重视投资项目的环评流程和环保合规审查工作，依法获取环保部门颁发的正式批准文件，切勿在未经许可的情况下擅自开工。中资企业应从发展经济、扩大就业、热心公益事业等方面积极回报当地社会，避免引起对方产生中方掠夺其资源和市场、剥削其廉价劳动力的误解。积极履行社会职责，积极推行本地化经营，热心于当地福利和慈善事业，为自身争取良好的立足和生存环境。

8. 密切关注政治安全局势，防范安全风险

中资企业需要密切关注当地安全局势和政局动态，避免卷入政治斗争，弱化政治因素对项目的影响，投资后尽量实行属地化经营，加强驻地和生产、经营场所的安保工作。2017年5月31日，阿富汗发生特大恐怖袭击，造成逾700人伤亡，安全局势持续恶化。鉴于阿富汗安全局势不稳定，爆炸、绑架等恶性事件频发，各企业为防范安全风险雇用大量安保人员、配备防弹车、监控和通讯设备等，安防支出大幅增加。尼泊尔政治势力错综复杂，虽已完成三级选举，全国性的罢工、游行示威等活动仍时有发生，企业正常生产经营活动时受干扰。2005年至今，吉尔吉斯斯坦政权已两次非正常更迭，造成社会动荡，经济下滑，对外资企业经营影响极大。近年来，巴基斯坦安全形势严峻，个别地区恐怖袭击、刑事犯罪案件频发。企业投资前应认真考察市场并征求中国驻当地大使馆意见，选择相对安全的投资地点。

三 人身安全

部分南亚和中亚国家宗教冲突和恐怖活动时有发生，造成严重人员伤亡，安全形势严峻，例如印度、巴基斯坦、阿富汗等。部分国家恶性治安事件和暴力冲突时有发生，在当地的中国公民应提高警惕，加强防范，减少不必要的外出，并采取相关措施，确保人身安全。如遇紧急情况，请及时向当地警方和中国驻当地使（领）馆求助。

印度

印度部分地区宗教冲突和恐怖活动时有发生，每年都造成较多人员伤亡。中资企业人员和中国公民需注意人身安全：外出前应了解所去地方的最

新社会治安情况，掌握使、领馆联系电话、当地报警电话、所住饭店电话、地址等信息，最好告知同事、朋友或亲属本人的去向；尽量避免去人群较密集的地区，特别是宗教集会及有争议的地区和寺庙等敏感场所；尽量避免单独前往较偏僻的地区，尤其是女性晚上最好不要外出；女性在印度旅行时要注意，印度一些人喜欢搭讪，借机占小便宜或图谋不轨，要特别注意提防，防止上当受骗；注意饮食卫生，尽可能饮用瓶装水，不要接受陌生人提供的食品和饮料；外出时携带手机以便及时与亲朋好友联系。

巴基斯坦

巴基斯坦安全形势严峻，个别地区恐怖袭击、刑事犯罪案件频发。巴基斯坦主要城市卡拉奇的社会治安有待改善，其他城市近年也发生过抢劫、偷盗、甚至假冒警察持枪抢劫等治安案件。巴基斯坦北部地区地形复杂，人烟稀少，经常发生塌方、泥石流、雪崩等自然灾害，前往时最好由当地伙伴安排并同行，尽量缩短逗留时间。如遇偷盗、安全威胁、人身伤害等情况，应立即向当地警方报案，并索要一份警察报告复印件，同时向中国使（领）馆反映情况。

阿富汗

在阿富汗的中国公民应密切关注安全形势，强化安全防范意识，加强自身安全防护，减少不必要外出。中国在阿富汗没有医疗队。建议中方人员赴阿富汗前，认真做好体检，自备好常用药物，特别是应对腹泻和发烧的药品。美军和北约"联军"在阿富汗执行"坚定支持任务"的军队及阿富汗军队在全国各地设有诸多军事和行政要地，如重要政府部门、外国使团、军事设施、警察哨所等。禁止在这些敏感区域拍照。拍照前，要特别注意并咨询随行当地人员，不要在旅游景点以外区域照相，以免引起不必要的麻烦和危险。未征得同意，不要拍摄当地人员，特别是当地女士。无人陪伴的女士外出易受骚扰和言语侵犯，最好由男士陪伴。外出时尽量乘车，至少两人同行；避免携带大量现金和贵重物品。随身携带护照、工作证等身份证明；行车途中锁闭门窗；路遇军警要求停车检查时，司乘人员切忌贸然下车。美军和北约"联军"车辆是武装袭击的重点目标，尽量与其保持距离，或靠边停车，或保持一段距离，切忌紧随驾驶和拍照。

孟加拉国

孟加拉国总体治安状况良好，但在临近大选时由于政治斗争会造成社会态势紧张，特别是在发生罢工、游行期间需要注意生产安全和人身安全的风险防范。孟加拉国是频受自然灾害侵袭的国家，孟加拉湾飓风经常肆虐沿海地区，内地常遭龙卷风袭击。赴孟加拉国投资企业和个人应提高风险意识，关注自然环境变化，保护人身和财产安全。

斯里兰卡

斯里兰卡一些恶性治安事件时有发生，各地抗议示威活动频繁发生，出现示威群众多次与警方发生冲突，社会政治气氛和治安形势在一定程度上有恶化的趋势，涉及中国公民的交通和治安事件也时有发生，中资企业在斯开展业务时务必提高防范意识，注意保障人身安全。当地抗议示威活动频繁，避开骚乱多发地区，如果身处游行现场应及时离开，切勿逗留围观。与亲人朋友保持联系，及时提供行踪和联系方式。独自外出或与人交往尤其是夜间外出或会见陌生人应注意安全。注意出行安全。结伴出行，谨慎前往生僻地区。尽量避免搭乘公共交通或三轮机动车（TUKTUK）。斯里兰卡主要自然灾害为海啸、洪灾和泥石流。在当地的中国人出行前应注意当地天气预报，雨季避免前往山区及可能遭受洪灾的地区。

尼泊尔

2017年3月，尼泊尔南部与印度交界的萨普塔里地区（Saptari）发生严重暴力冲突事件，造成人员伤亡。建议中方人员提高防范意识，密切关注当地天气状况及道路安全信息，遵守尼泊尔法律法规，远离集会、游行、示威场所，加强自身安全防范。尼泊尔易发生泥石流、山体滑坡等自然灾害。2015年4月25日和5月12日，尼泊尔分别发生8.1级和7.5级地震，地震造成当地重大人员伤亡和经济损失。尼泊尔卫生环境较差，水质不佳，水里多种有害物质大量超标。在尼泊尔投资和旅游应特别注意个人卫生，不饮生水。

马尔代夫

2015年9月，总统亚明乘坐快艇时险遭暗杀。当年11月警方和军方在两个地方发现武器和炸药，"国家安全面临威胁"，国家安全委员会建议采取紧急措施。总统亚明于11月4日宣布，全国进入紧急状态30天。

吉尔吉斯斯坦

吉尔吉斯斯坦治安环境不乐观，每年均会发生数起针对中资企业和个体商户的刑事案件，最多一年曾有22名中国人被害，防恐形势依旧严峻。2016年8月中国驻吉尔吉斯斯坦大使馆遭受汽车炸弹恐怖袭击，在吉中资机构应时刻保持警惕，注意人身财产安全。

塔吉克斯坦

2017年以来，塔吉克斯坦经济形势下滑，社会治安出现不安定因素，犯罪率有所上升。2006～2011年针对中国公民发生过几起抢劫和袭击案件。2017年发生犯罪案件22018起，同比增长1.2%，未发生直接针对中国企业或公民的恐怖袭击及绑架事件。2015年发生了塔吉克斯坦国防部副部长恐怖袭击事件。2018年7月29日，塔丹加拉地区发生恶性袭击杀人事件，袭击造成4名外国游客遇难。

四 财产安全

中资企业在南亚和中亚国家开展投资、贸易、承包工程和劳务合作的过程中，要特别注意事前调查、分析、评估财产风险，事中做好风险规避和管理工作，切实保障自身利益。包括对项目或贸易客户及相关方的资信调查和评估，对项目所在地的政治风险和商业风险分析和规避，对项目本身实施的可行性分析等。企业应积极利用保险、担保、银行等保险金融机构和其他专业风险管理机构的相关业务以保障自身利益，包括贸易、投资、承包工程和劳务类信用保险、财产保险、人身安全保险等，银行的保理业务和福费廷业务，各类担保业务（政府担保、商业担保、保函）等。建议企业在开展对外投资合作过程中使用中国政策性保险机构——中国出口信用保险公司提供的包括政治风险、商业风险在内的信用风险保障产品；也可使用中国进出口银行等政策性银行提供的商业担保服务。如果在没有有效风险规避情况下发生了风险损失，也要根据损失情况尽快通过自身或相关手段追偿损失。通过信用保险机构承保的业务，则由信用保险机构定损核赔、补偿风险损失，相关机构协助信用保险机构追偿。

印度

到印度旅游、经商和访问的中国公民随身携带的护照和财物丢失或被盗现象时有发生。还有的人因旅费不足而无法回国。在印度期间，请务必照管好自己的行李和随身携带的护照、机票、钱款、相机等贵重物品，在机场、火车站、饭店、商店和旅游景点等公共场所，尤其要注意，以免证件和财物丢失、被盗，耽误您的正常旅行。在印度各类展销会上，特别容易丢失护照和个人物品。来印度参展人员请不要随意将贵重物品放在展台下，要特别留意扒手趁人多拥挤时将贵重物品盗走。护照应随身携带，不要放在行李包中。请将个人的护照资料页和印度签证复印备份，将复印件连同几张护照照片与证件原件分开放置，以备不时之需。

孟加拉国

在金融汇率方面，孟加拉国银行较多，企业可考虑选择规模较大、信誉较好的银行或国际知名的汇丰、渣打等银行进行账务处理，孟加拉国货币塔卡汇率存在波动，需要及时跟踪实时汇率，采取措施规避汇率风险。

斯里兰卡

2015年1月，斯里兰卡新政府上台后，对部分已签约在斯里兰卡的外商投资项目进行了重审，在一段时间内影响了项目进展，并造成一定损失。在斯里兰卡开展投资合作过程中，要注意政治更迭产生的政策连续性问题，要运用法律手段切实保护自身的合法权益。注意居家、商铺安全。避免在居所库存现金，妥善保管贵重物品，注意穿着得体。善待雇员、保安，同时对其加强安全教育。斯里兰卡近年来刑事犯罪有所上升，频繁发生针对游客的盗窃、抢劫案件。斯里兰卡有合法赌场，但一些不法分子混迹于此，主动套近乎借钱，最后利用威胁、暴力等手段，迫受骗者陷入高利贷深渊。中国企业和个人赴斯，应注意人身和财产安全，遇到紧急情况应及时向中国驻斯里兰卡大使馆寻求帮助。

马尔代夫

马尔代夫社会秩序相对良好，恶性刑事犯罪不多，但近年来针对游客的偷盗案件时有发生，破案率不高，中国游客到马尔代夫需注意保管好现金及贵重物品。据马警察总署统计，近三年犯罪率有所下降，盗窃、黑帮暴力、性侵、伪造等严重犯罪数量同比下降，但交通肇事、滥用毒品等犯罪数量同比上升。

哈萨克斯坦

哈萨克斯坦工地建材失窃情况时常发生，甚至发生建材被抢劫、盗运等事件。在哈中方人员如果需要将工资存入银行或汇回国内，一定要通过正规银行，不要为了赚钱轻易相信利息较高的私人银行，避免上当受骗。护照、工作准证等重要证件可以委托派出国的经营公司的现场代表或雇主统一管理；如由自己负责，一定要妥善保管。

吉尔吉斯斯坦

吉尔吉斯斯坦有不少所谓的"中间人"利用中国企业急于打开市场的心理，自称与政府部门或高官熟悉，可帮中国企业承揽项目等，对企业进行商业诈骗。吉尔吉斯斯坦国内整体局势稳定，但社会治安仍较差，频繁发生遭袭被抢案件、恐怖袭击案件和入室抢劫案件等，造成人员财产损失。

第八章

紧急情况解决方案

一　突发治安事件

中资企业投资南亚和中亚国家应关注业务发展带来的资源、环境、劳工、安全以及社会等方面问题，以免引起当地居民的反感和抵制。中亚地区政治和安全环境复杂，防范和打击"三股势力"的斗争是长期任务。为保护中国企业人员的人身和财产安全，应建立紧急情况预警机制。

印度

印度当地居民对包括中国企业在内的外资企业没有普遍性的仇视和敌对态度，但对于政府扩大外资进入领域，客观上导致本土小微企业生存空间压缩的做法有明显的反对声音存在，矛盾激化时曾引发罢工、小规模社会冲突，甚至政治势力分化重组。此外，当地居民对于土地和就业问题普遍十分敏感，近几年屡次发生当地失地、失业居民与在印投资设厂外资企业之间的静坐、游行和抗议活动。中资企业在当地投资和经商需要了解所在邦对于吸引外资的具体政策倾向以及民众态度，注意尊重和关照当地居民的生存、发展需要，营造与当地居民的良好关系。

（1）建立应急预案

印度安全形势比较复杂。中资企业到印度投资合作，一定要客观评估潜在风险，有针对性地建立内部应急机制，制定应急预案。对员工要经常进行安全教育，强化安全意识；设专人负责安全生产和日常的安全保卫工作；投入必要经费购置安全设备，并给员工上保险等。在印人员较多的企业或项目工地，应与中国驻印度使（领）馆经商参处（室）建立联合应急机制。

（2）采取应急措施

遇有突发自然灾害或人为事件发生，应及时启动应急预案，争取将损失控制在最小范围。遇有火灾和人员受伤，应及时拨打当地火警（101）和救护（102）电话，之后立即上报中国驻印度使（领）馆经商处（室）或领事部和企业国内总部。

中国驻印度大使馆经商处电话：0091-11-26114563/24672687/24671754

中国驻孟买总领事馆经商室电话：0091-22-66324303/4/5/6

中国驻加尔各答总领事馆经商室电话：0091-33-40045202

巴基斯坦

巴基斯坦安全形势严峻，中资企业投资前应认真考察市场，选择相对安全的投资地点。投资后要尽量实行属地化经营，减少在巴基斯坦中方人员数量，并注意加强驻地和生产、经营场所的安保工作。根据巴基斯坦官方公布的信息，开伯尔—普什图省、联邦直辖部落区、俾路支省治安状况相对较差，暴力袭击时有发生，建议尽量避免前往。

紧急联系方式：报警15，火警16，救护车115。

中国驻巴基斯坦大使馆经商处电话：0092-51-2610823/2610825/2610828

中国驻卡拉奇总领事馆经商室电话：0092-21-34530523

阿富汗

阿富汗目前是战乱国家，安全形势严峻。在阿富汗中国公民须密切关注安全形势，强化安全防范意识，加强自身安全防护，减少不必要外出。如遇紧急情况，请及时与使馆联系寻求协助。

中国驻阿富汗大使馆24小时领保协助电话：0093-791513339

外交部全球领事保护与服务应急呼叫中心电话：0086-10-12308/59913991

中国驻阿富汗大使馆经商处电话：0093-20-2102728

孟加拉国

近年来，孟加拉国政局动荡，恐怖袭击事件有升级趋势，加之工人罢工较多，对孟加拉国投资需注意安全。中国赴孟加拉国投资企业应客观评估风险，有针对性建立企业内部预警机制和突发事件应急机制，平时注意当地媒体及中国使馆及经商处、孟加拉国中国商会等机构发布的信息，以应对突发事件发生。中国赴孟加拉国人员应提高安全防范意识，驻地及办公室的区位选择要慎重，并采取安全保卫措施，同时尽量避免身边保存或携带大量现金。若遇意外，除迅速报警外，还应尽快通知中国驻孟加拉国使馆。中国驻孟加拉国大使馆已建立由应急领导小组牵头，由中国驻孟加拉国企业商会相互配合的应急协调处置机制，以协调处理在孟加拉国出现的突发事件。

中国驻孟加拉国大使馆经商处电话：00880-8825272/28823313/8816654

斯里兰卡

若中资企业及旅斯侨民的人身和财产安全受到侵犯，可拨打斯里兰卡全国通用报警电话118或119，科伦坡警察电话011-2433333，科伦坡旅游警察电话011-2421052；若需要咨询相关事宜，可拨打斯里兰卡政府信息中心电话1919。

外交部全球领事保护与服务应急呼叫中心电话：0086-10-12308/59913991

中国驻斯里兰卡使馆领保电话：0094-779288949

尼泊尔

遇到突发事件多数情况可寻求警方保护和帮助，当地警方对外国人报警比较重视，出警一般比较迅速，也会根据外国人要求将当事人各方带到警局处理和解决。未经外国人同意，警方一般不会释放被告方。

中国驻尼泊尔使馆领事部电话：00977-14425520/14440286

中国驻尼泊尔使馆经商处电话：00977-14434972

马尔代夫

马尔代夫社会秩序相对良好，恶性刑事犯罪不多。

报警：119

中国驻马尔代夫大使馆电话：00960-3010636（商务）/7458160（领事保护）

哈萨克斯坦

哈萨克斯坦社会治安总体比较稳定，近年来恐怖事件时有发生，存在非法宗教极端组织活动。

中国驻哈萨克斯坦大使馆领事保护热线：007-701-7470186

中国驻哈萨克斯坦大使馆领事部电话：007-7172-793583、793540/41/42/43

中国驻阿拉木图总领事馆领事保护热线：007-701-7292938

中国驻阿拉木图总领事馆领事部电话：007-7272-700243

吉尔吉斯斯坦

吉尔吉斯斯坦社会治安状况不佳。2016年8月30日，中国驻吉尔吉斯斯坦使馆遭汽车炸弹袭击，造成使馆3名人员轻伤，袭击者当场身亡。吉方已将该事件定性为恐怖袭击。中方要求吉方立即采取一切必要措施，确保中国在吉尔吉斯斯坦机构和人员安全，并迅速彻查事件真相，严惩凶手。在吉中国公民和机构应保持高度警惕，加强必要安全防范和应急准备，尽量减少外出，切勿前往人群密集场所，确保人身安全。遇紧急情况请及时报警并与中国驻吉尔吉斯使馆联系。

报警电话：102

急救电话：103

中国驻吉尔吉斯斯坦使馆领保协助电话：00996-555581664

中国驻奥什总领馆领保协助电话：00996-777908558

外交部全球领事保护与服务应急呼叫中心电话：0086-10-12308/59913991

塔吉克斯坦

中资企业进入塔吉克斯坦市场后应尽快与塔吉克斯坦政府的主管部门建立良好关系并保持密切联系；遇到突发事件寻求当地政府的支持。同时牢记当地与生产、生活有关的火警（01）、匪警（02）、急救（03）、煤气（04）等应急电话号码，以备不时之需。中国企业和公民合法权益受到侵害时可向驻塔使馆领事处寻求帮助。

中国驻塔吉克斯坦大使馆值班电话：00992-935710666/935710666

中国驻塔吉克斯坦大使馆经商处电话：00992-37-2222624

乌兹别克斯坦

中资企业应制订突发事件应急预案，领导统一指挥、分工合作，保证在紧急情况下联络畅通；了解宣传安全防范常识，熟悉周围环境和交通、医疗机构和警务部门的情况；遇到紧急情况做到不慌乱，立即与当地警务部门取得联系并报告国内主管单位和中国驻乌兹别克斯坦使馆安全小组；按照预定方案携带好文件和物品，安排人员隔离或疏散撤离发生地。

火警：101

匪警：102

急救：103

公用设施故障排除：104

紧急状态部救援服务：1050

问讯：109

中国驻乌兹别克斯坦使馆经商处电话：00998-71-2861802/2861839

土库曼斯坦

土库曼斯坦地处恐怖活动猖獗的中亚地区，反恐形势较为严峻。遇有突发自然灾害或人为事件发生，应及时启动应急预案，争取将损失控制在最小范围。遇突发事件应及时拨打求助电话：火警01，匪警02，急救03，煤气事故04，并立即报告中国驻土库曼斯坦使馆和企业在国内的总部。

中国驻土库曼斯坦大使馆经商处电话：00993-12-487157/487158

二 安全生产事故

印度

要增强安全生产意识，强化基础管理，尤其是在建筑、矿山、危险化学品等高危行业中的中资企业，一定要做好防范，加强对员工安全意识和安全生产技能的培训，避免安全生产事故的发生。对于员工宿舍也要做好安全卫生。

（1）依法用法

在印度从事生产经营活动首先要依法注册、依法经营，其次遇到纠纷时要善于通过法律手段解决。印度法院系统分为最高法院、高等法院（18个）和地方法院（包括区法院及其下属的负责民事案件的民事法庭和负责刑事案件的治安法庭）三级，此外还设有电力上诉法庭等10余个专业法庭。普通民商事案件，根据标的额大小不同等因素，分别由民事法庭、区法院或者高等法院管辖（例如，德里高等法院受理标的额在200万卢比以上的第一审案件），并可上诉至相应的上级法院。除起诉以外，中资企业也可通过仲裁解决纠纷。印度根据联合国贸易法委员会仲裁规则制定的《1996年仲裁和调解法》对国内仲裁、国际商事仲裁以及执行外国仲裁裁决等做出了详细规定。

（2）聘请律师

由于法律制度和语言的差异，中资企业应该聘请当地律师（印度称Advocates）担任常年法律顾问或者处理某些法律事务（包括子公司或分支机构的设立、取得土地使用权、签署商务合同、雇用当地劳工等）。一旦涉及经济纠纷，则可以借助当地律师的力量通过仲裁或者诉讼解决，保护自身合法权益。

巴基斯坦

巴基斯坦安全形势十分严峻，中国企业在参与项目前务必做好安全情况了解和安防准备工作，在项目实施过程中抓好生产安全，在确保项目质量和工期的同时，加强对中方人员的安全教育，强化安全意识，加强内部安全管理。

（1）全面评估。中国企业到巴基斯坦开展投资合作前，应实地考察，全面客观评估政局、安全、治安、施工等方面潜在的风险，有针对性地建立内部安全防范预警机制和突发事件应急处理机制，并预留安全经费。

（2）强化安全教育。日常生产经营过程中，加强对员工的安全教育，强化安全防范和施工安全意识；设专人负责安全生产管理和安全保卫工作，并定期模拟演习突发事件应急处理。

（3）启动应急预案。如遇自然灾害、人为安全事故、恐怖袭击或其他突发事件，企业应立即启动应急预案，并向中国驻巴使馆和企业国内总部报告。

阿富汗

在阿富汗中资企业务必高度重视安保工作，建立安全措施和制定应急预案。制定预案时，应认真调查和评估当地形势，充分利用当地资源，建立相应联系机制。平时要加强内部安防教育，设立专门安全值班人员，加强戒备，根据预案进行演练，排查安防措施，排除漏洞。

阿富汗属于特殊高危地区，安全形势严峻，商务环境复杂。因此，中资企业应接受使馆领导，指定专门联系人，负责与使馆保持经常性联系。遇重大问题和突发事件时，应在第一时间报告使馆，并在使馆的领导和协调下处理相关事宜。平时使馆会经常向公司提供有关咨询和服务、通报安全信息和注意事项。

孟加拉国

中国赴孟加拉国投资企业应客观评估风险，有针对性建立企业内部预警机制和突发事件应急机制。企业应根据项目实际情况制定有效的安全生产工作规范和应急预案，平时加强对施工人员的培训管理，投入必要的人力、物力及财力，强化员工安全意识，更新安全设施，从源头上杜绝事故发生。每月按时向驻孟使馆经商处报告项目进展及安全风向防控报告。如遇工伤等情况，应及时送有治疗能力的医疗机构处置，并视情况及时向经商参处报告。遇有突发情况，第一时间向使馆经商处报告，根据风险等级启动应急预案，服从驻孟使馆经商处的统一指导，保证企业及员工人身和财产安全。

在孟加拉国投资经营过程中，如遇重大问题或事件发生，应及时向使馆领事部及经商参处报告，事件处理过程中，应服从使馆的指导与协调。

斯里兰卡

在斯里兰卡中资企业要提高安全防范意识，建立起完善、切实可行的突发事件应急预案，对在斯里兰卡人员进行安全防范的教育、培训；加强对当地政治形势的了解和跟踪，及时向使馆经商处了解安全方面的信息，随时加强安全防范。在遇到突发事件时，在使馆经商参处的统一领导下，按照应急预案中的程序和方法进行应急处理。

尼泊尔

中国企业在尼泊尔开展投资合作，要客观评估潜在风险，有针对性地建立内部紧急预警机制，制定应对风险预案。根据国内相关要求，对员工进行安全教育，强化安全意识，指定专人负责安全生产和日常的安全保卫工作；投入必要的经费购置安全设备，给员工购买保险等。

马尔代夫

（1）建立应急预案

中国企业到马尔代夫开展投资合作，要客观评估潜在的风险，重点是自然灾害和安全生产风险，有针对性地建立内部紧急情况预警机制，制定应对风险预案；对员工进行安全教育，强化安全意识；设专人负责安全生产和日常的安全保卫工作；投入必要的经费购置安全设备，给员工购买保险等。

（2）启动应急预案

遇有突发自然灾害或事故发生，应及时启动应急预案，争取将损失控制在最小范围。遇有火灾和人员受伤，应及时拨打当地火警和救护电话；之后立即上报中国驻马尔代夫大使馆和企业在国内的总部。

旅游部法律投诉司：00960-3323224

马累ADK私立医院总机：00960-3313553

哈萨克斯坦

中国在哈萨克斯坦企业要建立应急预案，赴哈开展生产经营活动和从事工程承包，要客观评估潜在的风险，建立内部紧急情况预警机制，制定应对风险预案。对员工进行安全教育，强化安全意识；设专人负责安全生产和日常的安全保卫工作；投入必要的经费购置安全设备，为员工投保等。

遇有突发自然灾害或人为事件发生，应及时启动应急预案，力争将损失控制在最小范围。遇有火灾、突发事件或人员受伤，应及时拨打当地火警（101）、匪警（102）和救护电话（103），之后立即上报中国驻哈使（领）馆和企业在国内总部。

吉尔吉斯斯坦

赴吉尔吉斯斯坦投资企业应客观评估风险，有针对性建立企业内部预警机制，以应对突发事件发生。各企业应重视员工安全教育，投入必要的人力、物力及财力，适时强化员工安全意识以更新安全设施，从源头上杜绝事故发生。吉尔吉斯斯坦当地建材价格高于中国国内，中国施工单位多由国内进口建材，长途运输有时导致停工待料现象。要高度重视安全施工。中国施工单位曾出现工人因安全措施不到位伤亡事故，要避免此类事故发生。吉全境天气变化导致外部自然环境活跃，气温升降剧烈，强风不断，长时暴雨，可能导致山区爆发泥石流、洪水、山体滑坡、洪水等自然灾害。中资企业应完善安全管理制度和应急处置机制，遇紧急状况应立即通知中国使馆。

塔吉克斯坦

塔吉克斯坦毗邻巴基斯坦、阿富汗等国，存在一定安全风险，中资企业承包工程时，应注意加强安保措施，确保人员生命和财产安全，建立和完善突发事件预警和处理机制，并定期进行检查和预演；建立专门安全员值班制度，如有非常情况发生，企业在第一时间与中国驻塔吉克斯坦大使馆、使馆经商处保持24小时畅通联络，一旦遭遇突发事件，须立即向大使馆经商参处和领事处、国内主管部门和企业总部报告，并启动应急处置机制。

土库曼斯坦

中国企业在土库曼斯坦开展投资合作，要客观评估潜在风险，有针对性地建立内部紧急情况预警机制，制定应对风险预案。对员工进行安全教育，强化安全意识；设专人负责安全生产和日常的安全保卫工作；投入必要的经费购置安全设备等。

三 其他状况

印度

印度工会组织数量众多，企业内、行业内、区域性、全国性罢工频繁、形式多样，当地高级雇员维权意识强、跳槽普遍。印度没有专门针对中资企业的罢工情况，劳资纠纷升级为暴力冲突的现象并不普遍，但因此造成的工期延误、经营停顿等问题亦应引起高度重视。印度宗教节日、礼节也比较繁杂，企业应适当了解相关知识，尊重员工的宗教信仰，逢重要宗教节日一般不能要求员工加班。

巴基斯坦

巴基斯坦是伊斯兰国家，在巴基斯坦开展投资合作，不仅要认真研究当地法律法规，熟悉当地人文环境和风俗习惯，合法经营，还要尊重当地宗教习俗。如当地警察、海关、税务等执法部门依法查验相关证件、询问有关事宜或搜查某些地点，在场中方人员应予以积极配合。中方人员要随身携带护照、身份证等，妥善保存营业执照、纳税证明及其他重要证件并进行双备份，如遇执法人员查验，应礼貌出示，冷静回答有关问题。如果没有携带证件，不要刻意回避，应主动说明身份，如对方需要核实有关信息，可向其提供公司联系方式。如执法人员要搜查公司或住所，应要求其出示证件和搜查证明，要求其与中方律师取得联系，同时立即向中国驻巴基斯坦使（领）馆报告。如证件或财物被执法人员没收，应要求执法人员出具书面没收清单作为证据，并记下其警号、证件号和车号，同时立即向中国驻巴基斯坦使（领）馆和公司报告，千万不能正面冲突；如执法人员要罚款，不要当场缴纳现金，而应要求其出具罚款单据，到银行缴纳；如果执法人员要拘留或逮捕中方人员，应立即通知中国驻巴基斯坦使（领）馆。

阿富汗

阿富汗人虔诚信仰伊斯兰教，中资企业应予以充分理解和尊重，注意有关禁忌。中资企业人员要和他们平等相待，并尊重当地人的风俗习惯。阿富汗人在公众场合禁酒，中方人员不宜劝酒，着装不可过于随便，女士着装切忌暴露。

孟加拉国

孟加拉国两大主要政党之间的争夺较为激烈，大型项目有可能受到政治因素影响，因此特别需要在项目前期调研中多加注意，防止牵涉到政治斗争之中。孟加拉国大部分人信奉伊斯兰教。中方人员在与当地穆斯林居民打交道时，要注意有关禁忌。要尊重他们的风俗习惯。

斯里兰卡

斯里兰卡为一个多民族、多宗教、多文化的国家，中资企业在生产经营活动中应充分尊重各族群传统文化，不介入当地族群及教派问题，教育员工充分尊重当地人传统习惯但不过多介入宗教、政治、族群等敏感话题，且不参与任何教派、族群事务。

附录

相关机构的联系方式

印度

（1）印度中央和地方政府部门、立法和司法部门网址：goidirectory.nic.in

（2）印度商工部投资促进与政策部

电话：0091-11-23061222

传真：0091-11-23062626

网址：www.dipp.nic.in

（3）印度投资署（Invest India）

电话：0091-11-23487348, 23487411 (D)

传真：0091-11-23320714, 23721504

电邮：dushyant.thakor@ficci.com

（4）印度财政部外国投资促进局（Foreign Investment Promotion Board）

电话：0091-1123093135

电邮：us.fipb-mof@nic.in

巴基斯坦

（1）巴基斯坦政府门户网站：www.pakistan.gov.pk

（2）经济事务部（Economic Affairs Division）

网址：www.ead.gov.pk

（3）计划委员会（Planning Commission）

网址：www.pc.gov.pk

（4）商务部：网址：www.commerce.gov.pk

（5）投资委员会Board of Investment）

网址：www.pakboi.gov.pk

（6）财政部，网址：www.finance.gov.pk

（7）水利电力部：www.mowp.gov.pk

（8）水电发展署：www.wapda.gov.pk

（9）石油与自然资源部：www.mpnr.gov.pk

（10）铁道部：www.railways.gov.pk

（11）公路局：www.nha.gov.pk

（12）内政部：www.interior.gov.pk

（13）外交部：www.mofa.gov.pk

（14）私有化委员会（Privatization Commission）

网址：www.privatisation.gov.pk

（15）巴基斯坦国家银行（State Bank of Pakistan）

网址：www.sbp.org.pk

（16）巴基斯坦竞争委员会（Competition Commission of Pakistan）

网址：www.cc.gov.pk

（17）国家储蓄组织（National Saving Organization）

网址：www.savings.gov.pk

（18）巴基斯坦贸易发展署（Trade Development Authority of Pakistan）

网址：www.tdap.gov.pk

（19）巴基斯坦统计局（Pakistan Bureau of Statistics）

网址：www.pbs.gov.pk

（20）中小企业发展署（Small & Medium Enterprise Devt. Authority, SMEDA）

网址：www.smeda.org

（21）巴基斯坦证券和交易委员会（Securities & Exchange Commission of Pakistan）

网址：www.secp.gov.pk

（22）联邦税收委员会（Federal Board of Revenue，FBR）

网址：www.fbr.gov.pk

（23）基础设施工程发展局（Infrastructure Project Development Facility）

网址：www.ipdf.gov.pk

阿富汗

（1）商工部（Ministry of Commerce and Industries）

网址：www.moci.gov.af

（2）外交部（Ministry of Foreign Affairs）

网址：www.mfa.gov.af

（3）司法部（Ministry of Justice）

网址：www.moj.gov.af

（4）阿富汗中央统计局（Central Statistics Office of Afghanistan）

网址：www.cso.gov.af

（5）电讯和信息技术部（Ministry of Communications and Information Technology）

网址：www.mcit.gov.af

（6）财政部（Ministry of Finance）

网址：www.mof.gov.af

（7）能源水利部（Ministry of Water and Energy）

网址：www.mew.gov.af

（8）公共工程部（Ministry of Public Works）

网址：www.mopw.gov.af

（9）阿富汗内政部（Ministry of Interior）

网址：www.moi.gov.af

（10）阿富汗矿业和石油部（Ministry of Mines and Petroleum）

网址：www.mom.gov.af

（11）阿富汗农业部（Ministry of Agriculture, Irrigation and Livestock）

网址：www.mail.gov.af

（12）阿富汗国家电力公司

网址：www.main.dabs.af

（13）经济部招标信息办公室（ARDS–Afghanistan Reconstruction and Development Services）

网址：www.ards.gov.af

（14）阿富汗商工会（Afghanistan Chamber of Commerce and Industries）

网址：www.acci.org.af

孟加拉国

（1）总理办公室，网址：www.pmo.gov.bd

（2）内阁局，网址：www.cabinet.gov.bd

（3）公共管理部，网址：www.mopa.gov.bd

（4）财政部，网址：www.mof.gov.bd

（5）法律、司法及议会事务部，网址：www.minlaw.gov.bd

（6）农业部，网址：www.moa.gov.bd

（7）食品及灾难管理部，网址：www.mofdm.gov.bd

（8）邮电与信息技术部，网址：www.ptd.gov.bd

（9）信息部，网址：www.moi.gov.bd

（10）宗教事务部，网址：www.mora.gov.bd

（11）船运部，网址：www.mos.gov.bd

（12）外交部，网址：www.mofa.gov.bd

（13）计划部，网址：www.mop.gov.bd

（14）环境与林业部，网址：www.moef.gov.bd

（15）国防部，网址：www.mod.gov.bd

（16）劳动就业部，网址：www.mole.gov.bd

（17）纺织与黄麻部，网址：www.mof.gov.bd

（18）住房及公共工程部，网址：www.mohpw.gov.bd

（19）商务部，网址：www.mincom.gov.bd

（20）能源、电力及矿产资源部，网址：www.emrd.gov.bd

（21）吉大港山区事务部，网址：www.mochta.gov.bd

（22）民航及旅游部，网址：www.mocat.gov.bd

（23）国土部，网址：www.minland.gov.bd

（24）妇女及儿童事务部，www.mowca.gov.bd

（25）渔业及畜牧部，网址：www.mofl.gov.bd

（26）青年体育部，网址：www.moysports.gov.bd

（27）交通部，网址：www.moc.gov.bd

（28）工业部，网址：www.moind.gov.bd

（29）教育部，网址：www.moedu.gov.bd

（30）基础及大众教育部，网址：www.mopme.gov.bd

（31）科技部，网址：www.mosict.gov.bd

（32）社会福利部，网址：www.msw.gov.bd

（33）水资源部，网址：www.mowr.gov.bd

（34）文化部，网址：www.moca.gov.bd

（35）内政部，网址：www.mha.gov.bd

（36）健康及家庭福利部，网址：www.mohfw.gov.bd

（37）解放战争事务部，网址：www.molwa.gov.bd

（38）铁道部，网址：www.railway.gov.bd

（39）侨务及海外就业部，网址：www.probashi.gov.bd

（40）农村发展合作局，网址：www.rdcd.gov.bd

（41）地方政府局，网址：www.lgd.gov.bd

斯里兰卡

（1）国防部（Ministry of Defence）

网址：www.defence.lk

下设机构：斯里兰卡海岸安保局（Coast Guard Department of Sri Lanka）

网址：www.coastguard.gov.lk

（2）马哈维利发展部（Ministry of Mahaweli Development）

网址：mahaweli.gov.lk

①中央环保局（Central Environmental Authority）

网址：www.cea.lk

②地质勘探及矿业局（Geological Survey & Mines Bureau）

网址：www.gsmb.gov.lk

③国家宝石珠宝局（National Gem & Jewellery Authority）

网址：www.ngja.gov.lk

④海洋环境保护局（Marine Environmental Protection Authority）

网址：www.mepa.gov.lk

⑤海岸保护局（Department of Coast Conservation）

网址：www.coastal.gov.lk

（3）国家政策与经济事务部（Ministry of National Policies & Economic Affairs）

网址：www.mnpea.gov.lk

①国家规划局（Department of National Planning）

网址：sdu.ucsc.lk

②斯里兰卡中央银行（Central Bank of Sri Lanka）

网址：www.cbsl.gov.lk

③外资局（Department of External Resources）

网址：www.erd.gov.lk

④项目管理与监测局（Department of Project Management and Monitoring）

网址：www.pmm.gov.lk

⑤斯里兰卡证券交易委员会（Securities and Exchange Commission of Sri Lanka）

网址：www.sec.gov.lk

⑥信用信息局（Credit Information Bureau）

网址：www.crib.lk

⑦国家保险信托基金（National Insurance Trust Fund）

网址：www.nitf.lk

⑧斯里兰卡公共设施委员会（Public Utilities Commission of Sri Lanka）

网址：www.pucsl.gov.lk

（4）旅游和基督教事务部（Ministry of Tourism Development & Christian Religious Affairs）

网址：www.tourismmin.gov.lk

①斯里兰卡旅游促进局（Sri Lanka Tourism Promotion Bureau）

网址：www.srilanka.travel

②斯里兰卡旅游发展局（Sri Lanka Tourism Development Authority）

网址：www.sltda.lk

（5）交通与民航部（Ministry of Transport & Civil Aviation）

网址：www.transport.gov.lk

①斯里兰卡铁路局（Department of Sri Lanka Railways）

网址：www.railway.gov.lk

②民用航空局（Civil Aviation Authority）

网址：www.caa.lk

③斯里兰卡机场航空服务有限公司［Airport & Aviation Services（Sri Lanka）Ltd］

网址：www.airport.lk

（6）社会授权与福利部（Ministry of Social Empowerment & Welfare）

网址：socialemwelfare.gov.lk

下设机构：社会服务局（Department of Social Services）

网址：www.socialservices.gov.lk

（7）劳工与贸易联盟关系部（Ministry of Labour & Trade Union Relations）

网址：www.labourmin.gov.lk

①劳工局（Department of Labour）

网址：www.labourdept.gov.lk

②国家劳工研究院（National Institute of Labour Studies）

网址：www.nils.gov.lk

③国家职业安全健康院（National Institute for Occupational Safety & Health）

网址：www.niosh.gov.lk

（8）高速公路和道路发展部（Ministry of Highways & Road Development）

网址：www.mohsl.gov.lk

下设机构：公路发展局（Road Development Authority）与其附属机构和协会

网址：www.rda.gov.lk

（9）高等教育和文化事务部（Ministry of Higher Education & Cultural Affairs）

网址：www.mohe.gov.lk

（10）城市规划与供水部（Ministry of City Planning & Water Supply）

网址：www.mcpws.gov.lk

下设机构：国家给排水局（National Water Supply and Drainage Board）

网址：www.waterboard.lk

（11）灾害管理部（Ministry of Disaster Management）

网址：www.disastermin.gov.lk

灾害管理中心（Disaster Management Centre）

网址：www.dmc.gov.lk

（12）科技研究部（Ministry of Science, Technology & Research）

网址：www.mostr.gov.lk

斯里兰卡投资者委员会（Sri Lanka Inventors' Commission）

网址：slic.gov.lk

（13）财政部（Ministry of Finance）

网址：www.treasury.gov.lk

①贸易及投资政策局（Department of Trade & Investment Policy）

网址：www.treasury.gov.lk/web/department-of-trade-and-investment-policy

②管理审计局（Department of Management Audit）

网址：www.treasury.gov.lk/management-audit-department

③法律事务局（Department of Legal Affairs）

网址：www.treasury.gov.lk/web/department-of-legal-affairs

④国税局（Department of Inland Revenue）

网址：www.ird.gov.lk

⑤管理服务局（Department of Management Services）

网址：www.treasury.gov.lk/web/department-of-management-services

⑥斯里兰卡海关（Sri Lanka Customs）

网址：www.customs.gov.lk

⑦消费税局（Department of Excise）

网址：www.excise.gov.lk

⑧斯里兰卡保险局（Insurance Board of Sri Lanka）

网址：ircsl.gov.lk

（14）内务、维姆巴发展部（Ministry of Internal Affairs, Waymba Development）

网址：www.cultural.gov.lk

①移民事务局（Department of Immigration & Emigration）

网址：www.immigration.gov.lk

②人口注册局（Department of Registration of Persons）

网址：www.drp.gov.lk

（15）工商部（Ministry of Industry & Commerce）

网址：www.industry.gov.lk

①商务局（Department of Commerce）

网址：www.doc.gov.lk

②公司注册处（Registrar of Companies）

网址：www.drc.gov.lk

③工业发展局（Industrial Development Board）

网址：www.idb.gov.lk

④食品委员局（Department of Food Commissioner）

网址：www.fcd.gov.lk

⑤合作社发展局（合作社注册处）［Department of Co-operative Development（Registrar of Co-operative Societies）］

网址：www.coop.gov.lk

⑥国家企业发展局（National Enterprise Development Authority）

网址：www.neda.gov.lk

（16）大都市与西部发展部（Ministry of Megapolis & Western Development）

网址：www.megapolis.gov.lk

①城市发展局（Urban Development Authority）

网址：www.uda.gov.lk

②斯里兰卡填海造地与开发公司（Sri Lanka Land Reclamation & Development Corporation）

网址：www.landreclamation.lk

③国家实体规划局（National Physical Planning Department）

网址：www.nppd.gov.lk

（17）渔业与海洋资源开发部（Ministry of Fisheries & Aquatic Resources Development）

网址：www.fisheries.gov.lk

①渔业与海洋资源局（Department of Fisheries & Aquatic Resources）

网址：www.fisheries.gov.lk

②国家农业发展局（National Agriculture Development Authority）

网址：www.naqda.gov.lk

③锡兰渔港公司（Ceylon Fishery Harbours Corporation）

网址：www.cfhc.gov.lk

④锡兰渔业公司（Ceylon Fisheries Corporation）

网址：fisheriescorporation.gov.lk

⑤国家海洋资源研究开发局（National Aquatic Resources Research & Development Agency）

网址：www.nara.ac.lk

（18）种植业部（Ministry of Plantation Industries）

网址：www.plantationindustries.gov.lk

①橡胶发展局（Department of Rubber Development）

网址：www.rubberdev.gov.lk

②国家种植业管理研究院（National Institute of Plantation Management）

网址：www.nipm.gov.lk

③斯里兰卡茶叶局（Sri Lanka Tea Board）

网址：www.pureceylontea.com

④茶叶小控股发展局（Tea Small Holdings Development Authority）

网址：www.tshda.gov.lk

⑤椰子发展局（Coconut Development Authority）

网址：www.cda.lk

⑥斯里兰卡橡胶制造与出口公司（Sri Lanka Rubber Manufacturing & Export Corporation）

网址：lk.kompass.com

（19）电力与可再生能源部（Ministry of Power & Renewable Energy）

网址：powermin.gov.lk

①锡兰电力局及其附属公司（Ceylon Electricity Board & its subsidiary companies）

网址：www.ceb.lk

②斯里兰卡可持续电力局（Sri Lanka Sustainable Energy Authority）

网址：www.energy.gov.lk

（20）农业部（Ministry of Agriculture）

网址：www.agrimin.gov.lk

（21）司法和监狱改革部（Ministry of Justice & Prison Reforms）

网址：www.moj.gov.lk

①斯里兰卡大律师公会（Attorney General's Department）

网址：www.attorneygeneral.gov.lk

②斯里兰卡法律委员会（Law Commission of Sri Lanka）

网址：lawcom.gov.lk

③斯里兰卡法律援助委员会（Legal Aid Commission of Sri Lanka）

网址：www.legalaid.gov.lk

（22）农村经济部（Ministry of Rural Economy）

网址：www.reco.gov.lk

①动物制品及健康局（Department of Animal Production and Health）

网址：www.daph.gov.lk

②国家牲畜发展局（National Livestock Development Board）

网址：www.nldb.gov.lk

③稻谷营销局（Paddy Marketing Board）

网址：www.pmb.gov.lk

（23）公共管理部（Ministry of Public Administration & Management）

网址：www.pubad.gov.lk

下设机构：斯里兰卡发展管理研究院（Sri Lanka Institute of Development Administration）

网址：www.slida.lk

（24）财政和大众媒体部（Ministry of Finance & Mass Media）

网址：www.media.gov.lk

①信息局（Department of Information）

网址：www.dgi.gov.lk

②政府印刷局（Department of Government Printing）

网址：www.documents.gov.lk

（25）住房建设部（Ministry of Housing & Construction）

网址：www.houseconmin.gov.lk

①城镇定居发展局（The Urban Settlement Development Authority）

网址：usda.gov.lk

②国家住房发展局（National Housing Development Authority）

网址：www.nhda.lk

③公寓管理局（Condominium Management Authority）

网址：www.condominium.lk

④建筑材料公司（Building Materials Corporation）

网址：www.bmc.lk

⑤建设局（Department of Buildings）

网址：www.buildings.gov.lk

⑥建筑工业发展局（Construction Industry Development Authority）

网址：www.cida.gov.lk

⑦国家发展及建设公司（State Development and Construction Corporation）

网址：www.sdcc.lk

（26）港口与航运部（Ministry of Ports & Shipping）

网址：www.portmin.gov.lk

①锡兰运输有限公司（Ceylon Shipping Corporation Ltd.）及其附属机构和协会

网址：www.cscl.lk

（27）国土部（Ministry of Lands）

网址：www.landmin.gov.lk

①土地委员长局（Department of Land Commissioner General）

网址：www.landcom.gov.lk

②土地安置局（Department of Land Settlement）

网址：www.landsettledept.gov.lk

③用地政策规划局（Department of Land Use Policy Planning）

网址：www.luppd.gov.lk

（28）山区新村、基础设施与社区发展部（Ministry of Hill Country New Villages, Infrastructure & Community Development）

网址：www.mhnv.gov.lk

（29）国外就业部（Ministry of Foreign Employment）

网址：www.mfe.gov.lk

下设机构：斯里兰卡国外就业局（Sri Lanka Bureau of Foreign Employment）

网址：www.slbfe.lk

（30）改造、移民安置与印度教宗教事务部（Ministry of Rehabilitation, Resettlement & Hindu Religious Affairs）

网址：resettlementmin.gov.lk

下设机构：移民安置局（Resettlement Authority）

网址：resettlementmin.gov.lk

（31）石油资源发展部（Ministry of Petroleum Resources Development）

网址：www.petroleummin.gov.lk

①锡兰石油公司（Ceylon Petroleum Corporation）

网址：www.ceypetco.gov.lk

②锡兰石油贮备码头有限公司（Ceylon Petroleum Storage Terminal Ltd）

网址：www.cpstl.lk

（32）通讯与数字基础设施部（Ministry of Telecommunication & Digital Infrastructure）

网址：www.mtdi.gov.lk

下设机构：信息与通讯技术局（Information and Communication Technology Agency）

网址：www.icta.lk

（33）基础工业局（Ministry of Primary Industries）

网址：mpi.gov.lk

下设机构：出口农业局（Department of Export Agriculture）

网址：www.exportagridept.gov.lk

（34）灌溉、水资源管理部（Ministry of Irrigation & Water Resources Management）

网址：www.irrigationmin.gov.lk

①灌溉局（Department of Irrigation）

网址：www.irrigation.gov.lk

②水资源局（Water Resources Board）

网址：www.wrb.gov.lk

（35）发展战略与国际贸易部（Ministry of Development Strategies &

International Trade）

网址：modsit.gov.lk

①斯里兰卡投资局（Board of Investment of Sri Lanka）

网址：www.investsrilanka.com

②斯里兰卡出口发展局（Sri Lanka Export Development Board）

网址：www.srilankabusiness.com

③进出口局（Department of Import and Export）

网址：www.imexport.gov.lk

尼泊尔

（1）总理和内阁办公室（Office of the Prime Minister and Council of Ministers）

地址：SinghaDurbar，Kathmandu

电话：00977-1-4211000，4211025，4211040，4211035

传真：00977-1-4211065，4211086，4211038，4211021

电邮：info@nepal.gov.np

网址：www.opmcm.gov.np

（2）财政部（Ministry of Finance）

地址：Singhdurbar，Kathmandu

电话：00977-1-4200537

电邮：moev@mof.gov.np

网址：www.mof.gov.np

（3）工业、商业与供应部（Ministry of Industry, Commerce and Supplies）

地址：Singhdurbar，Kathmandu

电话：00977-1-4211579

传真：00977-1-4211619

电邮：info@moi.gov.np

网址：www.moi.gov.np

（4）能源、水资源与灌溉部（Ministry of Energy, Water Resources and Irrigation）

地址：Singhdurbar，Kathmandu

电话：00977-1-4211516/426

传真：00977-1-4211510，4200026

电邮：info@moen.gov.np，info@moir.gov.np

网址：www.moen.gov.np

　　　www.moir.gov.np

（5）司法和议会事务部（Ministry of Law, Justic and Parliamentary Affairs）

地址：Singhdurbar，Kathmandu

电话：00977-1-4200225

传真：00977-1-4211684

电邮：infolaw@moljpa.gov.np

网址：www.moljpa.gov.np

（6）农业、土地管理与合作社部（Ministry of Agriculture, Land Management and Cooperatives）

地址：Singhdurbar, Kathmandu

电话：00977-1-4211905，4211950

传真：00977-1-4211935

电邮：info@moad.gov.np

网址：www.moad.gov.np

（7）内政部（Ministry of Home Affairs）

地址：Singhdurbar，Kathmandu

电话：00977-1-4211261，4211212，4211274，4211249，4211224

传真：00977-1-4211264

电邮：gunaso@moha.gov.np

网址：www.moha.gov.np

（8）外交部（Ministry of Foreign Affairs）

地址：Singhdurbar，Kathmandu

电话：00977-1-4200182，4200183，4200184，4200185

传真：00977-1-4200160，4200056，4200061

电邮：info@mofa.gov.np

网址：www.mofa.gov.np

（9）基础设施和运输部（Ministry of Physical Infrastructure & Transport）

地址：Singhdurbar, Kathmandu

电话：00977-1-4211782, 4211931, 4211880, 4211655

传真：00977-1-4211720

电邮：info@moppw.gov.np

网址：www.mopit.gov.np

（10）妇女、儿童和社会福利部（Ministry of Women, Children and Senior Citizen）

地址：Singhdurbar, Kathmandu

电话：00977-1-4200082, 4200164, 4200275

传真：00977-1-4200116

电邮：mail@mowcsw.gov.np

网址：www.mowcsw.gov.np

（11）青年与运动部（Ministry of Youth and Sports）

地址：Singhdurbar, Kathmandu

电话：00977-1-4200542, 4200540, 4200539, 4200543

传真：00977-1-4200552

电邮：info@moys.gov.np

网址：www.moys.gov.np

（12）国防部（Ministry of Defense）

地址：Singhdurbar, Kathmandu

电话：00977-1-4211289

传真：00977-1-4211294

电邮：info@mod.gov.np

网址：www.mod.gov.np

（13）林业与环境部（Ministry of Forests and Environment）

地址：Singhdurbar, Kathmandu

电话：00977-1-4211567

传真：00977-1-4211868

电邮：info@mfsc.gov.np, webmaster@mfsc.gov.np

网址：www.mfsc.gov.np

电邮：info@moc.gov.np

（14）教育、科学与技术部（Ministry of Education, Science and Technology）

地址：Singhdurbar, Kathmandu

电话：00977-1-4200340, 4200390（教育）

00977-1-4211698/778/585（科学与技术）

传真：00977-1-4200375（教育）

00977-1-4200624（科学与技术）

电邮：info@moe.gov.np（教育）

info@most.gov.np（科学与技术）

网址：www.moe.gov.np（教育）

www.most.gov.np（科学与技术）

（15）劳动与就业部（Ministry of Labour and Employment）

地址：Singhdurbar, Kathmandu

电话：00977-1-4211889, 4211991

传真：00977-1-4211877

电邮：info@mole.gov.np

网址：www.mole.gov.np

（16）文化、旅游与民航部（Ministry of Culture, Tourism and Civil Aviation）

地址：Singhdurbar, Kathmandu

电话：00977-1-4211669, 4211846

传真：00977-1-4211758, 4211992

电邮：info@tourism.gov.np

网址：www.tourism.gov.np

（17）联邦事务与总行政部（Ministry of Federal Affairs and General Administration）

地址：Singhdurbar, Kathmandu

电话：00977-1-4200309

传真：00977-1-4200318

电邮：ipd@mofald.gov.np

网址：www.mofald.gov.np

（18）城市发展部（Ministry of Urban Development）

地址：Singhdurbar, Kathmandu

电话：00977-1-4211673

传真：00977-1-4211873

电邮：info@moud.gov.np

网址：www.moud.gov.np

（19）信息与通信部（Ministry of Information and Communications）

地址：Singhdurbar, Kathmandu

电话：00977-1-4211556

传真：00977-1-4211729

电邮：info@moic.gov.np

网址：www.moic.gov.np

（20）卫生与人口部（Ministry of Health and Population）

地址：Ramshah Path, Kathmandu

电话：00977-1-4262802, 4262543

传真：00977-1-4262896, 4262468, 4262935

电邮：info@mohp.gov.np

网址：www.mohp.gov.np

（21）供水部（Ministry of Water Supply）

地址：Singhdurbar, Kathmandu

电话：00977-1-4211693

传真：00977-1-4211433

电邮：info@mowss.gov.np

网址：www.mowss.gov.np

马尔代夫

（1）总统府（The President's Office）

网址：www.presidencymaldives.gov.mv

（2）人民议会（People's Majlis Secretariat）

网址：www.majlis.gov.mv

（3）高等法院（High Court of Maldives）

网址：www.highcourt.gov.mv

（4）审计总长办公室（Auditor General's Office）

网址：www.audit.gov.mv

（5）总检察长办公室（Attorney General's Office）

网址：www.agoffice.gov.mv

（6）内政部（Ministry of Home Affairs）

网址：www.homeaffairs.gov.mv

（7）财政部（Ministry of Finance & Treasury）

网址：www.finance.gov.mv

（8）国防与安全部（Ministry of Defense & National Security）

网址：www.defence.gov.mv

（9）外交部（Ministry of Foreign Affairs）

网址：www.foreign.gov.mv

（10）教育部（Ministry of Education）

网址：www.moe.gov.mv

（11）卫生部（Ministry of Health）

网址：www.health.gov.mv

（12）渔业和农业部（Ministry of Fisheries and Agriculture & Marine Resources）

网址：www.fishagri.gov.mv

（13）经济发展部（Ministry of Economic Development）

网址：www.trade.gov.mv

（14）旅游部（Ministry of Tourism）

网址：www.tourism.gov.mv

（15）住房与基础设施部（Ministry of Housing & Infrastructure）

网址：www.housing.gov.mv

（16）青年和体育部（Ministry of Youth & Sports）

网址：www.mys.govmu.org/English/Pages/default.aspx

（17）伊斯兰事务部（Ministry of Islam Affairs）

网址：www.islamicaffairs.gov.mv

（18）环境和能源部（Ministry of Environment and Energy）

网址：www.environment.gov.mv

（19）移民局（Ministry of Immigration & Emigration）

网址：www.immigration.gov.mv

（20）海关（Maldives Customs Service）

网址：www.customs.gov.mv

（21）金融管理局（Maldives MonetaryAuthority）

网址：www.mma.gov.mv

（22）旅游促进局（Maldives Marketing and Public Relations Corporation）

网址：www.visitmaldives.com

（23）地方政府管理局（Local Government Authority）

网址：www.lga.gov.mv

（24）民航局（Maldives Aviation Authority）

网址：www.aviainfo.gov.mv

（25）警察署（Maldives Police Service）

网址：www.police.gov.mv

哈萨克斯坦

（1）哈萨克斯坦政府，网址：www.government.kz

（2）内务部，网址：www.mvd.kz

（3）卫生和社会发展部，网址：mzsr.gov.kz

（4）外交部，网址：www.mfa.kz

（5）文化和体育部，网址：www.mk.gov.kz

（6）国防部，网址：www.mod.gov.kz

（7）教育科学部，网址：www.edu.gov.kz

（8）投资和发展部，网址：www.mid.gov.kz/ru

（9）国民经济部，网址：www.economy.gov.kz

（10）财政部，网址：www.minfin.gov.kz

（11）农业部，网址：www.minagri.kz

（12）能源部，网址：www.energo.gov.kz

（13）司法部，网址：www.adilet.gov.kz

（14）国家事务和反贪污署，网址：www.anticorruption.gov.kz

（15）总统官方网站，网址：www.akorda.kz

（16）议会，网址：www.parlam.kz

（17）中央银行，网址：www.nationalbank.kz

（18）国家福利基金会"萨姆鲁克—卡泽纳"，网址：www.samruk-kazyna.kz

（19）政府采购网，网址：www.goszakup.kz

（20）电子政府网，网址：www.e.gov.kz

（21）哈萨克斯坦国民经济部统计委员会，网址：www.stat.gov.kz

（22）哈萨克斯坦国家银行，网址：www.nationalbank.kz

吉尔吉斯斯坦

（1）外交部（Ministry of Foreign Affairs of the KR）

地址：57 Erkindik bl. Bishkek

电话：00996-312-620545

网址：www.mfa.kg

（2）财政部（Ministry of Finance of the KR）

地址：58 Erkindik bl. Bishkek

电话：00996-312-660504

网址：www.minfin.kg

（3）经济部（Ministry of Economy and Antimonopoly Policy of the KR）

地址：106 Chuy pr. Bishkek

电话：00996-312-625237

网址：www.mineconom.gov.kg

（4）吉尔吉斯投资促进保护署（Investment Promotion and Protection Agency）

地址：吉尔吉斯共和国比什凯克市楚河大街106号

电话：00996-312-623844

电邮：mail@invest.gov.kg

网址：www.invest.gov.kg

（5）农业和土壤改良部（Ministry of Agriculture and Melioration of the KR）

地址：106 Chuy pr. Bishkek

电话：00996-312-625237

网址：www.mert.kg

（6）交通通讯部（Ministry of Transportation and Communication of the KR）

地址：42 Isanova st. Bishkek

电话：00996–312–610211，664781

网址：www.mtk.gov.kg

（7）国防部（Ministry of Defense of the KR）

地址：26 logvineko Bishkek

电话：00996–312–661804

（8）内务部（Ministry of Internal Affairs of the KR）

地址：469 Frunze, Bishkek

电话：00996–312–662450

（9）国家工业、电力和矿产利用委员会（Kyrgyz State Committee for Industry, Energy and Subsoil Use）

地址：2 Erkindik bl. Bishkek

电话：00996–312–300706

网址：www.gkpen.on.kg

（10）国家环保和林业署（State Agency on Environment Protection and Forestry under the Government of the KR）

地址：228 Toktogul st. Bishkek

电话：00996–312–352727

网址：www.ecology.gov.cn

（11）国家海关总署（State Customs Inspectorate under the Government of the KR）

地址：4a Sovetskaya st. Bishkek

电话：00996–312–511899，512453

网址：www.customs.gov.kg

（12）国家税务总局（State Tax Inspection under the Government of the Kr）

地址：219 Chuy pr. Bishkek

电话：00996–312–611106

网址：www.sti.gov.kg

（13）司法部注册局（Department of State Registration Ministry of Justice of the KR）

地址：32 Molodoya Gvardiya bl. Bishkek

电话：00996–312–656494

网址：www.minjust.gov.kg

（14）国有资产管理委员会（State Commitee on State Property of the KR）

地址：151 Moskovskayast. Bishkek

电话：00996–312–615187

网址：www.spf.gov.kg

（15）青年、劳动和就业部（Ministry of Youth Labour and Employment of the KR）

地址：106 Chuy pr.Bishkek

电话：00996–312–625236，665413

（16）工商会（Chamber of Commerce and Industry of the KR）

地址：107 Kievskaya st. Bishkek

电话：00996–312–613873，613874

塔吉克斯坦

（1）经济发展和贸易部

网址：www.medt.tj

电邮：info@medt.tj

电话：00992–37–2215132

传真：00992–37–2219463

（2）财政部

网址：www.minfin.tj

电邮：min_fin@tojikiston.com

电话：00992–37–2211417

传真：00992–37–2213329

（3）能源水利部

电邮：mewvr@mewvr.tj

电话：00992–37–2359914

传真：00992–37–2353566

（4）工业及新技术部

网址：www.sanoat.tj

电邮：info@sanoat.tj

电话：00992-37-2218717

传真：00992-37-2218889

（5）劳动、移民及就业部

网址：www.mehnat.tj

电邮：oakmal@mail.ru

电话：00992-37-2361159

传真：00992-37-2361159

（6）农业部

电话：00992-37-2211839，2211094

传真：00992-37-2211628

（7）交通部

网址：www.mintranscom.tj

电邮：mtrt@tajmail.tj

电话：00992-37-2510279

传真：00992-37-2211766

（8）国有资产管理和投资委员会

网址：www.amcu.gki.tj

电话：00992-37-2218659

传真：00992-37-2217550

（9）海关总署

网址：www.customs.tj/rus/

电邮：customs@tojikiston.com

电话：00992-37-2213588，2211692

传真：00992-37-2216069

（10）卫生及社会保障部

网址：www.moh.tj

电邮：info@moh.tj

电话：00992-37-2211835

传真：00992-37-2217525

（11）地矿总局

网址：www.gst.tj

电邮：geo_tj@mail.ru

电话：00992-37-2214310，2214901

传真：00992-37-2272929

（12）外交部

网址：mfa.tj

电邮：info@mfa.tj

电话：00992-37-2211546

传真：00992-37-2210259

（13）建设总局

电邮：agentstroy@mail.ru

电话：00992-37-2218853

传真：00992-37-2218853

（14）广播和电视委员会

电话：00992-37-2276569，2277527，2277497

传真：00992-37-2212490

（15）工商会

网址：www.tpp.tj

电邮：chamber@tpp.tj

电话：00992-37-2215284

传真：00992-37-2211480

（16）消费协会

电话：00992-37-2248723，2248811

传真：00992-37-2210944，2248869

（17）中小企业联合会

电话：00992-37-2247856

传真：00992-37-2247856

（18）农场和企业家协会

电邮：union_farm@tajik.net

（19）标准化、计量、认证商品检验署

网址：www.standard.tj info@standard.tj

电话：00992-37-2340865

传真：00992-37-2510174

（20）塔吉克斯坦统计署

网址：www.stat.tj/ru

电邮：stat@tojikiston.com

电话：00992-37-2232553

传真：00992-37-2214375

乌兹别克斯坦

（1）财政部，网址：www.mf.uz

（2）经济部，网址：www.mineconomy.uz

（3）劳动关系和就业部，网址：www.mehnat.uz

（4）高等和中等专业教育部，网址：www.edu.uz

（5）国民教育部，网址：www.uzedu.uz

（6）卫生部，网址：www.minzdrav.uz

（7）内务部，网址：www.mvd.uz

（8）国防部，网址：www.mudofaa.uz

（9）紧急情况部，网址：www.fvv.uz

（10）建设部，网址：www.davarx.uz

（11）外交部，网址：www.mfa.uz

（12）外贸部，网址：www.mfer.uz

（13）信息技术发展与通信部，网址：www.mitc.uz

（14）司法部，网址：www.minjust.uz

（15）文化部，网址：www.madaniyat.uz

（16）体育运动部，网址：www.goskomsport.uz

（17）住房公用事业部，网址：www.mjko.uz

（18）学前教育部，网址：www.mdo.uz

土库曼斯坦

（1）外交部（Ministry of Foreign Affairs of Turkmenistan）

地址：108, Archabil av. Ashgabat.

电话：00993-12-445765/445656

传真：00993-12-218675

（2）贸易和对外经济联络部（Ministry of Trade and International Economic Relations of Turkmenistan）

地址：52, Archabil av, Ashgabat.

电话：00993-12-446342

传真：00993-12-446561

（3）财政经济部（Ministry of Finance and Economy of Turkmenistan）

地址：156, Archabil av, Ashgabat.

电话：00993-12-394505

传真：00993-12-510687

（4）体育和青年政策部（Ministry of Sports and Youth Policy of Turkmenistan）

地址：17, Pushkin str. Ashgabat.

电话：00993-12-927686/920069

传真：00993-12-927903

电邮：turkmensport@online.tm

（5）农业和水利部（Ministry of Agriculture and Water Resources of Turkmenistan）

地址：92, Archabil av, Ashgabat.

电话：00993-12-447404/447401

传真：00993-12-447455

电邮：minselhoz92@mail.ru，minselhoz@online.tm

（6）纺织工业部（Ministry of Textile Industry of Turkmenistan）

地址：96, Garashsyzlyk av. Ashgabat.

电话：00993-12-407171/407184/ 407040

传真：00993-12-511879

电邮：textile@online.tm

（7）电力部（Ministry of Energetic of Turkmenistan）

地址：6, Nurberdy Pomma Str. Ashgabat.

电话：00993-12-379400/379431

传真：00993-12-379433

电邮：kuwwat@online.tm

（8）卫生和医药工业部（Ministry of Public Health and Medical Industry of Turkmenistan）

地址：20, Archabil av, Ashgabat.

电话：00993-12-489286/489414/400400

传真：00993-12-400450

（9）铁道部（Ministry of Railway Transport of Turkmenistan）

地址：7, Turkmenbashy av. Ashgabat.

电话：00993-12-942789

传真：00993-12-941874

电邮：tde@online.tm

（10）通讯部（Ministry of Communication of Turkmenistan）

地址：88, Archabil av. Ashgabat.

电话：00993-12-449066

传真：00993-12-449393

（11）建设部（Ministry of Construction of Turkmenistan）

地址：56, Navoi str. Ashgabat.

电话：00993-12-444702/444715

传真：00993-12-511503

（12）工业部（Ministry of Industry of Turkmenistan）

地址：56, Navoi str. Ashgabat.

电话：00993-12-511504/444523

（13）交通部（Ministry of Transport of Turkmenistan）

地址：2, B. Annanov str. Ashgabat.

电话：00993-12-510471/286105

传真：00993-12-285870

（14）环境保护和土地资源委员会

（State Committee of Turkmenistan for Natural Protection and Land Resources of Turkmenistan）

地址：92, Archabil av Ashgabat.

电话：00993-12-447801

电邮：makhtum@untuk.org

（15）打击经济犯罪局

（State Service of Turkmenistan for Combating Economic Crimes）

地址：53, Azadi str. Ashgabat.

电话：00993-12-940128

（16）民航总局（The National Civil Aviation Authority "Turkmen Hova Yollary"）

地址：3a, C. Nurymov str.Ashgabat.

电话：00993-12-922948/510287 /511803

传真：00993-12-922962

（17）旅游委员会（State Committee for Tourism of Turkmenistan）

地址：243, Atamurat Niyazova str. Ashgabat.

电话：00993-12-362448/362909

传真：00993-12-362540

（18）渔业委员会（State Committee for Fish Economy of Turkmenistan）

地址：54A, Makhtumkuli av. Ashgabat.

电话：00993-12-271076

传真：00993-12-273860

（19）移民局（State Service of Migration）

地址：18, Bitarap Turkmenistan av. Ashgabat.

电话：00993-12-380011

传真：00993-12-932971

（20）海关总署（Head State Custom Service）

地址：86, 2022 str. Adalatpalace, Ashgabat.

电话：00993-12-380447/380646/380648

传真：00993-12-926248

（21）税务局（2017年9月并入原财政部，同年10月原财政部和经济发展部合并为财政经济部）